敬天法祖
親賢愛民

皇帝的家書

康熙的私人情感與
滿洲帝國的治理實相

大清帝国隆盛期の実像
〔第四代康熙帝の手紙から　1661——1722〕

OKADA HIDEHIRO
岡田英弘

廖怡錚　譯
鄭天恩　校訂

目次

中國的名君和草原的英雄

第一次親征——越過戈壁沙漠 121

第二次親征——狩獵繪卷 181

第三次親征——活佛們的命運 227

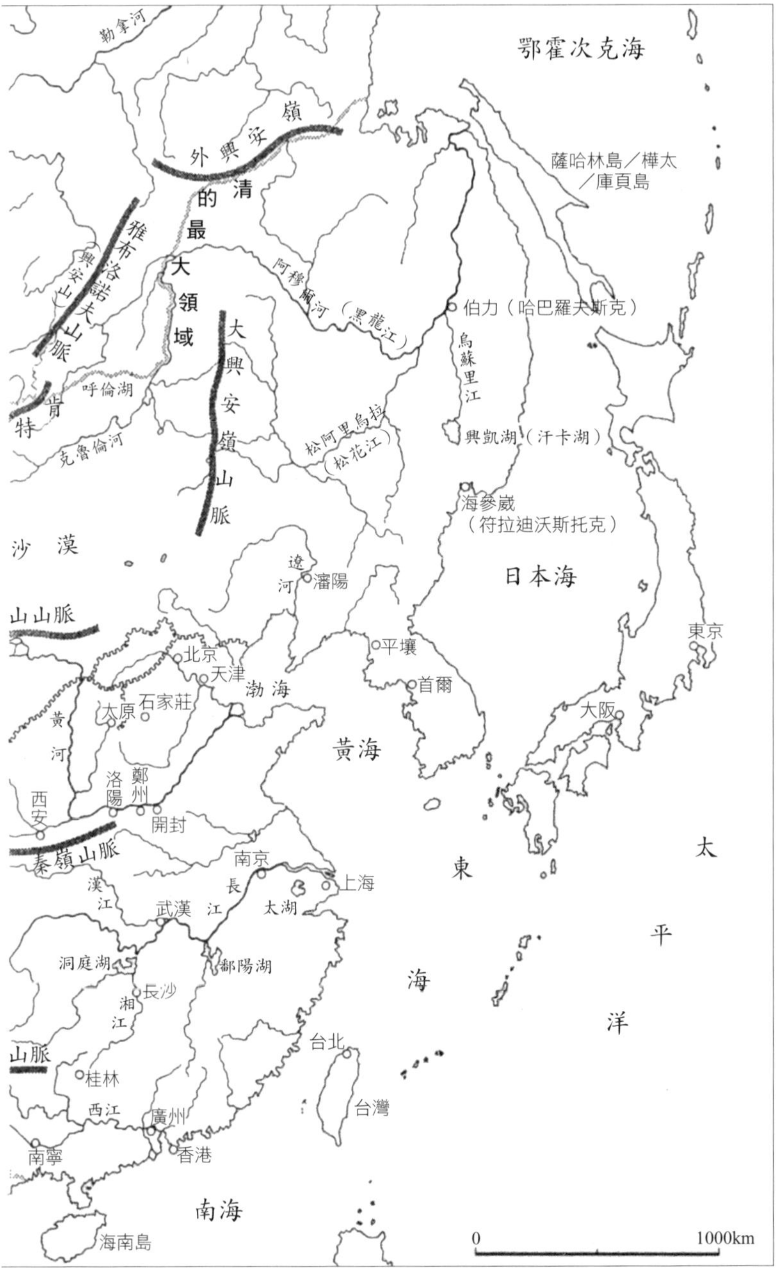
鄂霍次克海
勒拿河
外興安嶺
清的最大領域
雅布洛諾夫山脈
（興安山）
肯特
呼倫湖
克魯倫河
大興安嶺山脈
阿穆爾河（黑龍江）
伯力（哈巴羅夫斯克）
烏蘇里江
薩哈林島／樺太／庫頁島
松阿里烏拉（松花江）
興凱湖（汗卡湖）
海參崴（符拉迪沃斯托克）
沙漠
遼河
瀋陽
日本海
山山脈
北京
天津
平壤
首爾
東京
渤海
太原
石家莊
黃河
大阪
黃海
洛陽
鄭州
西安
開封
秦嶺山脈
南京
上海
漢江
長江
武漢
太湖
東海
太平洋
洞庭湖
鄱陽湖
長沙
湘江
台北
山脈
桂林
台灣
西江
廣州
南寧
香港
南海
海南島
0
1000km

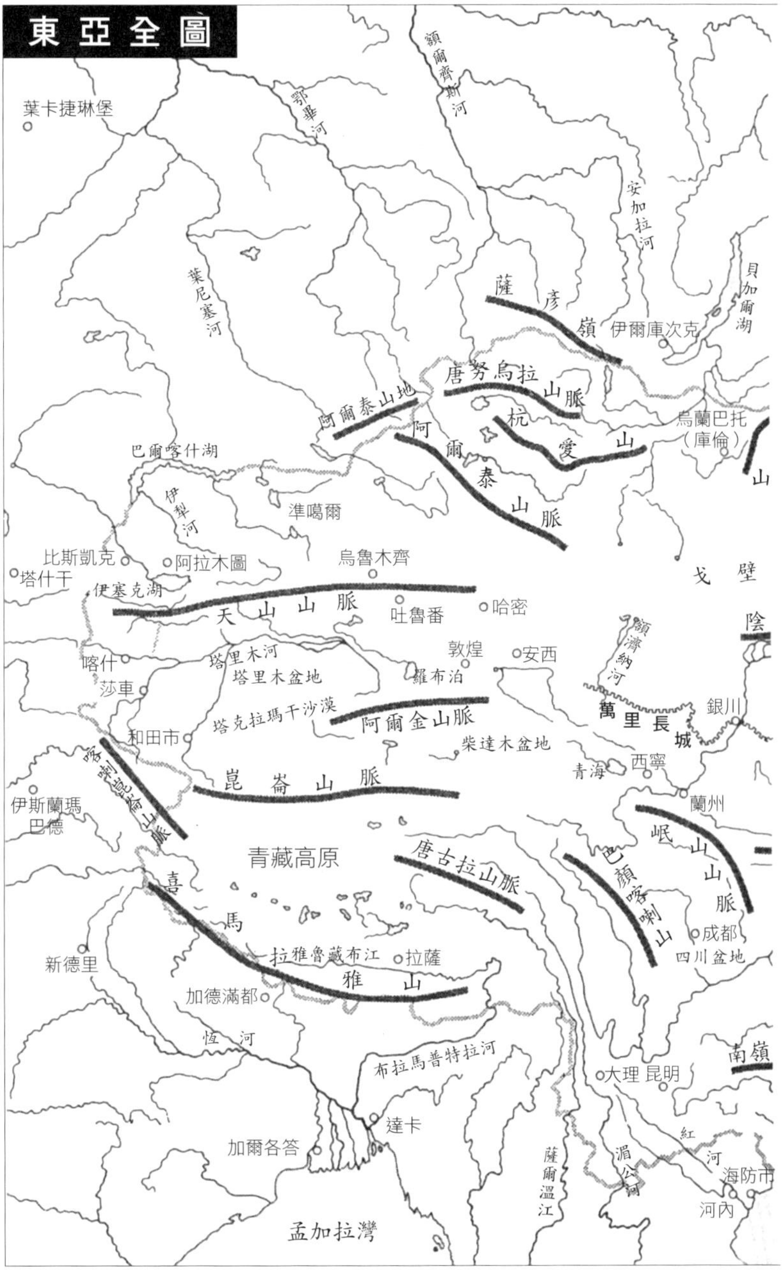
東亞全圖
葉卡捷琳堡
鄂畢河
額爾齊斯河
安加拉河
葉尼塞河
貝加爾湖
薩彥嶺
伊爾庫次克
唐努烏拉山脈
阿爾泰山地
杭愛山
烏蘭巴托（庫倫）
阿爾泰山脈
巴爾喀什湖
伊犁河
準噶爾
比斯凱克
阿拉木圖
烏魯木齊
塔什干
伊塞克湖
天山山脈
吐魯番
哈密
戈壁
陰
敦煌
安西
喀什
塔里木河
塔里木盆地
羅布泊
額濟納河
莎車
塔克拉瑪干沙漠
阿爾金山脈
萬里長城
銀川
和田市
柴達木盆地
青海
西寧
喀喇崑崙山脈
崑崙山脈
蘭州
伊斯蘭瑪巴德
岷山山脈
青藏高原
唐古拉山脈
巴顏喀喇山
喜馬拉雅山
雅魯藏布江
拉薩
成都
四川盆地
新德里
加德滿都
恆河
布拉馬普特拉河
大理
昆明
南嶺
達卡
加爾各答
薩爾溫江
湄公河
紅河
海防市
河內
孟加拉灣

【編輯說明】

※岡田英弘的《康熙帝の手紙》（中譯：康熙皇帝的書信），最初於一九七九年由中央公論社發行；後於二〇一三年改由藤原書店重新發行，並對內容進行修訂，增補及新譯相關清代文獻；之後於二〇一六年再版時，更名為《大清帝国隆盛期の実像　第四代康熙帝の手紙から1661-1722》（中譯：大清帝國隆盛期的實像：自第四代康熙皇帝的書信所見，一六六一－一七二二年），並新增〈關於再版——致讀者〉的改版解說。本書《皇帝的家書：康熙的私人情感與滿洲帝國的治理實相》所依據翻譯的日文版本，即為上述的二〇一六年版。

※在《皇帝的家書》本文〈第一次親征——越過戈壁沙漠〉、〈第二次親征——狩獵繪卷〉、〈第三次親征——活佛們的命運〉中，引用康熙皇帝與皇太子往來信件日期，在引文內是直接使用滿文信件內文的日期（農曆）。而在引文後方的（　）內，以及信件中的（　）內，則是換算為西元後的日期。歷史概說等其他敘述文章中的日期皆為西元日期。

※日文原版的注釋，在本書以隨頁注的形式表示，「譯注」、「編注」則補充於內文之中。

※補充的六篇論文注解，以數字編號標示於各篇論文的結尾。

導讀

陳國棟（中央研究院歷史語言研究所研究員）

《皇帝的家書》最早在一九七九年由日本中央公論社出版，列為「中公新書」第五五九種，原書名是《康熙皇帝的書信》（中譯），很快就售罄了。二〇一三年維持原書名，但做了大量的增補，收到藤原出版社的「清朝史叢書」系列，作為首冊。二〇一六年二版初刷，換了一個新的書名——《大清帝國隆盛期的實像：自第四代康熙皇帝的書信所見，一六六一—一七二二年》（中譯）。作者有交待更換書名的原因是為了方便做版本的區隔。

這本書的根本目的是在將一批滿文通信檔案，透過翻譯、研究與敘述，介紹以下精彩的故事：康熙三十五年、三十六年，皇帝帶領大軍出塞征伐噶爾丹（一六四四至一六九七年）。皇帝不在時，與留守北京的皇太子胤礽之間保持緊密的通信。史料原文以滿文書寫，多年來都收藏在台北士林外雙溪國立故宮博物院。作者岡田英弘以鋪陳康熙皇帝（一六六一至一七二二年間在位）率兵出征的歷程為脈絡，隨時帶入父子兩人紙上互動的譯介與說明。不過，胤礽的來信（奏摺）只作要點敘述，但是皇帝的書信（在胤礽摺尾的硃批或者單獨發送的上諭）則大多由岡田譯成日文收入原著，現在則以中文和讀者見面。二〇一三和二〇一六的版本則增加出處與若干參考或補充的資料，讓書的內容更加豐富。

胤礽出生後的第二年（一六七五年）即被立為太子。經過三十多個年頭，在康熙四十七年至五十一年（一七〇八至一七一二年）間，兩度廢立，導致諸皇子覬覦大位，暗地較勁，最後由雍親王取得大位的波譎雲詭。

康熙皇帝自己以虛歲八歲的孩童登上皇帝寶座，事先沒有得到該有的培養與教育。靠著他個人的自我期許與堅毅不拔的決心，自我鞭策、邊做邊學，想來感慨良多。因此他在自己也不過是二十二歲的年紀就立了太子，一路呵護、細心教養。他讓皇太子留守京師，處理一般日常事務，當然是不可或缺的訓練，而藉由書信往來，也可以掌握太子的心性與能力。但是康熙皇帝也沒有忘記親情。就是因為在台灣收藏的這批父子通信的檔案中，岡田看到中國歷史中少見的帝王情感，更何況其背景又是撼動東北亞歷史的重大事件，於是才催生了這本書。

◆「新清史」的先行者

這些年來，以漢族之外的中國少數民族及周邊民族作為焦點的清史研究，被一些人用「新清史」作標籤，廣泛地論辯。其實，要瞭解清朝，特別是清朝的盛世，如果只從漢人的角度去看，或者只從所謂的「滿漢之爭」的角度去看，顯然不免會遠離真相。在追求歷史真實的期望下，本來就應該擴大視角做觀察與分析。因此上個世紀末從美國開始的「新清史」風潮，可以說是學術發展的必然。

這樣的一個不可迴避的研究方向，岡田英弘老早就在實行了。一九七九年，在他為本書最初的版本所寫的序文中，他就這樣說過：「要理解十七世紀的東亞史，不只是中國的史料，還必須要利用以滿洲、蒙古、西藏等語言所書寫而成的史料，做出綜合性的判斷。」

出生於一九三一年的岡田英弘，早在一九五七年，就以二十六歲的年輕學者的身分，獲得重要的「日本學士院賞」。還有，早在國立故宮博物院正式向公眾開放其珍藏的清宮檔案之前，他就已經數次造訪台灣，查閱史料。如他所記，他在一九七四年初度與這批康熙父子通信的文獻邂逅。為了尊重典藏者，他一直等到故宮將該批史料出版之後才讓本書問世。那是一九七九年。前一年，他和妻子宮脇淳子前來台北參加在圓山大飯店舉辦的「國際清史檔案研討會」。會議由陳捷先老師主持，我幫忙帶著同學做會場的服務工作。

會有這個會議，是因為國立故宮博物院前此幾年，在美國魯斯基金會（Henry Luce Foundation）的贊助下，陸續將館藏的清代奏摺影印複製出版。這一年，該基金會再提供一筆經費，促成會議，將成果與利用的概況向世界公開。在那次會議中，岡田英弘發表的論文題目是〈康熙皇帝眼中的外蒙古〉；宮脇淳子的題目是〈清初之蒙古研究〉。

讀者在眼前這個譯本的「後記」（頁四三五）中可以看到岡田回憶參加這次會議的一個小插曲。他說小他二十一歲的妻子當時還只是大阪大學碩士班二年級的學生，因為她的老師的推薦而獲邀與會，應該是旁聽的身分，卻「因為主辦單位的失誤，讓她成為報告人」。其實，主辦單位不是失誤。陳捷先老師認為岡田先生的學養與業績都佔有很高的地位，因此將當年也恰好二十六歲的宮脇淳子改列為論文發表人。陳老師是一番好意，而宮脇女士的表現也很好，我們很快就接到記者想要訪問她的請求電話。

◆征伐噶爾丹

業師史景遷在一九六七年時發表了一篇綜論康熙皇帝一生的小文章〈康熙帝的七個年代〉，

替康熙皇帝的人生做了一個概要性的素描。所謂「七個年代」（seven ages）或許也可以說是「七段人生」，典出莎士比亞創作的喜劇《皆大歡喜》（*As You Like It*）。當中第四段的人生為「軍人」時期。康熙三十五年兩度、三十六年第三度御駕親征準噶爾領袖噶爾丹，皇帝當時年紀為四十三、四歲，出長城、渡黃河、奔馳戈壁大沙漠，指揮調度十萬大軍，終於獲得蒙古與西藏各部族的服從，並且迎來噶爾丹亡故的訊息。至於雙方的恩怨情仇，說來話長，不過書中都有交待，此不多言。

康熙皇帝意圖誅滅噶爾丹的決心極度堅定。例如在下面康熙三十六年三月十六日向皇太后請安的摺子中，他就提到：「去年出塞，自仲春至仲夏之中，自秋杪之月至冬之末，今復春將盡矣。遠在原野，不克侍左右而問安者，亦只為此一噶爾丹耳。」

此外，康熙三十六年閏三月初五日，諭皇太子時也說：「朕到寧夏已將近十日，每日議籌兵馬錢糧，毫無閒暇。途中晨披霧露，日冒塵砂，嘴懶得說話，手為繮鞭磨起趼。來此數千里外，亦為此一餘孽噶爾丹也。」

康熙三十六年四月十五日（一六九七年六月三日）前夕，人在內蒙古包頭的康熙皇帝終於收到噶爾丹的死訊。根據大將軍費揚古（一六四五至一七〇一年）的報告：噶爾丹是在康熙三十六年三月十三日（一六九七年四月四日）上午發病，當晚死亡，隨即火葬。至於是什麼病因，並不知情。

這裡的兩個日期相差正好兩個月，一直以來都成為學者質疑的對象：如果噶爾丹真的是在三月十三日離世，而清軍要花兩個月的時間才能向皇帝報告，情報能力未免太差。雍正年間編輯的《聖祖仁皇帝實錄》則將噶爾丹的死期記到康熙三十六年閏三月十三日（癸巳，一六九七年五月三日），往後拉了一個月。

台灣重要的清史專家莊吉發先生就有高見。他說：康熙三十六年（一六九七年）四月初九日，撫遠大將軍費揚古以滿文奏報準噶爾部首領噶爾丹「在三月十三日早晨生病，晚上就死了，是什麼病不知道」。但與《聖祖仁皇帝實錄》一對照，遂發現噶爾丹的死亡日期從三月十三日被《聖祖實錄》改為閏三月十三日，同時也明載噶爾丹係因飲藥自盡而亡。他推測：《實錄》修改噶爾丹的死期並將死因由病死改為飲藥自盡，應該係編纂者配合康熙皇帝御駕親征的時間，暗示噶爾丹乃因懾於皇帝天威而自行了斷。

岡田英弘也質疑：他不明白皇帝是根據什麼理由，確信噶爾丹的死因為服毒自殺。岡田英弘認為噶爾丹二十八歲以前在西藏為僧，深受達賴喇嘛的重視，授予尹咱・呼圖克圖（Ensa Khutuktu）四世的名號。後來雖然還俗，始終也還具有高僧轉世的活佛身分。自殺也是一種殺生的行為。哪有一位活佛，會犯下這種破戒的行為呢？因此，岡田認為皇帝之所以堅持自殺的說法，應該是想要抹滅這位可恨之敵身上所有的活佛神聖性吧！岡田的主張也為宮脇淳子所採用。

後者的《最後的遊牧帝國：準噶爾部的興亡》一書也同樣強調噶爾丹原被認可為活佛轉世，不可能自殺。與岡田英弘的說法如出一轍。

近年來出版的《康熙朝滿文硃批奏摺全譯》（中國第一歷史檔案館編）收錄更多康熙父子的諭奏往還。從這些檔案來看，其實康熙皇帝在獲得訊息之初就直接說噶爾丹係自盡而亡。例如在一件皇太子奏摺摺尾的硃批中，康熙留下文字指出他在詳詢噶爾丹陣營的特遣人物齊奇爾・寨桑後，直接指出：「可見噶爾丹之死，是服毒自殺沒錯。究竟是眾人下毒，還是自己服毒，就等車木布藏布來的時候，再從容地詢問答案即可。」至於噶爾丹亡故的日期則恐怕還要再研究。我個人主張以閏三月十三日為是（費揚古的奏報漏寫了「閏」字）。為什麼呢？我們抄錄在前兩段康熙皇帝表達征討噶爾丹之決心的文字，產生的時間都在三月十三日與閏三月十三日之間，當時康熙都還沒有得到噶爾丹死訊的跡象。不過，史料也證實康熙要等到四月初九日以後才獲得報告，因此也無法排除三月十三日的可能性。所以，就讓歷史保留一個爭議的空間吧！

◆父子之間親情的差異

收錄在《宮中檔康熙朝奏摺》的康熙與皇太子胤礽通信的滿文奏摺與硃批及諭旨，最早被譯成滿文以外文字的就是岡田英弘的日文翻譯。對中文讀者來說，日前也可看到蒙古教授齊木德道爾吉的漢譯（他還將原件滿文作羅馬字母拼音轉寫）。但是，即使四十多年來有新的史料出土，《皇帝的家書》一書重點在揭露皇帝對待家人溫情的一面，確實還是發人所未發。

康熙皇帝人在長城外時，在諭旨（含硃批）中不時問候皇太后（順治的第二位皇后，不是康熙的親生母親）、諸妃與諸皇子。除了透過胤礽，他也經常用漢文寫信給總管太監顧問行，然後由顧問行以口頭面稟的方式向皇太后請安、轉述他遠征途中的景況。為此，在親征噶爾丹途次，康熙皇帝也提筆書寫漢文短信。這些漢文短信多數典藏在台北故宮博物院，也有幾張收在北京的第一歷史檔案館。確實，皇帝的硃筆經常流露出他對皇太后、皇太子、宮中女眷以及沒有跟在身邊的兒子們的關切，因此透過胤礽或者顧問行把他的活動，逐一轉告。

然而，皇太子只是公事公辦，他的報告中沒有多少的感情。皇帝不只一次提醒胤礽太少給他寫東西。其實胤礽的奏摺偶爾也寫得很長，但是就只為報告政務，少有表達親情的文字。他倒是不時進獻食物或者食材，著人送往征途。作兒子的寫信給皇帝爸爸，除了請安，總不能撒嬌吧！要一個負有國家責任的成年皇儲用文字來表達親情，看來並不容易。

一般人說父慈子孝。但是皇帝、皇太子都不是一般人。同時康熙望子成龍，責備求全，雖然努力施恩，但是還是不免是位嚴父。這樣，親密的父子關係畢竟很難落實。皇帝自己也知道。康熙二十九年（一六九〇年）皇帝出京而患病，皇太子及皇三子自京師前去駐蹕處請安。當時皇帝就指出過：他感受到皇太子對他的病情並不關心。

◆岡田英弘的歷史觀

岡田英弘（一九三一至二〇一七年）在二十六歲時獲得日本學術院賞，當時他對整個東亞歷史的看法已然建立。往後數十年的歲月，他不斷將他的看法精緻化，並且加以闡揚。

岡田英弘的歷史觀在日本本國有怎樣的影響？很難三言兩語道盡。不過，在中文世界，他其實長期被忽視；乃至於有人在述說「新清史」如何如何時，也不見得帶到他的名字或想法。但是數十年來，他不就一再強調：清朝不是（不只是）中國！清朝的皇帝是中國（漢人的生活領域）的皇帝、滿洲八旗的盟主、蒙古的大汗，後來再加入了西藏（藏人稱大清皇帝為文殊師利菩薩）與準部、回部（合起來即是乾隆年間以後的新疆）的君長。我們平常說的清朝皇帝，其實是多個民族的「共主」，而大清這個國家是在皇帝的「人身結合」（personal union）下所構成的帝國。皇帝以不同的身分對不同的民族扮演區隔開來的角色，五族之間雖然沒有絕對到不可逾越的界線，但是基本上是井水不犯河水，因此雖然共同參與帝國事務，但也維持各自的文化傳統與生活。這樣的一種狀態，其實也就是「新清史」的主張：在漢人文獻之外，必須關注其他與大清相關的語文資料與歷史事實！

當然，以大清皇帝為共主，在「人身結合」下共同組織成一個帝國、尊重各民族的傳統與文化的作法，只適合於盛世。當明君不再、外敵侵擾、國事蜩螗之時，為了鞏固領導中心、凝聚國家力量，卻由漢人主導（因為人口最多），從對抗太平天國、捻亂、回亂的十九世紀中期開始，逐步將五族摶揉成一個類似「民族國家」的國家。因此之故，辛亥革命雖然以「推翻滿清」為號召，但是建立中華民國的口號卻是「五族共和」！其發展的脈絡源起於道光、咸豐之後。在那之前，實況大不相同。要徹底瞭解清朝，尤其是清朝前兩百年的歷史，切勿受囿於後期的視角。

岡田英弘這樣的想法在他的許多作品中都可以讀到。例如一九九五年，他來台灣參加由自由時報主辦、中央研究院台灣史研究所協辦的「馬關條約一百年」國際學術研討會，發表了〈台灣的歷史認同和清朝的本質〉一文。「台灣的歷史認同」權且不說，該文主要的內容其實就在講「清朝的本質」，闡釋他的歷史觀點。二、三十年過去了，依然擲地有聲！大意已如前述，有志者不妨也找來和本書一起閱讀，應當更能了然於心！

清初的皇族世系圖

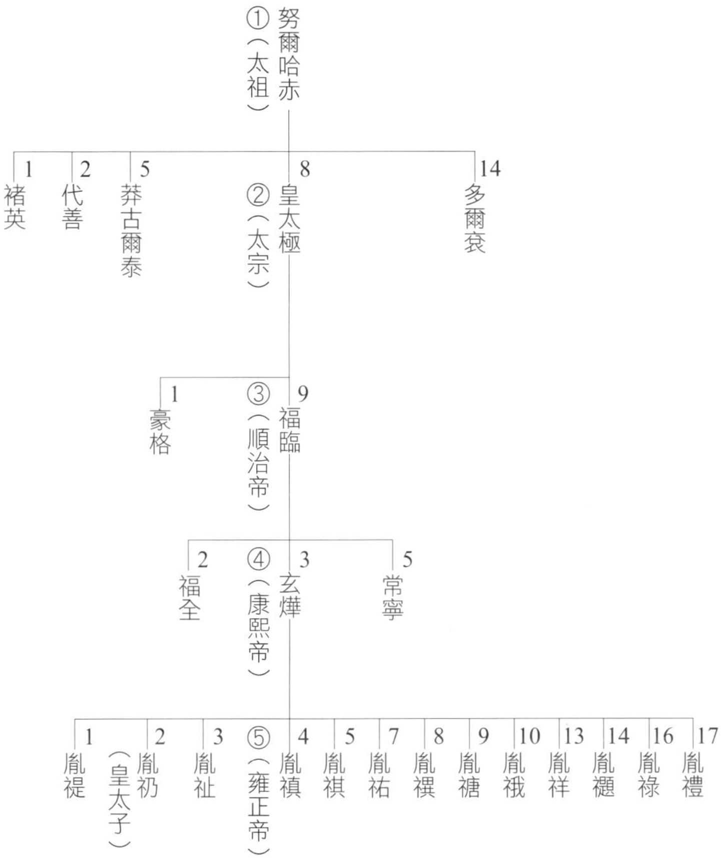

＊縱線為親子關係，橫線為兄弟關係
＊圓圈內的數字，代表皇帝即位的順序
＊沒有圓圈的數字，表示各世代的出生順序，由左至右。例如：皇太極為第八位皇子

清初皇族與滿洲貴族、蒙古貴族的婚姻關係

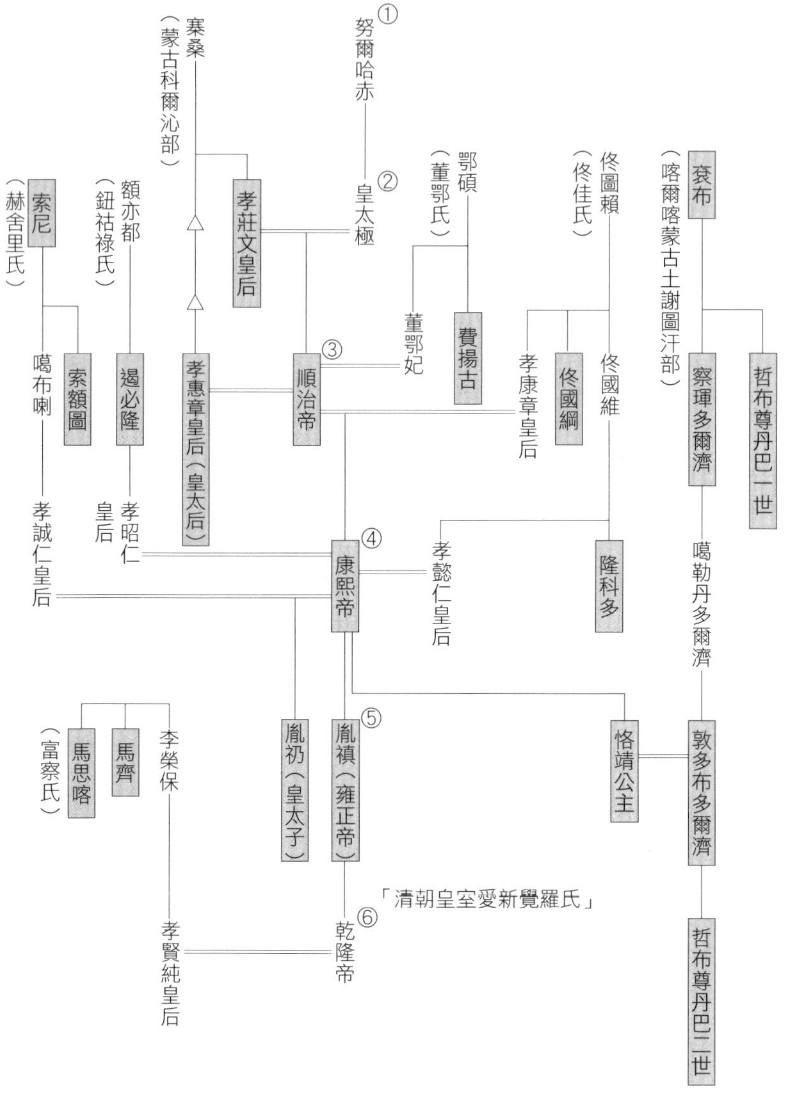

＊雙橫線 ══ 為結婚關係
＊ 方框灰底內的名字，是在本書中登場的人物
＊圓圈內的數字，代表皇帝即位的順序

「清朝史叢書」發刊辭

自有歷史文字記錄以來，「中國」的歷史與文明，向來與日本維持著無法切割的關係。然而，要讓日本人正確理解這些事情，卻是非常困難的任務。之所以如此，是因為「中國」的實體，其實會隨著時代的變遷而發生變化，但是從紀元前起便存在的漢字與漢文，不論在哪一個時代，都會將這個變化的實體（譯注：中國本身）加以包覆、隱藏在內部，從而塑造出中國文明兩千年亙古不變的假象。

清朝於一六三六年，建國於萬里長城北側的瀋陽；一九一一年因中國南部爆發辛亥革命，而在翌年土崩瓦解。一直以來，這個王朝都被視為是「繼承秦漢以來的中國王朝傳統，最後一個中華王朝」。但是，這個觀點並不正確；因為清朝的統治階層是滿洲人，滿洲人的母語並不是漢字、漢文，而是阿爾泰語系的滿語，而清朝統治廣大領土的四分之三，也不是使用漢字、漢文的土地。

在清朝長達兩百七十六年的統治之下，於包含蒙古、西藏與新疆等帝國全境內，通用的語言只有滿語，大部分的官方文書是以滿語書寫，或是滿漢合璧（滿語和漢語並記）的記錄。雖然在中華民國成立後，滿語幾乎成為死語，但是包含筆者在內的日本研究人員，發現滿語在研究清朝歷史方面，其實是相當有用的利器，因此便懷抱著熱誠，持續對它加以鑽研。

藤原良雄社長認為，想要理解甲午戰爭以來的日中關係，以及「滿洲」的歷史，就必須要推動對於清朝的研究。二〇〇九年五月，藤原書店以別冊《環》（十六）出版的《何謂清朝》一書，便是藤原社長委託筆者監修，經過一年研討會的努力後，完成的力作。該書並非是像過去一樣，將清史列為中國王朝的一部分，而是著眼於「大清帝國」這一由滿洲人、蒙古人、漢人聯合組成的政權，如何將西藏與中亞納入版圖的來龍去脈，同時也將它與俄羅斯、日本、歐洲之間的關係納入視野，從而達成「在世界史脈絡中理解清朝」的最終目標。筆者在此可以自豪地說，該書確實成功達到了當初設立的目標。

不過，當初各研究者分配到的頁數有所限制，只足夠發表研究的結論，實為可惜。藤原社長與筆者也是同樣的心情，此次清朝史叢書的出版，終於可以充分展現出各自的研究成果，實在是值得慶賀之事。

由於清朝所統治的領域非常遼闊，因此每位研究者依據各種語言史料書寫出的各卷，也各有不同的主旨與趣味。各位讀者在閱覽完本套叢書之後，必定能夠對清朝整體獲得更有深度的理解。日本的清朝史研究水準，可算是世界首屈一指的程度；筆者深信，這套清朝史叢書，必定能作為日本向世界發出的響亮信號，擔負起文化一環的重責大任。

二〇一二年十二月

岡田英弘

關於再版——致讀者

本書為二〇一三年一月出版的《清朝史叢書》第一冊《康熙皇帝的書信》之再版。再版之際，筆者望能在此向讀者說明，為何在書名上會出現如此大幅度的變化。

藤原書店的社長藤原良雄先生認為，想要理解現代中國，就必須從認識留給現代中國所有領土的清朝開始。在藤原先生的居中斡旋之下，《清朝史叢書》擁有超過十位作家的陣容，並且決定將拙作《康熙皇帝的書信》增補修訂後的版本，作為叢書的第一冊出版發行。這本拙作自一九七九年在中公新書出版以來，很榮幸地成為專家學者之間公認的必讀文獻，但在市面上卻很難購買得到。睽違三十四年，能夠再次付梓出版，筆者與諸位編輯都感到十分喜悅，對於書名的沿用，也並未抱持任何疑慮。

但如今，在網路上檢索書名已成為理所當然的趨勢。因此，倘若本書與原來中公新書的版本訂立相同的書名，將無法透過網路檢索的方式，得知增訂版與原書的差異：事實上，清朝史叢書版的《康熙皇帝的書信》，不僅加入了俯瞰大清帝國整體樣貌的概說〈何謂清朝——世界史中的大清帝國〉，還補充了相關的六篇學術論文、五篇史料的日語譯文，加上新的資料出處注釋、注解（用語解說）等，內容遠遠超越原本中公新書版本份量的兩倍之多。筆者清楚察覺到了這件事實，因此決定改立書名——這是第一項理由。

第二項理由是筆者注意到，除了研究東洋史的學者，或是喜愛中國陶瓷的人士之外，一般人（譯注：日本人）似乎不會知曉康熙皇帝究竟是何許人物，甚至可能會認為，書名既然是這位人物所書寫的信件，那麼應該是與文學相關的內容。因此，筆者認為原本的書名無法徹底表現出本書的內涵，於是打算更換名稱。

自十七世紀下半葉至十八世紀初期，清朝第四任皇帝——康熙的統治，正是大清帝國大致奠立國家體制的時期。本書以親自出征、投入與蒙古遊牧民族領袖戰爭的康熙皇帝，用滿文寫給留守北京皇太子的親筆信件為史料，就像是畫卷一般，緩緩揭開滿洲與蒙古環繞著西藏達賴喇嘛政權展開，諸多不為人知的角力過程。

同樣由藤原書店出版發行的拙作《從蒙古帝國至大清帝國》（二〇一〇年），完全屬於學術論文的範疇，價格還高出本書的一倍以上；儘管如此，首刷依舊全數售罄，市面上流通的已經是再刷版本。由此看來，要是書名能夠完整地表現出書籍的內容，相信也更容易吸引一般日本讀者的目光吧！

正如本書所述，就是因為現代中國未能理解大清帝國的架構，才會在西藏、維吾爾和蒙古地區發生問題。筆者誠心地期望能夠讓更多的日本人知悉，自大清建國以來，在兩百七十六年的期間中，滿洲人是如何在如此廣闊的領域之內施行統治。

二〇一六年二月

岡田英弘

前言

一九七九年，本書的原版——《康熙皇帝的書信》（中譯）由中公新書加以付梓刊行，距今已有三十三年的歲月（譯注：此前言書寫的時間為二〇一二年）。自西元前一世紀司馬遷寫下《史記》開始，記載所謂「中國文明」的歷史文獻，其文字歷史長達兩千多年之久，但是其中能夠傳達出最高權力者——皇帝個人生活和感情的記錄，卻相當罕見。也正因如此，以漢文以外的語言書寫而成、由皇帝本人親筆寫下的大量書信，其存在本身，更讓日本的東洋史學者驚嘆不已。

然而，本書在東洋史學界的評價雖高，但這些以滿文書寫而成的書信，內容多半是有關清朝第四代皇帝——康熙皇帝本人，與草原遊牧民族的蒙古英雄——噶爾丹之間的戰事記述；即使是概說部分，日本人對此也近乎全然陌生，而關於十七世紀蒙古與西藏的歷史，似乎也很難引起一般讀者的興趣，因此這個版本最後未能再刷，不久後便成為絕版書籍。

其後，對於有志於滿洲學和蒙古學的研究者們來說，本書成為一本必讀書籍，但卻很難在市場上購得，於是在大學內任教的滿洲學學者，據說只要在舊書店發現此書，便會立刻全數買下，提供給學生閱讀。在中公新書的二手書中，甚至還會特別被標上昂貴的價格。

二〇〇九年在藤原書店刊行，由十五位學者共同書寫的《何謂清朝》，獲得了相當成功的迴響；於是藤原書店決定再接再厲，在筆者的監修之下，進行清朝史叢書的出版計畫。筆者與清朝史叢書研究會的成員們，在此要一起誠摯地感謝藤原書店，將推動《康熙皇帝的書信》再版，當成是這套叢書的第一砲。

三十三年前的原版因為是新書的版型格式，所以筆者並未標誌出處注解，來說明文內日語譯文的滿語依據——也就是台灣出版的《宮中檔康熙朝奏摺》影印本，究竟是典出何頁。筆者之所以這樣做，是著重於將康熙皇帝親筆書寫的滿文書信，正確地翻譯為日文、加以出版，從而有助於讓更多日本人知悉這層意義上；但對筆者這種將第一手史料直接當成一般書籍刊行的作法，卻有許多研究者感到不滿。他們之所以不滿，是因為書中以簡略化的方式，敘述學界中尚未成為不證自明之理的新事實，且四處可見學術論文中未曾出現的嶄新創見，卻因為出處和根據的不明確，而無法在自己的論文中加以引用，因此感到非常困擾。

此次藉由再版的機會，將這些不完善之處全數加以改善修正；在內容的分量上，雖然經過討論，決定要增補至符合叢書厚度的規模，但是筆者在今年，也就是二〇一二年一月，便年滿八十一歲，要再重新調查出處、增補新的注解，可說是心有餘而力不足的狀態；最後，多虧叢書研究會的成員們願意一同合作，眾人傾注全力，總算完成了不愧為清朝史叢書第一冊的內容與架構。

在本書的「序」中，原封不動地收錄了筆者為《何謂清朝》撰寫的〈世界史中的大清帝國〉一文。收錄此文的考量在於，康熙是清朝的第四代皇帝，在進入本文之前，若是能夠提供一個俯瞰大清帝國的整體意象，將有助於讀者的理解與認知。

本書將原先中公新書版本內的「外蒙古」、「內蒙古」改寫為「北蒙古」、「南蒙古」，蘇聯改寫為俄羅斯等，順應時代變遷改變稱呼，並修正文中明顯的錯誤之處；至於其他文句，則是按照原版重新收錄，以此為基礎，加入新書版中未能附上的出處依據與注解。

「增補內容」中所提出的六篇論文，雖是筆者在許久以前於各處發表過的文章，但多少都是與本書有關的研究。其中，〈親征蒙古時的聖祖滿文書簡〉一文，是極為重要的論文，在將康熙皇帝的往來書信作為史料使用之際，是不可不參照的文章。

康熙皇帝滿文信件的影印版本，刊行於台灣故宮博物院的《宮中檔康熙朝奏摺》第八輯與第九輯。然而，在筆者瀏覽全文後，隨即發現《宮中檔康熙朝奏摺》中康熙皇帝書信的前後排序，其實存在著種種的問題。首先，是故宮博物院的編輯們作為依據、附載於書信原文中的漢文日期，並非是當時書信發送、收取之時所記錄下的時間，而是在康熙皇帝結束三次親征後不久、整理史料之際，作為階段性的記錄，且大多是從留守北京的皇太子觀點出發，加以排列而成的順序。因此，若是從康熙皇帝的觀點來看，這些信件就不能按照原本的順序加以排列，而是必須進行前後順序替換才行。第二，沒有標注日期的書信，全都被一股腦歸入「無年月」的類別之中，另作收錄。第三，發現有一批文件，在年份上出現一年的誤差。本篇論文（譯注：指〈親征蒙古時的聖祖滿文書簡〉）是以《清實錄》為依據，縱覽康熙皇帝在三次遠征中停留的地點與時間，將《宮中檔康熙朝奏摺》的文件號碼，對照內部證據以及在《聖祖仁皇帝親征平定朔漠方略》（本書簡稱《親征平定朔漠方略》）中的引用等，推斷或確認文件的日期，重新編排前後順序。若是按照這個順序閱讀，就能夠看出整體的真實樣貌。

〈噶爾丹是在何時、又是如何死去？〉、〈藏蒙文哲布尊丹巴傳記資料五種〉、〈從康熙皇帝的滿文書簡看耶穌會士的影響〉這三篇論文，分別是筆者參加海外學會時所發表的英語論文，此次由筆者自行翻譯為日文；就日語論文來說，是國內首次公開的內容。

〈康熙皇帝與天文學〉一文，雖是短篇論文，但也是根據《康熙皇帝的書信》為史料所論述而成的文章，因而再次收錄於本書。

〈開元城新考〉一文，雖在主題上與其他文章有所不同，但是這篇文章是筆者利用滿文的初期研究，可說是筆者本身一直到《康熙皇帝的書信》為止，這一連串滿洲學研究的起點，因而再次收錄。這篇論文是筆者在一九五七年因《滿文老檔》的共同研究而榮獲日本學術院賞後，取得傅爾布萊特計畫（Fulbright Program）獎學金，前往美國華盛頓州西雅圖市的華盛頓大學留學的一九六〇年之際，所撰寫的文章。原文是傳統的漢文體文章，此次筆者將引用的漢文典籍翻譯為日文，其他內容也以簡明易懂的口語形式加以改寫。

最後的五篇「增譯史料」，則是將與本書內容有關的滿文史料翻譯為日文。

〈多倫·諾爾會盟〉，是於本書第一一〇頁至一一三頁提及，康熙三十年（一六九一年）「多倫·諾爾會議」的原始史料，出自與噶爾丹戰役有關的清朝官方戰事記錄《聖祖仁皇帝親征平定朔漠方略》（一七〇八年）滿文版本，為了本書的出版，由楠木賢道先生將全文翻譯為日文。《聖祖仁皇帝親征平定朔漠方略》雖然同時存在滿文版本與漢文版本，但是考量到當時清朝的內亞政策，是透過滿文文件史料的往來交流而進行，所以認為參考滿文版本，較能完整留下當時往來文件的原貌。

〈皇太子廢位上諭〉、〈皇太子復位之旨〉，是來自於中國第一歷史檔案館所收藏的滿文史料，同樣由楠木先生翻譯而成。這兩份資料，是筆者在三十三年前撰寫原本的新書版時，未能如願利用的史料。〈皇太子廢位上諭〉文件的日期是康熙四十七年（一七〇八年）九月，〈皇太子復位之旨〉是康熙四十八年（一七〇九年）三月；在本書二八四頁至二九三頁曾經論及的這兩份上諭，是收錄在公開發行的《清內閣蒙古堂檔》之中。從中可以得知，內閣侍讀學士們從理藩院收到皇帝發出的滿文上諭後，將之翻譯為蒙文，向蒙古的首領們宣達聖旨。

由鈴木真先生所翻譯的〈康熙皇帝密令步軍統領托合齊，監視大阿哥胤禔行動之上諭〉，為中國第一歷史檔案館收藏的史料，是康熙皇帝秘密下令步軍統領托合齊，要他監視大阿哥（鑲藍旗直郡王）胤禔的行動。在廢立皇太子前後這段期間，康熙皇帝的長子——大阿哥胤禔，於檯面下動作頻頻。這份上諭，是非常有趣、值得深入探索的第一手史料，足以補強本書的內容。

〈第巴（桑結嘉措）上奏報告達賴喇嘛五世之死〉，由岩田啟介先生所翻譯，是於本書的二五八頁至二六七頁所提及，攝政桑結嘉措向康熙皇帝報告達賴喇嘛五世圓寂消息的上奏文件全文。原文被認為應是以藏文記述，桑結嘉措命人翻譯成蒙文後，交給康熙皇帝的使者，再由內閣將之翻為滿文，上呈給康熙皇帝閱覽。內容是由收錄在《清內閣蒙古堂檔》中的滿文版本，譯為日文。

筆者深信，若是能夠將這些史料與康熙皇帝的書信一同閱讀，不僅能夠理解皇帝的心情，同時也能對清朝的統治體制，產生更深一層的理解。

序

何謂清朝——世界史中的大清帝國

◆滿洲人、蒙古人與漢人的聯合政權

大清帝國的時代，是由一六三六年首任皇帝皇太極即位算起，至一九一二年二月十二日，第十一任皇帝溥儀退位宣告終結，為期兩百七十六年。說到底，大清帝國的建國者皇太極是滿洲人，並非漢人，且他選擇即位之處——瀋陽，現今雖是中國遼寧省的省會，但在當時卻仍處於中國領域之外，屬於後金國的首都。就在這裡，滿洲人、蒙古人與漢人三大種族聚集在一起，召開大型會議，將後金國第二代大汗——皇太極選為共同的皇帝。

滿洲人是住在遼河東方的狩獵民族，使用的語言屬於通古斯語系（Tungusic languages），過去被稱呼為「女真（女直）」；但是「女真」在通古斯語中，帶有相對於「貝勒」（belie，「主人」之意）的「隸屬臣民」之意，因此他們不願再用「女真」這個名諱，而改稱為滿洲人。

一六三六年參加大清帝國建國活動的蒙古人，是遼河以西的遊牧民族，使用蒙古語，原本是奉建立大元帝國的忽必烈家子孫為領主的種族；但是早在前一年，戈壁沙漠以南的蒙古人，就已經被納入後金國的勢力之下。

同樣參加大清帝國建國活動的漢人，當時居住在遼東從事農耕生活；他們乍看之下雖是漢族，實際上卻是在十三世紀的蒙古時代，曾六度受到蒙古軍隊的侵略、被帶來滿洲的高麗人後裔。

這三大種族是清朝統治下人種的骨幹，因此一直到後世，清朝的官方語言都是滿、蒙、漢三種語言，稱為「（滿蒙漢）三體」。

要舉「三體」的例子，清朝的建國者皇太極，在滿文為「goshin oncha sureyesun han」、蒙文是「aghuda orusiyegchi nayiramdakhu boghda qan」，漢文則是「寬溫仁聖皇帝」之稱。這三個字詞的語意皆同。至於年號，滿文為「wesihun erdemungge」、蒙文為「degedü erdemtü」、

漢文則是「崇德」。

清朝的官方歷史記錄《實錄》，也是以三體撰寫而成。這種撰寫方式往上可以追溯到記錄大清首任皇帝皇太極的父親——努爾哈赤生平的《大清太祖武皇帝實錄》，直至末代皇帝溥儀的前一任皇帝——光緒的《大清德宗景皇帝實錄》為止，《實錄》代代都是以滿文、蒙文與漢文三體所書寫而成的官方記錄。

建國時期的「三體」傳統，延續到帝國的最後一刻。一九一一年，中國南方各省的新式軍隊，在出身日本陸軍士官學校的青年軍官統率之下揭竿起義，宣布獨立（史稱辛亥革命）；這起事件導致清朝最後一任皇帝——溥儀，於一九一二年退位，這一年，是「宣統」三年，宣統這個年號，在滿文為「gehungge yoso」、蒙文為「Kebtü yosu」。如上所示，在清朝存續於歷史上的期間，官方的記錄向來都是以滿、蒙、漢三種語言，持續編寫而成。

不只是語言，在清朝統治階層的八旗當中，也包括滿、蒙、漢三個種類。

清朝的軍制——「八旗」（jakūn gūsa），原本是由軍旗的顏色而誕生的稱呼。軍旗以黃、白、紅、藍四色為區分，又以鑲邊的有無，區分為正黃旗、鑲黃旗、正白旗、鑲白旗、正紅旗、鑲紅旗、正藍旗、鑲藍旗八種，因而有八旗之稱。其中，正黃旗、鑲黃旗與正白旗這三旗直屬於皇帝統轄，稱為「上三旗」，其他五旗則是諸王所私有。

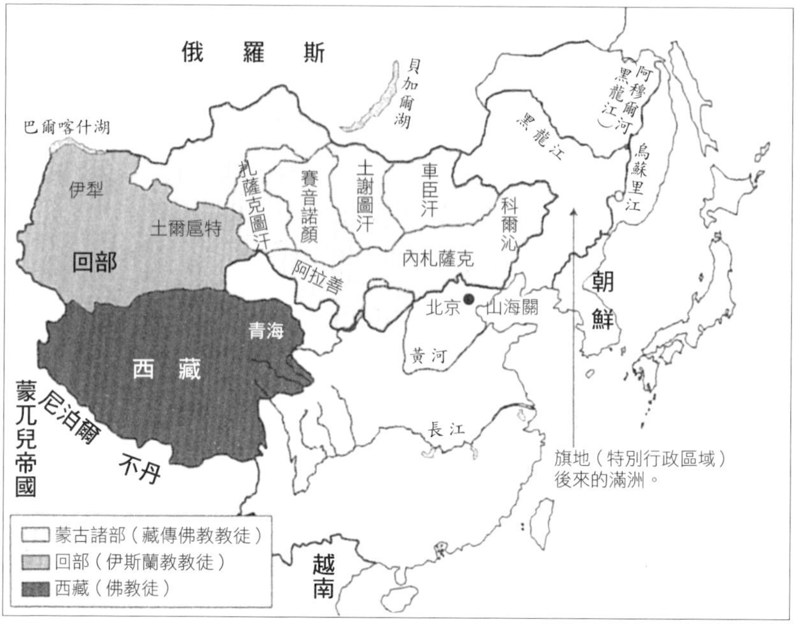

出處：岡田英弘『だれが中国をつくったか』（《誰創造了中國》），PHP研究所，二〇〇五年，第一百六十六頁。

承德避暑山莊的麗正門，其牌樓文字左起為蒙文、以阿拉伯文字書寫的回文、漢文、藏文、滿文。

一旗（gūsa）之下有五甲喇（jala），一甲喇之下有五佐領（niru）。大部分的滿洲人都有隸屬的佐領，可以說是舉國皆兵。此外，滿洲化的蒙古人、漢人也被編入八旗，蒙古人被稱為「蒙八旗」（monggo gūsa），以便與遊牧草原的「外藩蒙古」（tulergi monggo）做出區別。至於遼東的漢人，則稱為「漢軍八旗」（ujen coohai gūsa），有別於一般的「漢人」（nikan）。而這些滿洲、蒙古、漢軍八旗成員，總稱為「旗人」。旗人不只是清朝軍隊的根幹，還是所有組織的基礎。

◆世界史是從蒙古帝國展開

擁有如此複雜結構的大清帝國，究竟是在何種背景之下誕生的呢？它有所謂的國家範本嗎？關於這點，必須要從十三世紀開始談起。

一二〇六年，一支名為蒙古的遊牧民族，其首領鐵木真在今日蒙古國東部的鄂嫩河源頭召開大型會議，並在會中被選為大汗，獲得「成吉思汗」的尊稱。這就是蒙古帝國的起始，也是標誌世界史開端的重要歷史事件。

成吉思汗向西擴張，殲滅西遼帝國、花剌子模帝國，如此一來，蒙古帝國的領土便向西拓展至窩瓦河、印度河一帶。接著蒙古又往南方擊滅西夏王國，不過成吉思汗本人則在軍事行動的過程中，於一二二七年逝世。

蒙古帝國第二代君主窩闊台汗，是成吉思汗的三男。他在一二三四年消滅金國，將中國淮河以北的地區納為蒙古帝國的領地。翌年，他在蒙古高原上的鄂爾渾河畔，建立哈拉和林（Karakorum），並於此地召開大型會議，做出了征服歐洲等大規模作戰計畫的決議。

征服歐洲的作戰自一二三六年展開，但是在一二四一年的年底，窩闊台汗便與世長辭。因此，前往歐洲的遠征軍於翌年八月，從現今的奧地利撤軍返回。遠征軍的總司令拔都，是成吉思汗長男朮赤的次子；他停留在窩瓦河一帶，建立起「金帳汗國」（欽察汗國）。拔都的蒙古子孫，在俄羅斯語中被稱呼為「韃靼」，其後以統治者的身分，治理今日的俄羅斯地區長達五百年。

窩闊台汗逝世後，蒙古帝國內部出現軍事政變，由成吉思汗的么子托雷家掌權，托雷的長男蒙哥坐上大汗的位置。蒙哥的弟弟（托雷四男）忽必烈，在與（托雷六男）阿里不哥的爭權戰中取得勝利，於一二七一年，將自己跨越蒙古與中國的領地命名為「大元」，這就是元朝的起始。其後，忽必烈於一二七六年滅亡南宋帝國。

在大元帝國誕生之際，蒙古帝國分裂為四：除了東亞的元朝以外，還有東歐的「金帳汗國」、中亞的「察合台汗國」，以及西亞由忽必烈弟弟（托雷五男）旭烈兀所建立的「伊兒汗國」。

儘管如此，整體來說還是蒙古帝國，帝國的領域東至日本海、東海，南抵南海、喜馬拉雅山脈，西達波斯灣、幼發拉底河、安納托利亞高原、黑海、頓河流域，領土浩瀚廣闊。在這個範圍內的居民，曾經全部被納入蒙古帝國內部，成為蒙古帝國的一部分，從那以後又逐漸誕生出可以一路連結到今日、嶄新的民族與國家。這就是「世界史是從蒙古帝國展開」這個概念，所代表的一層重要意義。

成為蒙古帝國成員的遊牧民族，喪失了像是匈奴、突厥、回鶻和契丹等過往的名稱，部族也遭到廢除、重新統整，從而形成將成吉思汗子孫奉為君主的新集團。現今的蒙古人和韃靼人當然毋庸贅言，就連哈薩克人、吉爾吉斯人、烏茲別克人和土耳其人，也都是十五世紀後，從繼承蒙古帝國的國家之中誕生的新民族。

不只是草原上的遊牧民族，在蒙古帝國統治下的農耕定居地帶民眾，也不免受到影響。現在的朝鮮／韓國人、中國人、滿洲人、西藏人、伊朗人、阿拉伯人、印度人、巴基斯坦人、俄羅斯人、烏克蘭人、喬治亞人、亞美尼亞人等，都曾經被納入蒙古帝國的版圖之內；當過去的政權滅亡，並與外界展開繁盛的交流之後，這些地方的人民逐漸形成與今日密切相連的國家、國民型態。

另一方面，由於連結歐亞大陸東西的陸上貿易利益被蒙古帝國獨佔，在蒙古帝國外側的日本和地中海、西歐世界為了對抗，於是轉而尋求海上貿易的出路。日本的倭寇約從一三五〇年開始，葡萄牙人的大航海時代則是從一四一五年展開；這兩項事件都為海上貿易時代揭開了序幕，一四九二年哥倫布發現美洲新大陸，則是這個時代背景下的附屬產物。歐洲人的大航海時代，是受到蒙古帝國時代東西貿易的刺激所展開的結果，在這層意義上，也可以說「世界史是從蒙古帝國展開」。

◆繼承蒙古帝國的大清帝國，是五大種族的共主邦聯

正如前文所述，元朝始於一二七一年，不久後滅南宋，統一了中國；不過元帝國的領土絕對不僅限於中國，還包括東邊的高麗王國、南方的雲南和西藏、西邊天山山脈以東的回鶻王國和阿爾泰山脈一帶，以及北方今日的蒙古國乃至西伯利亞地區。與現今中華人民共和國的地圖相較，可以看見東邊的朝鮮（北韓）、韓國，北方的西伯利亞、蒙古國都在中國領土之外；相較之下，西邊的新疆維吾爾自治區則是加進了領土當中，這是值得注目的地方。之所以會出現如此的差異，是因為作為中華人民共和國承繼領土對象的大清帝國，在其末期亦即十九世紀左右，東部的

朝鮮、韓國成為日本的勢力範圍，北方的西伯利亞從十七世紀開始、蒙古國在十九世紀末，也都被歸入俄國的勢力範圍之內。

一六三六年，清朝在渤海灣萬里長城的盡頭——山海關的東側（這是滿洲地區之所以被俗稱為「關東」的起源）建國，經過八年後的一六四四年，中國明朝因流寇叛亂而滅亡，明朝將軍打開山海關關門，向滿洲人請求救援。滿洲人應允後進入北京，開始統治中國，也就是皇太極的兒子——順治皇帝的統治朝代。

進入首都北京的滿洲人，將原本世居當地的漢人趕到北京外城，並將圍繞紫禁城的內城東西南北劃分為八個區塊，建造起負責防衛首都的八旗兵營，讓八旗軍與家人一同居住。這就是北京稱為「胡同」的舊有市街地帶。其他像南京、西安、成都等要害之地，也都配屬有滿洲旗人進駐。

順治皇帝的兒子——康熙皇帝，康熙皇帝的兒子——雍正皇帝，雍正皇帝的兒子——乾隆皇帝，這三代康熙、雍正、乾隆統治的時代（一六六二年—一七九五年），為清朝的鼎盛時期。

康熙皇帝在一六八三年征服台灣，一六八九年的《尼布楚條約》，則是將俄國人抵擋在黑龍江（阿穆爾河）之外。前一年的一六八八年，北蒙古的喀爾喀部人民，因西蒙古（瓦剌）準噶爾部的侵略，向南逃亡至南蒙古。一六九一年，喀爾喀蒙古王公們在多倫・諾爾（忽必烈興建上都之處），向康熙皇帝宣誓臣服。一六九六年，康熙皇帝親征戈壁沙漠以北的蒙古高原，擊敗準噶爾部族首領噶爾丹汗。如此一來，康熙皇帝便將現今蒙古國的領土納入了統治版圖，在恰克圖與俄國鄰接，更在一七二〇年，將準噶爾軍逐出西藏，使西藏成為清朝的保護國（Protectorate）。

蒙古最後的遊牧帝國——準噶爾汗國，統治今日新疆維吾爾自治區全境，勢力範圍廣及哈薩克草原至西伯利亞一帶，最後因大汗繼承紛爭而分裂。乾隆皇帝於一七五五年，各派遣兩萬五千名滿洲軍和蒙古軍前往伊犁，殲滅準噶爾軍。原本在準噶爾支配下的塔里木盆地各綠洲城市，於一七五九年向清朝宣示降伏，此時，正是清朝統治版圖最為廣闊的時期。

然而，這個時代還是民族國家以前的階段。清朝皇帝對漢人而言，是傳統式的皇帝；對滿洲人而言，是部族首長會議的議長；對蒙古人而言，是成吉思汗以來的大汗；對西藏人而言，是佛教中地位最高的施主；對東突厥斯坦的伊斯蘭教徒而言，則是保護者。大清帝國的本質，就是五大種族的共主邦聯（personal union）國家。

在清朝時代，只有明朝的舊有領土被視為中國，滿洲是旗人的土地，稱呼為「旗地」，是由將軍治理的特別行政區域。此外，蒙古草原、包含今日青海省、四川省西部的西藏、被稱為回部的新疆，在清朝時代則是以「藩部」稱之，也有「外藩」之稱。面對藩部，清朝是以種族自治為原則，每一種族在當地所使用的語言和法律皆不相同。

中國人所適用的法律，是直接繼承明朝《大明律》的《大清律例》，但滿洲人適用的法典是《八旗則例》，蒙古人則是《蒙古例》。至於後來臣服於滿洲皇帝麾下的西藏人與突厥裔伊斯蘭教徒，清朝則為他們編纂了西藏人適用的《西藏事例》、以及伊斯蘭教徒適用的《回疆則例》。其後，《西藏事例》和《蒙古例》又合併為《理藩院則例》。在將版圖拓展到最大規模的乾隆皇帝時代，編成《五體清文鑑》，為五種語言的辭典，除了建國時期的滿、蒙、漢文之外，還加入西藏語（藏文）以及用阿拉伯

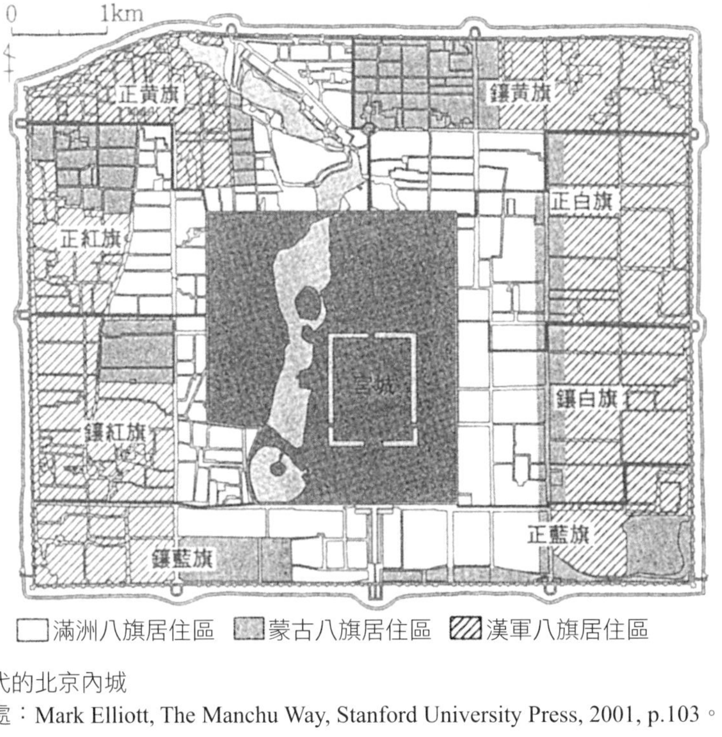

清代的北京內城
出處：Mark Elliott, The Manchu Way, Stanford University Press, 2001, p.103。

文字書寫而成的突厥語（回文）。

當遊牧於今日的內蒙古、身為成吉思汗子孫的王公們在一六三六年清朝建國之際，向皇帝宣誓臣服與忠誠時，由於過去女真人曾經臣服於蒙古人的腳下，因此清朝皇帝龍心大悅，賜予蒙古人貴族與滿洲人皇族相同等級的爵位和年俸。有清一代自始至終，滿洲人皇族與蒙古人貴族之間始終頻繁維持著通婚關係，順治皇帝的母親就是蒙古人，而由祖母、也就是蒙古人皇太后撫養長大的康熙皇帝，也能說上一口流利的蒙古話。

作為清朝統治階級的滿洲人，因為自己出身狩獵民族的關係，非常清楚身為遊牧民族的蒙古人與漢人農民在利害關係上的對立狀況。故此，為了迴避摩擦，他們維持著盡可能隔離蒙古人與漢人的政策。從建國當時開始，清朝就將原本在明朝統治下的地區，與滿洲和萬里長城以北的蒙古草原分開管理；不只如此，之後納入清朝版圖的戈壁沙漠以北的蒙古、青海草原和西藏、新疆地區，也都禁止漢人農民移居。商人也不能在當地停留超過一年的時間，不能在當地擁有家屋，

康熙皇帝，著常服袍肖像圖。

不能在當地結婚。正因為是採取這種共主邦聯國家的體制，清朝才能統治如此廣大的疆域，長達兩百六十年的時間。

◆中國人口的增加與沒落的開始

讓我們將話題轉回清朝統治時代的中國。中國最早的人口統計，是留存在《漢書》〈地理志〉當中，西元二年的「口，五千九百五十九萬四千九百七十八」。這個將近六千萬人的數字，後來因為戰亂和饑荒的原因而日益減少，此後的一千年間，都未能恢復到原來的水準。直到十六世紀的明朝，總算達到六千萬人左右的水準；但進入十七世紀後，隨著清朝統治下社會的安定發展，中國人口開始急遽成長。十八世紀初，也就是大約清朝康熙皇帝時代晚期，中國總人口已經突破一億大關，一七二六年達到兩億，一七九〇年持續增長至三億人口，經乾隆、嘉慶，至道光皇帝時代的一八三四年，成長至四億。其後有好一段時間，中國人口一直在四億上下盤旋，但到一九四九年中華人民共和國成立之後，不知不覺地來到五億、六億的數字，一九八〇年達到十億，今日則是十三億人口。無論如何，光是四億人口的時期，就已經遠遠超過中國土地、技術和社會體系足以負荷的限度，也就是「人口過剩」的現象。毋須贅言，現今中國所面對的所有難題，都可以從極端的人口過剩中，找出其原因所在。

清朝時代人口急速成長的原因，可以追溯到哥倫布發現美洲的影響。十六世紀以後，來自美洲的農作物接二連三被引進中國：番茄、辣椒、酪梨、南瓜、青椒、花生、玉蜀黍、馬鈴薯、地瓜、菸草等。其中，作為取得熱量的新興來源，中國農民積極栽種玉蜀黍、馬鈴薯、地瓜；這些作物將許多人民，從饑荒的深淵之中拯救出來。

十八世紀起的人口急速增長，雖然是當時世界共通的現象，但是在中國，人口增長的問題更是特別嚴峻。這可以說是促成華僑向海外發展的原因之一。特別是清朝統治中葉以後，中國同時面臨了人口過剩，與本土生產力無法繼續成長的現象；華南地區已經開發殆盡，人口卻仍持續增長，遍尋不著新可耕地的結果，便是自十八世紀開始，出現華僑大舉移居東南亞的現象。首先向外尋求發展的是福建人，緊接著是潮州人、海南人、客家人、廣東人，到了這個時代的晚期，移居地也從東南亞擴及澳大利亞、大洋洲、美洲和西印度群島等地。

正如前文所述，大清帝國的領土，在乾隆皇帝時期擴展到最廣闊的範圍，經濟力也達到巔峰；換句話說，自此之後便開始走向下坡。在乾隆皇帝統治的鼎盛時期，已經可以看見大清帝國衰退的徵兆。生於一七一一年的乾隆皇帝，至一七九六年為止，在位年數長達六十年。為了迴避突破祖父康熙皇帝在位六十一年的紀錄，乾隆皇帝讓位給兒子嘉慶皇帝，但並未釋出實權，直至一七九九年，才以八十九歲高齡駕鶴西去。

乾隆皇帝時代的大清帝國，受到祖父康熙皇帝、父親雍正皇帝的庇蔭，國庫豐饒。這些積蓄不只讓他足以在號稱「十全武功」的十次大遠征中，浪費大量的人命與財力，也讓他的宮廷生活，得以極盡奢華之能事。紫禁城在康熙皇帝時代，是樸素簡單的建築，但到了乾隆皇帝時代，豪華壯觀的建築物櫛比鱗次，內部裝潢也是富麗堂皇；光看北京和台北的故宮博物院，就足以想見當時大致的模樣。不過，乾隆皇帝同時也繼承了父祖的勤勉。根據軍機處某位秘書官的記錄，皇帝不分四季，每天早晨六點前起床，前往正殿處理政務，戰時就連夜半，也依舊在批閱上奏的報告文件、發布指示。乾隆皇帝酷愛作詩的嗜好眾人皆知，御製詩集共有五集，詩作的篇數超越十萬首。此外，繼康熙皇帝下令編纂著名的《康熙字典》、雍正皇帝下令出版一萬卷的百科全書《古今圖書集成》之後，乾隆皇帝也下令編纂百部以上的大型書刊，其中工程最為浩大的便是《四庫全書》。這是集聚中國自古以來的所有書卷，經過校訂後的叢書，共收書三千五百種，並製作七份抄本，置於宮中，也提供一般人進行閱覽。

然而，即便是如此勤勉的乾隆皇帝，也敵不過歲月陣陣襲來的老化浪潮。乾隆皇帝年過六十之後，就已經明顯出現了精神老化的症狀。他拔擢和珅這位出身卑微的滿洲人，百般信賴，將其視為心腹寵臣。和珅起初只是一介侍衛（譯注：黏竿處侍衛），負責在皇帝外出之時隨侍轎旁左右，但因為應對靈敏機警，所以受到乾隆皇帝的賞識，仕途順遂，步步高升，並於一七七六年坐上軍機大臣的位置。和珅濫用職權、累積龐大的私人財產，但在一七九九年太上皇——乾隆皇帝駕崩後，便被逮捕，判處死刑。如果從國家沒收和珅的家產來計算，在他擔任軍機大臣這二十三年間，政府每年收入的五成以上，都落入和珅的口袋之中。在這當中，正顯示出乾隆皇帝的存在感是多麼的巨大；然而，既然連中央政府都是這副德行，那麼官僚們的綱紀敗壞、行政上的賄賂風行已然蔓延到整個系統的末端，這也是不難想像的事。

自建國以來，大清帝國代代有勤勉且才能卓越的皇帝坐鎮，還有兼任軍隊和官僚的八旗，作為忠誠於國家的統治階級。但是，到了乾隆皇帝統治時代後半，卻明顯且迅速地轉為鬆散，其箇中緣由，想必是乾隆皇帝殲滅了自康熙皇帝以來未能拔除的心頭大患——中亞的準噶爾帝國，導致精神上的鬆懈所致。準噶爾是蒙古裔遊牧民族最後的帝國，領有環繞著清朝版圖的北蒙古、西藏、青海和新疆地帶，曾經是清朝最強大的敵手。一七五五年伊犁的準噶爾帝國被清朝所滅，反叛的阿睦爾撒納（Amarsanaa）也在一七五七年病逝於西伯利亞。位於窩瓦河畔的西蒙古（瓦剌）族土爾扈特部（Torghut），得知伊犁人口銳減的消息，在歷經七個月艱困苦難的流亡，最後終於在一七七一年東歸伊犁。乾隆皇帝眼見土爾扈特部離開俄國、自行歸順清朝的舉動，十分欣喜，特地以土爾扈特部東歸為題，創作三篇詩文。（譯注：《伊犁將軍奏土爾扈特汗渥巴錫率全部歸順詩事》、《土爾扈特全部歸順記》、《優恤土爾扈特部眾記》）在以滿文、漢文兩種語言寫下的御筆創作中，乾隆皇帝得意洋洋地誇耀，自己終於完成了他所尊敬的皇祖——康熙皇帝也未能完成的豐功偉業，成功地讓全蒙古地區歸順於清朝麾下。

一七九四年，英國國王喬治三世（George William Frederick）派遣使節喬治・馬戛爾尼（George Macartney）訪清，經過與官僚間繁瑣複雜的折衝斡旋之後，最後終於在熱河的離宮，獲得謁見乾隆皇帝的機會。然而，面對要求開放通商的英國使節，乾隆皇帝卻以天朝「地大物博」，也就是清朝土地遼闊、物產豐饒，不需要仰賴外國生產的物品進行補足這一理由作為回應，而馬戛爾尼所提出的請求，全都被打了回票。在馬戛爾尼所留下的日記中，有一段文字是：大清帝國

《乾隆大閱圖》，乾隆時期宮廷畫家郎世寧所作。

「只能憑藉著巨大的身軀和外觀，好讓鄰近諸國心生畏懼，實際上和老舊破敗、傷痕累累的戰艦沒有兩樣」（《1793乾隆英使覲見記》）。從乾隆皇帝退位後立即出現的苗亂和白蓮教之亂等現象來看，馬戛爾尼的這段話，應該不能說是他因未能達成要求，才口出惡言的結果。

◆鴉片戰爭與俄國的入侵

在今日中華人民共和國的官方歷史中，一八四〇年的鴉片戰爭是揭開「半殖民地」的「近代」序幕，從而與鴉片戰爭以前、自秦漢帝國以來「封建社會」的「古代」，做出時代的區隔。創造出中國這一套近現代史觀的中國共產黨領導階級，在一九三七年爆發的中日戰爭中，不願承認「中國的近代化說到底，其實是受到日本影響」，才將中國「近代」的初始，定位在接受西歐文化衝擊的鴉片戰爭時期。

鴉片是在十七世紀的時候，由荷蘭治下的爪哇島引進台灣，最初是混合在菸草之中吸食，作為瘧疾的特效藥。當一七二九年雍正皇帝發布鴉片禁令時，葡萄牙商人每年將一百箱鴉片賣往中國。一箱六十公斤的鴉片，相當於一百位鴉片成癮者一年的吸食分量，由此換算，當時中國約有一萬名鴉片成癮者。但是到了十八世紀末，由英國東印度公司經手販賣的孟加拉鴉片，在中國一年的進口成交量達到四千箱；這樣計算起來，成癮者已經攀升到四十萬人。在英國國內，中國的茶葉成為生活上的必需品，從而導致英國對中國的貿易方面陷入單方面的入超；因此，明知鴉片為禁止輸入商品，他們卻依舊將印度產的鴉片賣給清朝。

一八三八年，英國對清朝出口了四萬箱的鴉片，大約為四百萬人吸食的分量。當時清朝人口約四億，可以換算出一百人中就有一位是鴉片成癮者。清朝的道光皇帝為了徹底禁絕鴉片貿易，任命林則徐為欽差大臣（特命全權大臣）。一八三九年上任的林則徐，從廣州商人手上沒收兩萬箱的鴉片，花了二十天的時間，將鴉片混同鹽水、石灰加以燒毀。英國的駐華商務總監義律（Charles Elliot）向英國外相傳達，（駐華）英國人的生命和財產將受到威脅。一八四〇年，義律的堂兄懿律（George Elliot）率領十六艘軍艦、三十二艘輸送船和醫療船、陸軍四千人，封鎖廣東海口、攻擊廈門，為鴉片戰爭吹響了起始的號角。

道光皇帝於一八四一年一月發出上諭，對英宣戰。英軍在一八四二年五月，以二十五艘軍艦佔領上海，沿著揚子江（長江）一路溯江而上，取得鎮江，佈下大砲，瞄準南京城。最後，承認敗北的清朝於八月簽訂《南京條約》，全文十三條的主要內容，一是割讓香港給英國、二是支付遭燒毀的鴉片損失以及其他賠償金，共兩千一百萬墨西哥銀元（約是清朝歲賦收入的三分之一以上）、三是開放廣東、廈門、福州、寧波及上海的港口。

但在實際上，清朝在鴉片戰爭戰敗後，仍舊將英國稱呼為「英夷」，只將其視為朝貢國之一；反倒是幕末的日本，因這場鴉片戰爭而受到強烈的影響。英國在一八四〇年的鴉片戰爭後，又以亞羅號事件為由，聯合法軍於一八五七年佔領廣州，掀起第二次鴉片戰爭。一八五八年，清朝與英、法、美、俄締結《天津條約》。一八六〇年，英法聯軍燒毀北京的圓明園，使之化為一片廢墟後，又簽下了《北京條約》。

就在清朝在南方受到英國和法國壓力的期間，坐收漁翁之利的國家就是俄國。一六八九年，基於尼布楚條約被阻擋在黑龍江（阿穆爾河）之外的俄國，從堪察加半島向北美洲發展。至十九世紀初為止，俄國一直認為庫頁島（俄國稱為薩哈林島）是個半島、黑龍江河口為淺灘，船隻無法靠岸出海。

俄國自十八世紀起就曾經提出請求，希望能讓俄國的船隻航行於黑龍江上，卻遭到清朝政府的拒絕。但俄皇尼古拉一世並未死心，一八四七年，他命令穆拉維約夫（Nikolay Muravyov-Amursky）擔任東西伯利亞總督，前往當地調查。軍用船隻貝加爾（Baikal）號，確認庫頁島並非原先所認知的半島，而是一座島嶼，且從海洋也得以進出黑龍江口。一八五〇年，俄國在從黑龍江口上溯三十五俄里（譯注：一俄里＝一千零六十七公尺）處的廟街（俄國稱「阿穆爾河畔尼古拉耶夫斯克」〔Nikolayevsk-on-Amur〕），設置哨所。面對俄國國內的反對意見，尼古拉一世公開下詔表示：「一旦插上了俄國國旗，就絕對不會撤下。」

一八五三年十一月，俄國與鄂圖曼帝國開戰；翌年三月，英、法兩國站在鄂圖曼帝國一邊，向俄國宣戰，由此揭開了克里米亞戰爭的序幕。俄國唯恐英、法海軍將會攻擊俄國在亞洲的領地，於是在未經清朝政府的許可之下，便讓運輸一千名兵士的船隊，從石勒喀河（Shilka）出發，航行至黑龍江下游，殖民沿岸地區。當時，清朝政府正因一八五一年爆發的太平天國之亂而手忙腳亂，因此默認了俄國的殖民舉動。事實上，在一八五四年和一八五五年，英法艦隊確實有在堪察加半島登陸。一八五六年克里米亞戰爭結束後，即便英國的威脅已經不再，穆拉維約夫仍進一步推動佔領黑龍江的政策。他在黑龍江沿岸繼續推動殖民，一八五五年有三千人，一八五六年為一千六百人，一八五七年設阿穆爾州和濱海邊疆州，這些地區在事實上已經成為俄國的領地。

一八五八年，清廷與俄國在瑷琿召開國境劃定會議之時，俄國方面為了從英國的覬覦中守住黑龍江地區，於是要求清朝政府，承認黑龍江左岸和烏蘇里江右岸地帶為俄國領地。當時，停泊在鄰近的俄國軍艦鳴槍發砲威脅，若是清朝政府不願簽署，就要動用武力將滿洲人趕出黑龍江左岸。最後，清朝的代表滿洲大臣奕山只能屈服。就這樣，俄國依此條約獲得了黑龍江以北約六十萬平方公里的土地。烏蘇里江東岸至日本海地區約四十萬平方公里的濱海邊疆州，則是在一八六〇年的北京條約中，成為俄國的領土。

◆大清帝國的變質——從共主邦聯走向民族國家

由滿洲人、蒙古人、漢人、藏人、伊斯蘭教徒這五大種族所組成的共主邦聯——大清帝國，開始嘗試走向民族國家的契機，並非是鴉片戰爭，而是其後爆發的太平天國亂事，以及連帶激起的伊斯蘭教徒叛亂。

一八四〇年鴉片戰爭後，清朝出現了由受基督教影響的洪秀全所領導的太平天國之亂；這場亂事的時間自一八五一年起，持續了十四年的光陰。洪秀全出身客家，閱讀新教的傳教小冊後，宣稱自己是耶和華（天父上主皇上帝）的次子、基督（天兄）的弟弟。當太平軍舉旗反叛時，原本只有一萬至一萬五千名的兵力，到了一八五一年年底佔領武昌之際，兵力已經增長至五十萬人。一八五三年，太平軍佔領南京，將南京定為太平天國的首都，這時他們的兵力為男性一百八十萬人、女性三十萬人。由於客家女性不纏足，因此也以女兵之姿在戰場上活躍。一八五四年至一八五五年間，太平天國成長至三百萬人。

面對這場太平天國亂事，或許是因為不熟悉南方環境的緣故，清朝的八旗兵絲毫派不上用場，漢人的綠營兵也顯得軟弱無力。清朝政府因而命令南部的有力人士——也就是地方鄉紳組織軍隊，這就是日後中國軍閥的起源。其中著名的軍隊為曾國藩的湘軍、李鴻章的淮軍、左宗棠的楚軍，被稱為「鄉勇」。

太平天國後來因內亂而衰微，一八六四年，洪秀全服毒自殺，南京（譯注：太平天國稱「天京」）陷落。殘存黨羽和一八五三年於安徽省掀起叛亂的白蓮教武裝團體——捻軍合流；清朝政府直到一八六八年，才成功鎮壓捻軍。

太平天國之亂，也連帶引發了中亞的伊斯蘭教徒叛亂。一八六二年，清廷為了抵擋打算由四川入侵陝西的太平天國軍隊，甚至連回民也加以動員。回民雖然是在外表上與漢人無異的伊斯蘭教徒，但長年以來都與漢人處於相互齟齬的狀態下；這次動員在兩者之間引燃了導火線，漢回爆發衝突，各地陸續出現「洗回」事件，也就是漢人屠殺回民的行為。這種漢人與回民相互殘殺的狀況一發不可收拾，一八六四年，庫車回民襲擊清廷官署，叛亂活動擴及新疆全境。

新疆的伊斯蘭教徒並非回民，而是突厥裔民族。一八六五年，同為突厥裔的阿古柏（Muhammad Yaqub Bek，穆罕默德．雅霍甫．伯克）從浩罕汗國（烏茲別克）前來，掌控新疆的實權。一八六八年俄軍佔領塔什干（Tashkent）後，浩罕汗國的武裝勢力失去立足之地，也前來投靠新疆的阿古柏。一八七〇年，阿古柏幾乎將天山以南的全境置於統治之下，在喀什地區建立獨立王國。

當時，清朝統治階層中的滿洲人中，曾有人提出放棄遠方新疆領土的提案。但是，因鎮壓太平天國而立下功績的漢人將軍左宗棠卻主張：「是故重新疆者，所以保蒙古；保蒙古者，所以衛京師。西北臂指相聯，形勢完整，自無隙可乘。若新疆不固，蒙古不安，匪特甘、陝、山西各邊時虞侵軼，防不勝防；即直北關山，亦將無晏眠之日」（倘若無法收復新疆，便無法確保蒙古，無法確保蒙古，清朝也將滅亡），並於一八七五年率領私人軍隊湘軍（從曾國藩所承繼的湖南省漢人義勇兵），發兵平定新疆。清軍在一八七七年，於烏魯木齊往天山南麓的山口地帶取得勝利，阿古柏於庫爾勒地區猝死，為期十六年的伊斯蘭教徒叛亂，終於成功鎮壓了下來。

清廷採用平定新疆有功的左宗棠之意見，於一八八四年設置新疆省，令漢人負責當地行政。這也打破了種族自治的原則，讓漢人參與中國地區以外的統治事務，將藩部加以中國化。現在中華人民共和國的新疆維吾爾自治區，就是源自於清朝新疆省的行政區劃。

新疆省的設立，可以說是從根本上改變清朝性質的重大轉捩點。直到這時為止，清朝的政權基本架構，是滿洲人和蒙古人聯手，統治漢人，保護西藏人、伊斯蘭教徒的模式；設立新疆省後，滿洲人將合作的對象換成漢人，朝著「滿漢一家」的民族國家道路，踏出前進的步伐。原本是多種族聯合帝國的清朝，在此做出決定性的方向轉換；至於蒙古人和西藏人，則苦嚐被滿洲人背叛的滋味。蒙古和西藏之所以在二十世紀初期，開始醞釀從清朝統治下獨立出來的行動，正是因為這種不滿的情緒所致。

◆大清帝國的日本化與辛亥革命

清朝在一八四〇年至一八四二年的鴉片戰爭中敗給英國，不得不開放港口，然而這些讓步，並未對大清帝國的統治結構造成打擊；畢竟英國與清朝距離遙遠，英國人為數不多，而香港又只是帝國的邊陲地帶。在一八五七年至一八六〇年的第二次鴉片戰爭中，英法聯軍攻進北京，燒毀圓明園，將該地化為一片廢墟。其後，清朝在漢人將領的主導下，開始推行稱為「洋務運動」的近代化運動。不過，這場近代化運動，也只是停留在採用西式武器、雇用西方技師等程度，目標全都是為了增強私人兵力。

然而，一八九四年至一八九五年甲午戰爭的戰敗，不僅是作為清朝統治階層的滿洲人，就連受其統治的漢人，也遭到了嚴重的打擊。畢竟，日本直到三十年前才開始採用西式體制，而且還是一個從建國以來就屬於中國文化圈的國家，結果卻擊潰了擁有當時最新式的西洋武裝，由李鴻章率領的北洋軍。

在甲午戰爭中吃下敗仗的清朝內部，出現了批判洋務運動「中體西用」的聲音；所謂中體西用，就是只有在物質層面導入西式器具，精神層面還是中國本質的作法。在此同時，主張不只是在技術層面，就連制度面也要進行西洋式改革的「變法」論勢力則逐漸崛起。主張變法論的核心人物是康有為，他主張要以日本的明治維新為典範施行變法；但是在一八九八年，著手進行變法的光緒皇帝被慈禧太后（西太后）軟禁，變法改革宣告失敗。儘管如此，仿效日本推動近代化的方針並未改變；甲午戰爭翌年的一八九六年，清朝派遣十三位留學生前往日本，其後的每年，也都派遣為數甚多的留學生至日本學習。日俄戰爭翌年的一九〇六年，每年前往日本留學的清朝學生已經多達九千人。

就在日本幾乎已經篤定贏得對俄勝利的一九〇五年九月，中國廢止了持續一千年以上的科舉制度。一九〇六年，清朝頒布《宣示預備立憲論》，廢止傳統的六部。一九〇八年，頒布《欽定憲法大綱》，發表憲政施行前的日程計畫，根據這份日程計畫，一九一六年將頒布憲法，翌年召開議會。然而，這些都只是清朝政府的虛應故事，實際上不過是滿洲政權企圖苟延殘喘的手段而已。

大清帝國的實權已經從滿洲人轉移至人口佔絕大多數的漢人手中。鎮壓太平天國之亂和伊斯蘭教徒叛亂的功臣並非八旗軍力，而是中國南方的漢人將領及其私人軍隊。作為大清帝國國軍的八旗兵，並不是設定來對付南方或海洋敵人的軍隊。日俄戰爭後，清朝首次任命並非出身滿洲八旗、而是隸屬漢軍八旗的趙爾巽，擔任奉天將軍的職位，負責戰後事務的處理。接著在一九〇七年，清廷終於放棄對滿洲的軍事統治，在奉天、吉林、黑龍江設省，與中國內地採取同樣的行政措施，並在各省設置地方長官——巡撫。除此之外，還設置統括軍政與民政的東三省總督，也就是現今中國東北三省的起源。

一九〇五年廢止科舉制度後，清朝採用許多留學生擔任官僚職務，而其中擁有最多中國留學生的國家，就是日本。日本自一八六八年明治維新以來，已經走過了三十年的年月，為了表達歐美的新事物，開發了新的文體和語彙。日本人把江戶時代尚未出現的術語，以漢字重新組合，創造出新的語彙。這些新漢語，則是被中國留學生加以學習、攝取和吸收。就算是留學歐美諸國的中國人，想要傳達新事物，也只能藉由日式的文體和語彙作為傳播的工具。日籍教師和留日學成歸國的人們，在中國全境廣泛設立的新式教育學校中，將這些新漢語加以推廣應用。

日俄戰爭的另一個直接影響，就是大清帝國軍隊的日本化。中國為了推展近代化，首要之務就是強化軍隊的力量。在清朝留學生之中，除了到國外學習法律、成為官僚的文官之外，還有許多到日本陸軍士官學校留學的軍官種子。在當時的日本，考量到想要進入士官學校的留學生們，於是設立「振武學校」這間預校，歸屬陸軍管轄。進入振武學校後的一年間，學生先學習日文，然後再前往日本各地的部隊，擔任為期一年的實習軍官。其後若是在服勤單位表現良好，就可以獲得推薦，進入日本陸軍士官學校。從士官學校畢業後回到中國的留學生，清廷會將他們編入各省的師（鎮）或是旅（協），迅速進行新式軍隊（新軍）的編組。

日俄戰爭後，不只是在俄國，就連在日本也開始流行革命的思想。在清廷派出的留學生之間，對於究竟是要仿效日本、建立以清朝皇帝為中心的君主立憲制，還是要打倒清廷、採取共和制的作法，彼此唇槍舌劍，不時展開激烈的議論。最後，曾留學日本陸軍士官學校的軍官們，帶領新軍揭竿起義，這就是一九一一年爆發的辛亥革命；翌年，也就是一九一二年，大清帝國迎來滅亡的命運。接著，奪取政權的人物，就是領導最大、最強新軍兵力的軍閥——袁世凱。

【參考文獻】

①市古宙三『世界の歴史20中国の近代』河出書房新社（河出文庫）、一九九〇年（初版一九六九年）。
②岡田英弘「康熙帝・雍正帝・乾隆帝」『人物・中国の歴史9激動の近代中国』集英社、一九八二年。
③岡田英弘『中国文明の歴史』講談社（講談社現代新書）、二〇〇四年。
④岡田英弘『日本人のための歴史学・こうして世界史は創られた！』ワック（WAC BUNKO）、二〇〇七年。

⑤ 並木頼寿・井上裕正『世界の歴史19中華帝国の危機』中央公論新社（中公文庫）、二〇〇八年（初版一九九七年）。

⑥ 宮脇淳子『世界史のなかの満洲帝国』PHP研究所（PHP新書）、二〇〇六年。

青年時期的康熙皇帝朝服全身像。

中國的名君和草原的英雄

◆康熙皇帝的即位

一六六一年二月二日，在北京紫禁城的養心殿，清世祖皇帝福臨（順治皇帝）[1]因高燒而倒臥病榻。翌日，皇帝的皮膚出現整片的紅色斑點，得知是染上了天花。儘管有御醫的努力和高僧的誦經，皇帝的病情還是持續惡化。內心已有覺悟的皇帝，在二月五日破曉之前，召喚親信進入殿內，在氣若游絲的狀況下傳達遺言，讓親信詳細抄寫下來，並親自檢視繕寫完成的草稿，指出需要修正之處。第三回的草稿終於取得皇帝的認可，當時已是夕陽西下之時。至午夜零時過後，皇帝駕崩，年僅二十四歲。

從親信手中接過皇帝遺囑的皇太后，將內容加以修正後，於二月七日晚間十點多，公告順治皇帝遺詔。根據遺詔，指名先帝的第三子，當時年僅八歲的玄燁為皇太子，並命令心腹大臣索尼[2]、蘇克薩哈[3]、遏必隆[4]、鰲拜[5]四人輔佐政務。為了聽聞遺詔發表而前往宮內的文武百官，被命令停留在原位，等待新皇帝的登基。在多雲的夜空下，寒風狂舞，凜冽刺骨。當雲霧漸散後，天空中出現彗星，向東北方拖著長長的尾巴。

破曉後的二月八日，氣象一變，天晴風穩，皇太子在太和殿（譯注：又稱金鑾殿）[6]完成登基大典。新皇帝上任後，文武百官紛紛回到各自的崗位過夜，在接下來的九天當中，他們每天早晚都必須為追悼先帝而號哭不已，同時也受到嚴令，在為期二十七天的服喪期間，不可自行返回家中。即位的新皇帝，俗稱康熙皇帝，正式名稱是清聖祖仁皇帝，後來成為中國史上難得一見的名君，名留青史。

---

1 清世祖皇帝福臨（順治皇帝，一六三八―一六六一年），清朝的第三任皇帝（在位期間是一六四三年至一六六一年）。福臨為清太宗皇太極的第九子，母親是出身蒙古科爾沁部的孝莊文皇后。他在虛歲六歲時登基，並由叔父攝政王多爾袞輔佐國政。翌年，明朝因李自成之亂而滅亡，福臨趁機進入北京。在多爾袞逝世後，福臨親政，詔見達賴喇嘛五世。是位英明的君主，卻因染上天花而病倒，得年二十四。

2 索尼（一六〇一―一六六七年），康熙皇帝年幼時期四位輔政大臣中的元老級人物，滿洲正黃旗的重臣。出身名門望族赫舍里氏，通曉滿文、蒙文及漢文。自努爾哈赤時代起，侍奉清朝的四代君王。孫女入宮，成為康熙皇帝的首任皇后――孝誠仁皇后（參見注72）。

3 蘇克薩哈（？―一六六七年），出身自海西女真（女直）的統治家族――葉赫那拉氏。屬於攝政王多爾袞麾下的滿洲正白旗，但是在多爾袞逝世後，告發多爾袞的不軌行為，因此在順治政權中獲得重用。雖然佔有輔政大臣的重要位置，但是與鰲拜對立，在政爭中敗北後，失去性命。

4 遏必隆（一六一八―一六七三年），滿洲鑲黃旗的重臣，為建國功臣鈕祜祿氏額亦都的兒子。雖是輔政大臣中的首席，卻無法遏止鰲拜的擅權，在政爭中失勢。女兒是康熙皇帝第二任皇后――孝昭仁皇后。

5 鰲拜（？―一六六九年），滿洲鑲黃旗的重臣，建國功臣瓜爾佳氏費英東的姪兒。屢建戰功，被賞封巴圖魯（baturu，勇士之意）稱號。是輔政大臣中最為強勢的一位，曾擅權專為，但在康熙皇帝長大成人後，遭逮捕入獄死亡。

6 太和殿，紫禁城的正殿，既是官方空間，也是外朝的中心。為紫禁城內最大的建築物，皇帝即位大典等國家重大慶典，皆是在此處舉辦。

後來曾一度侍奉康熙皇帝宮廷的法國耶穌會傳教士布韋（Joachim Bouvet）[7]神父，在他向路易十四呈獻的《康熙皇帝傳》一書中，將這位滿洲人[8]皇帝的性格與為人，描寫如下：

中年時期的康熙皇帝朝服全身像。

「這位皇帝……，不只威風凜凜，而且相貌堂堂，可謂超群拔萃。五官端正，雙眼比一般支那人來得更大，炯炯有神。鼻梁略顯鷹鉤狀，鼻翼豐滿。雖然留有幼時患過天花的些許疤痕，卻絲毫不減整體所散發出的良好氣質。

然而，這位皇帝在精神方面的優秀程度，更是遠遠超出他肉體上的勻整樣貌。他與生俱來的資質與性格，堪稱是完美無缺：聰敏機智、見微知著、過人的記憶力、博學宏才、不論身處何種境地，都能堅忍不拔、意志堅定，精於策定大型計畫、加以指導並將之順利推行。在嗜好和興趣上皆十分高雅尊貴，正符合一國之君的身分。此外，他遵從公理正義、愛民如子、熱愛道德、服從真理、且具備徹底壓抑個人情慾的克己之心；關於這些高尚的品德，不管是使用多少讚賞的華麗辭藻，也無法道盡康熙皇帝的崇高人品。更令人驚訝的是，這位繁忙於國務的君王，居然還能夠維持美術鑑賞的嗜好，並勤勉於學習各種知識。

韃靼人（滿洲人）原本就非常注重戰鬥，尊崇一切武術技藝。漢人則是幾乎將學問視為國家的所有價值。因此，康熙皇帝在文武兩方面不斷精進，致力於讓自己統治的韃靼人、漢人雙方，都能對自己抱持著認同與好感。另外，康熙皇帝在武術上的造詣，可說是王侯之中所向無敵的程度，可見他的熟練通達……無論是站姿射箭、騎馬射箭，又或者是勒馬射箭……他的左手和右手，都幾乎能夠同樣熟練地飛射。且不管獵物是正在飛行，抑或是靜止不動，都可以一箭命中，不會浪費多餘的箭矢……對於歐洲的火器，皇帝也能像弓弩一般熟練運用。韃靼人被認為是天生的馬術家，但皇帝在這項武術上堪稱是出類拔萃，達到精妙完美的境界。不僅是在平地，就算是

7 布韋（一六五六—一七三〇年），法國耶穌會教士，中國名字為白進（白晉）。法國國王路易十四將在中國的傳教視為國家事業，布韋為此於一六八八年前往北京。後來在宮廷中教導康熙皇帝數學及醫學，並為完成實測地圖《皇輿全覽圖》，貢獻了極大的心力。一六九七年短暫回國期間，呈獻給路易十四的康熙皇帝評傳，就是名著《康熙皇帝傳》。

8 滿洲人，在滿洲地區以農耕、畜牧及狩獵方式維生的通古斯民族（Tungusic peoples），使用阿爾泰語系的滿洲語，滿洲文字則是從蒙古文字加以改良後的產物。原本的名稱是女真（女直），但於一六三五年改稱為滿洲。至於歐洲人和日本人，則經常將他們稱呼為「韃靼」。

在極為崎嶇險峻的場所，不管是上坡還是下坡，都可以疾速奔馳。

康熙皇帝除了精通武器的使用、勤於各項武藝之外，還對音樂充滿興趣。其中，他相當認可歐洲音樂的價值，並且喜愛西洋音樂的樂理、演奏方法和樂器。（……）

康熙皇帝的記憶力過人，凡是在對話中提及的事情，只要他稍微留神傾聽過一遍，不管是細微的國務事宜，還是僅有一面之緣的人物姓名，都會牢牢記在他的腦海之中。由他自己所親自調查的國務，無論資料多麼繁雜、時間經過又是多麼久遠，他也絕對不會忘記。（……）

康熙皇帝的樸實無華，也可以從他穿衣的習慣中窺知一二……關於皇帝的衣著，冬季有兩、三件黑貂和一般貂皮縫製成的大衣，然而這些貂裘在宮廷中，不過是極為普遍的式樣罷了。其他時候，他則是穿著相當簡陋的絲製朝服；這些衣服的絹料，都是在支那相當普遍使用的材質，甚至到了只有下層百姓才會穿著的程度。

偶爾在持續陰雨綿綿的天氣，會看見康熙皇帝穿著羊毛外褂，這種羊毛外褂也是在支那普遍可以看到的一般紡織品。夏季時期，還可以遇見穿著粗糙麻布上衣的康熙皇帝。這種麻布上衣是平民平日在家中的裝扮。（……）

康熙皇帝能夠默記孔子大半的著作。那些支那人當成聖經敬仰的古代典籍，他幾乎都能加以默背出來。（……）

康熙皇帝能言善道，在漢文的詩詞造詣上極高，且不管是閱讀漢文還是韃靼文（滿文）的文章，都能夠立刻做出精確的判斷。在寫作上，皇帝不管是用韃靼語（滿語）還是漢語，都能寫出一手優美流暢的文章，比起朝廷任何一位王侯將相，都能更加靈活地使用兩種語言。一言以蔽之，在漢文領域中，沒有任何方面難得倒康熙皇帝。」

（布韋著，後藤末雄譯，矢澤利彥校注，《康熙皇帝傳》，平凡社東洋文庫一五五號，一九七〇年，六―八頁、二十二頁、五十七頁、七十頁、七十二頁）

不只是中國傳統的經典學問，康熙皇帝也對歐洲的科學知識抱持著強烈的興趣。他在諸如天文學、數學、幾何學、解剖學、化學等多方面的領域，不只要求傳教士講解新知，同時自己也相當熱心學習，並找來測量、觀測器材，滿懷熱情地動手操作器具。這是在十七世紀遠東的中國，而且還是位出身狩獵民族滿洲人的君王，因此簡直就是一位超乎常人的天才。不過，布韋所描繪出的人物形象，是當時已經四十多歲的康熙皇帝。在他八歲即位登基之際，恐怕任誰也料想不到，這位少年皇帝將來會成長為如此理想的英明君王吧。

◆北蒙古的動向

正當康熙皇帝坐上北京紫禁城中的龍椅之際，在西北方一千兩百公里處、戈壁沙漠另一端的北蒙古之地，也有一名二十七歲的青年僧侶，以領導者的身分統治遊牧於東起大興安嶺山脈、西至杭愛山之間大草原地區的喀爾喀[9]蒙古部族戰士；他的稱號是「哲布尊丹巴・呼圖克圖」（Jebtsundamba Khutuktu）[10]。所謂「呼圖克圖」，在蒙古語中意味著「有福者」，在藏傳佛教[11]（喇嘛教）中，則是被認定為某位高僧轉世[12]的喇嘛（上人）所擁有的稱號。

哲布尊丹巴一世[13]的父親，是喀爾喀左翼的領袖，同時也是成吉思汗[14]子孫的袞布・土謝圖汗[15]。在更早之前的一六三四年，滿洲人入侵南蒙古，徹底征服戈壁沙漠以南的蒙古部族。喀爾喀部左翼的長老——碩壘・車臣汗[16]感受到威脅，於是與嫡系的袞布・土謝圖汗討論，決定為了團結部族，將擁戴共同的精神首長。

此時，恰巧西藏的高僧多羅那他（Taranatha）圓寂。多羅那他是撰寫《印度佛教史》的著名學者，同時也是替當時掌控西藏政權的辛廈巴家族制定法典的人物。

翌年、亦即一六三五年的十一月四日，袞布家初生的第三位男嬰，被認定是多羅那他的轉世活佛。當時雖是初冬季節，在杭愛山中的袞布陣營，卻開滿了各種顏色的花朵，據說有人看見一

9 喀爾喀，蒙古部族之一，由十六世紀初葉蒙古的「中興之主」達延汗（Dayan qayan）么子格哷森札札賚爾的子孫所率領的部族。分布於北蒙古地區，十七世紀出現三雄割據的局面，分別為左翼（東方）車臣汗部、土謝圖汗部，以及右翼（西方）的札薩克圖汗部。臣服於清朝後，被分為四部八十六旗，其範圍和居民約等於現今的蒙古國。

10 哲布尊丹巴．呼圖克圖，喀爾喀蒙古的藏傳佛教活佛之法號，不僅是歷代北蒙古地區地位最高的佛教領導人，更是喀爾喀蒙古的精神領袖。三世以後的活佛轉世降生於西藏，被迎回喀爾喀，權威不變。一九一一年蒙古獨立之際，哲布尊丹巴八世被推舉為元首。詳細情形可參照增補資料〈藏蒙文哲布尊丹巴傳記資料五種〉。

11 藏傳佛教，相對於南傳至東南亞的上座佛教，以及由中亞北傳至東亞的大乘佛教，在西藏興盛起來的藏傳佛教是直接由印度傳來，並在此地逐漸發展。十六世紀下半葉以後，藏傳佛教也普及到蒙古人、滿洲人的領域，在中央歐亞的東半部，構築起藏傳佛教的世界。分別有薩迦派、格魯派、噶舉派、寧瑪派等各教派及教團，十七世紀時，格魯派的教主達賴喇嘛成為最高領導者。所謂的「喇嘛」，即為上人、德行高超的尊師之意。

12 轉世，在藏傳佛教中，高僧（活佛）作為菩薩的化身，死後會轉世降生於現代，繼續渡化世人。轉世人選是從高僧死去後一定期間內誕生的男嬰之中選定，使之接受佛教教育，並繼承前代活佛的地位與財產。雖然存在著年幼時期需要輔佐者的問題，但是可以避免特定家族世襲教團與寺院，以及爭奪繼承權的問題，因而在藏傳佛教界中普及開來。

13 哲布尊丹巴一世（一六三五—一七二三年），喀爾喀部的活佛哲布尊丹巴．呼圖克圖一世，幼名依喜多傑，法名羅桑丹貝堅贊。他生於土謝圖汗家族，被認定是西藏覺囊派高僧多羅那他的轉世降生，並由眾人推舉為左翼土謝圖汗以及車臣汗兩家共同的領袖。在尹咱．呼圖克圖之下受戒，因與噶爾丹的戰爭，而和康熙皇帝建立友好關係。康熙皇帝逝世後，為弔唁皇帝前往北京，而後於北京圓寂。哲布尊丹巴一世同時也從事佛像製作的藝術工作，被奉為蒙古佛教美術之祖，受眾人景仰。

14 成吉思汗（？—一二二七年），蒙古帝國的首任皇帝（在位期間為一二〇六—一二二七年），出身蒙古部族的領袖家族——孛兒只斤氏（博爾濟吉特氏），名為鐵木真。他完成突厥、蒙古各部族的統一，建立蒙古帝國（大蒙古國），稱「成吉思汗」。統合歐亞世界的成吉思汗及其子孫，被尊為神聖的血統，因而出現成吉思汗父系子孫以外的人物不得稱「汗」之不成文規定，成為長久遵奉的傳統。

15 土謝圖汗，喀爾喀蒙古部族三汗宗族之一，「土謝圖」一詞為輔佐之意。土謝圖汗是左翼（東方）的宗主，盤踞北蒙古中央地區。宗族是由格哷森札札賚爾的孫子阿巴岱汗為起始，阿巴岱的孫子袞布以後，開始稱為土謝圖汗。

位異國學僧乘著大象，從南方疾馳而來的模樣。這位男嬰，就是哲布尊丹巴・呼圖克圖一世。

哲布尊丹巴在年滿三歲時才終於開口說話，不過一開口卻以藏語念誦出「我師事三世諸佛，轉法輪而至無上」，屢創奇蹟。

他在四歲時剃髮，一六三九年，也就是他五歲的時候，在一位名為尹咱・呼圖克圖的西藏喇嘛之下受比丘戒，成為一位正式的僧侶。喀爾喀左翼的蒙古人在錫林郭勒的查干諾爾湖畔召開大會（庫里爾台大會）[17]，將這名少年喇嘛選定為最高領袖。

三年後在西藏地區，達賴喇嘛五世[18]取代原本的辛廈巴家族，掌握西藏的統治權。再過兩年，滿洲人征服中國，年僅七歲的清朝順治皇帝登上北京的龍椅，即為日後康熙皇帝的父親。

康熙皇帝即位當時，達賴喇嘛五世正值四十五

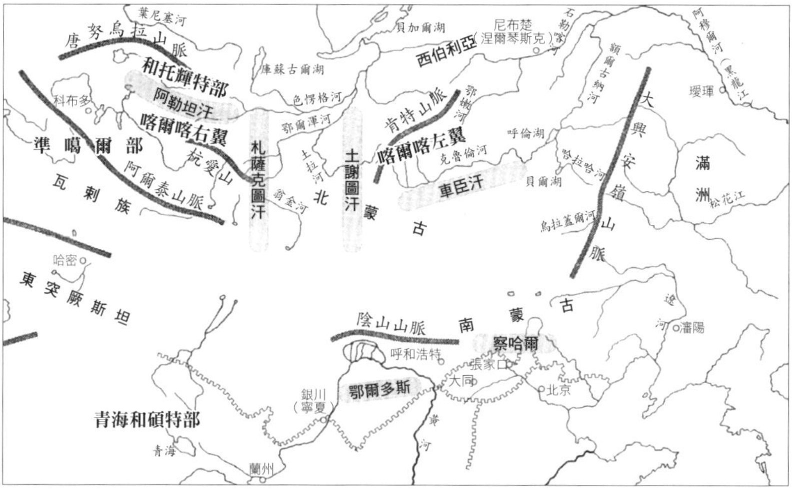

蒙古諸部的勢力分布圖。

歲。他曾經擔任位於西藏中央地區拉薩西方郊外，格魯派[19]哲蚌寺的座主，對來自西藏西部地區、卻統治整個西藏的辛廈巴家族懷抱著敵意。特別是辛廈巴家族並非屬於達賴喇嘛的格魯派，而是噶舉教派[20]的保護者，因此達賴喇嘛五世更是與之不睦。

一六三四年，與滿洲人征服內蒙古的時期相同，噶舉派信徒的領袖——綽克圖．琿台吉從北

---

16 車臣汗，喀爾喀蒙古部族三汗宗族之一，左翼（東方）汗之稱號。由土謝圖汗宗族始祖阿巴岱的堂弟謨囉貝瑪，其子碩壘所創始，盤踞北蒙古東部地區。

17 大會（庫里爾台大會），蒙文為「集會」之義，在需要進行重大決議，例如擁戴君主、對外戰爭或是發布法令之際召開，部族與氏族的代表們會集聚在一起，協議後作出決定。這是中央歐亞遊牧民族自古以來流傳下來的習慣，蒙古帝國時代因以此種方式選出大汗而馳名，其後也屢次召開。

18 達賴喇嘛五世（一六一七—一六八二年），藏傳佛教格魯派中地位最高的活佛，實質上是第三代（第一代和第二代活佛為追認），名為阿旺羅桑嘉措。擁有優秀的政治手腕，巧妙靈活地利用和碩特、準噶爾、喀爾喀和大清等世俗權力，鞏固自己作為西藏政教合一局面下最高領袖的地位。建設布達拉宮，被稱為「偉大的五世」。

19 格魯派，藏傳佛教宗派中的一支，又通稱為黃帽派（黃教）。當宗喀巴於十四世紀下半葉，對藏傳佛教加以改革、體系化後，此派便尊奉他的思想；十六世紀採取轉世制度，擴張了宗派的勢力。十七世紀中葉，格魯派的達賴喇嘛掌握西藏的政治權與宗教權，成為最大的宗派。

20 噶舉派，藏傳佛教宗派中的紅帽派與黑帽派兩派，在十四世紀首先採取轉世制度。這個派別在蒙古普及開來，與格魯派互爭雄長，但是在作為後盾的世俗權力上，一次次敗給達賴喇嘛五世，從而導致政治上的勢力衰退。現在這派尊奉在一九九九年底，從中國亡命印度的噶瑪巴十七世為宗派的領導者。

喀爾喀部世系圖

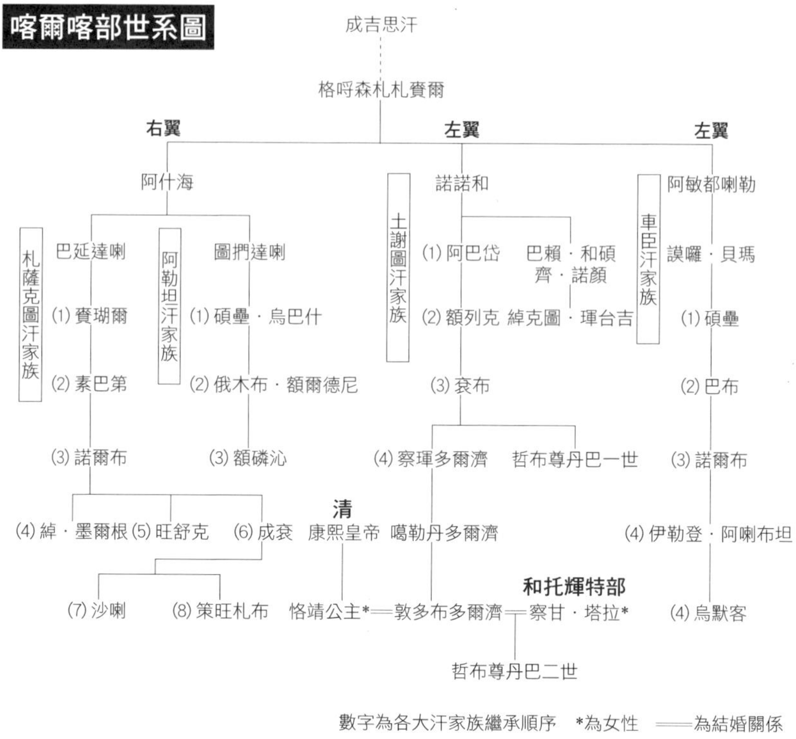
成吉思汗
格哷森札札賚爾
右翼
左翼
左翼
阿什海
諾諾和
阿敏都喇勒
札薩克圖汗家族
阿勒坦汗家族
土謝圖汗家族
車臣汗家族
巴延達喇
圖們達喇
(1) 阿巴岱
巴賴・和碩齊・諾顏
謨囉・貝瑪
(1) 賚瑚爾
(1) 碩壘・烏巴什
(2) 額列克
綽克圖・琿台吉
(1) 碩壘
(2) 素巴第
(2) 俄木布・額爾德尼
(3) 袞布
(2) 巴布
(3) 諾爾布
(3) 額磷沁
(4) 察琿多爾濟
哲布尊丹巴一世
(3) 諾爾布
清
(4) 綽・墨爾根
(5) 旺舒克
(6) 成袞
康熙皇帝
噶勒丹多爾濟
(4) 伊勒登・阿喇布坦
和托輝特部
(7) 沙喇
(8) 策旺札布
恪靖公主*
敦多布多爾濟
察甘・塔拉*
(4) 烏默客
哲布尊丹巴二世
數字為各大汗家族繼承順序　*為女性　══為結婚關係

瓦剌世系圖

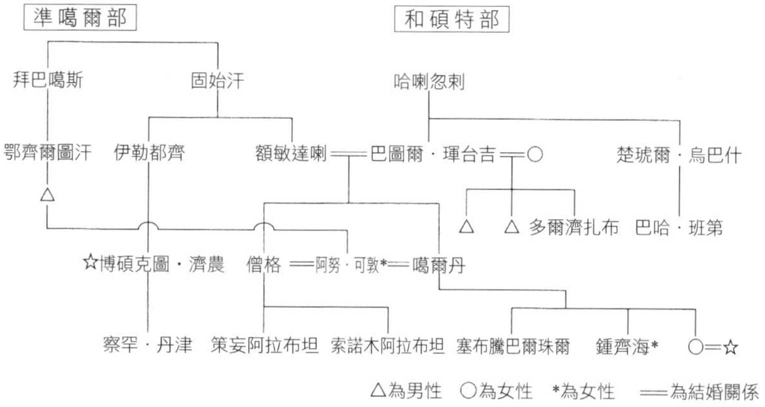
準噶爾部
和碩特部
拜巴噶斯
固始汗
哈喇忽剌
鄂齊爾圖汗
伊勒都齊
額敏達喇
巴圖爾・琿台吉
○
楚琥爾・烏巴什
△
△
△ 多爾濟扎布
巴哈・班第
☆博碩克圖・濟農
僧格
阿努・可敦*
噶爾丹
察罕・丹津
策妄阿拉布坦
索諾木阿拉布坦
塞布騰巴爾珠爾
鍾齊海*
○══☆
△為男性　○為女性　*為女性　══為結婚關係

蒙古的喀爾喀左翼地區出發，越戈壁沙漠南下，佔領西藏東北部的青海[21]地區。青海地區是從華北、蒙古地區進入西藏的主要通路，當此處被其他教派佔領，與北亞本派教徒的聯絡便會遭到阻斷；不需要太久的時間，物資匱乏的西藏教團，就會面臨瓦解的困境。在此次的危機中，達賴喇嘛決定利用瓦剌族（衛拉特、漠西蒙古）[22]信徒的武力。

瓦剌族的分布是從北蒙古的西部地區，一路延伸至今日新疆維吾爾自治區的北部地帶。他們是遊牧民族，使用的語言近似蒙古語；十五世紀時曾經在北亞建立起巨大的帝國，但是到了這個時期勢力已然衰退，主要根據地為杭愛山脈西部，從屬於喀爾喀右翼札薩克圖汗家族。瓦剌族內部又可分為數個部族，其中之一——和碩特部族的領導者，名為固始汗[23]，為虔誠的佛教徒。

21 青海，佔有西藏東北（安多地區）大部分區域的高原地帶，今日為中國的青海省。蒙文原意為「青色之海」，亦即青海湖。位在連結西藏本土、蒙古高原以及華北地區的要道上，居民以藏人為中心，也有蒙古裔和穆斯林。

22 瓦剌，西蒙古的蒙古裔遊牧民族，是由不奉成吉思汗子孫為領袖的各部族所組成的聯合。雖有瓦剌四部之稱，不過內部的組成部族因時期而有所變遷，較知名的為和碩特、土爾扈特、輝特、杜爾伯特、準噶爾等。出身和碩特的高僧——咱雅．班第達將蒙古文字加以改良，創建托忒（瓦剌）字母。

23 固始汗（一五八二－一六五五年），為瓦剌部族聯合中和碩特部的領袖，名為圖魯．拜呼。接受格魯派的邀請，遠征青海，擊倒噶舉派勢力，擁戴達賴喇嘛五世為藏傳佛教的領袖，受封大國師（固始）持教法王之稱號。在青海自立為西藏國王，其子孫直至一七一七年為止，代代統治西藏。

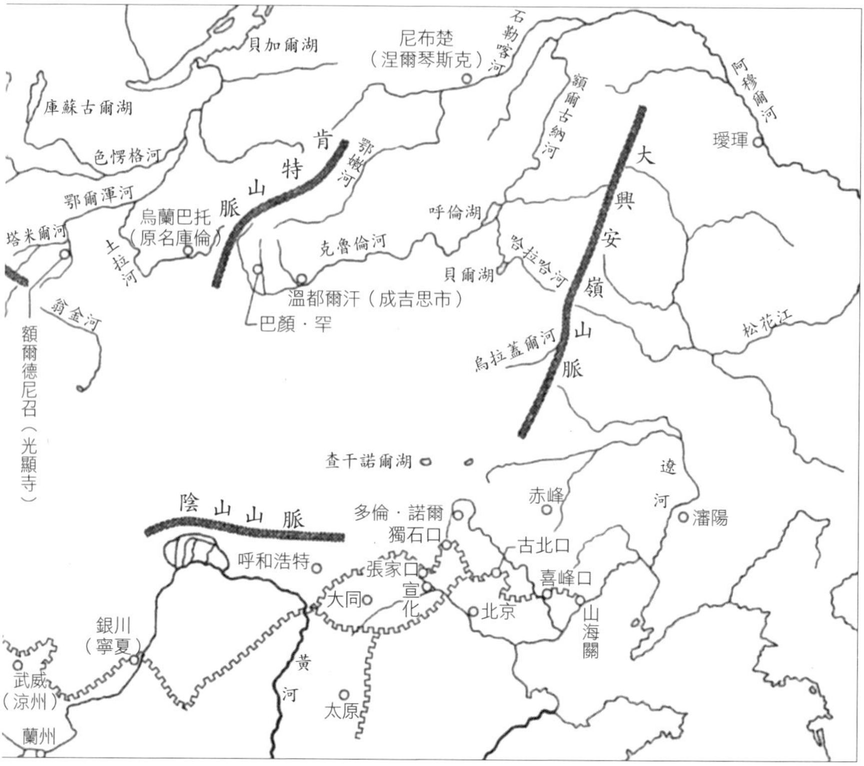

貝加爾湖
尼布楚
（涅爾琴斯克）
石勒喀河
阿穆爾河
庫蘇古爾湖
額爾古納河
璦琿
色愣格河
肯特山脈
鄂嫩河
大興安嶺山脈
鄂爾渾河
烏蘭巴托
（原名庫倫）
呼倫湖
塔米爾河
土拉河
克魯倫河
哈拉哈河
貝爾湖
溫都爾汗（成吉思市）
巴顏．罕
翁金河
松花江
烏拉蓋爾河
額爾德尼召（光顯寺）
查干諾爾湖
遼河
赤峰
陰山山脈
多倫．諾爾
瀋陽
獨石口
古北口
呼和浩特
張家口
喜峰口
宣化
大同
北京
山海關
銀川
（寧夏）
黃河
武威
（涼州）
太原
蘭州

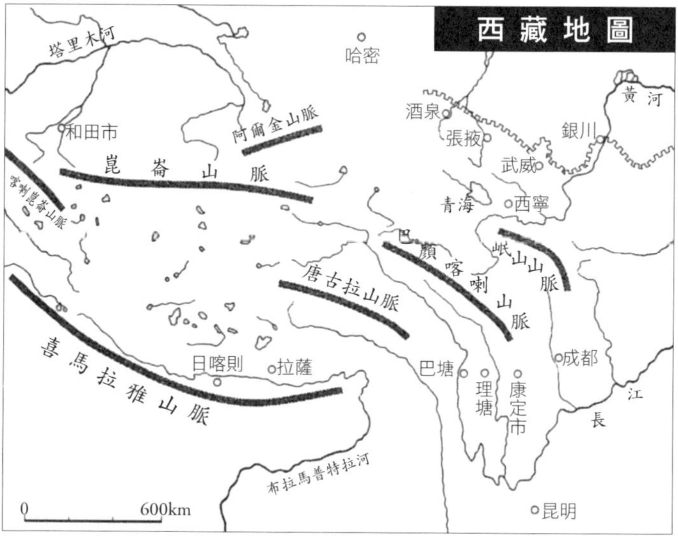

西藏地圖
塔里木河
哈密
酒泉
黃河
和田市
阿爾金山脈
張掖
銀川
崑崙山脈
武威
喀喇崑崙山脈
青海
西寧
巴顏喀喇山脈
岷山山脈
唐古拉山脈
喜馬拉雅山脈
日喀則
拉薩
巴塘
理塘
康定市
成都
長江
布拉馬普特拉河
0
600km
昆明

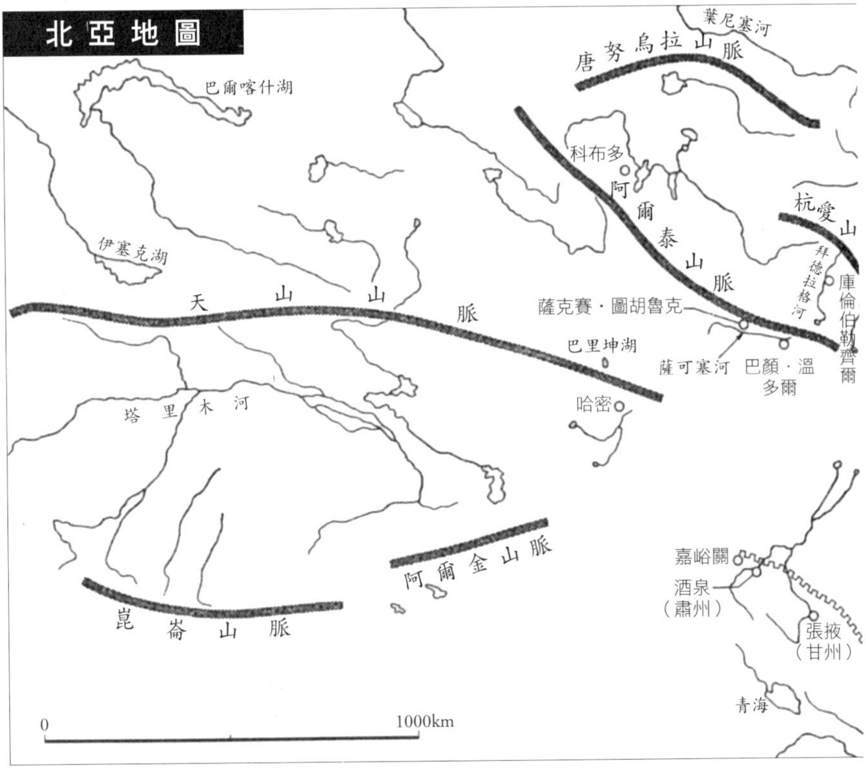

順治皇帝贈與達賴喇嘛五世金印之章面（館藏於西藏博物館）。

回應達賴喇嘛的請求，固始汗與準噶爾部族領袖——和多和沁・巴圖爾・琿台吉[24]，一同進軍青海；在一六三七年的戰役中，他們殺死綽克圖・琿台吉，接著平定西藏全土，推翻辛廈巴家族的統治。一六四二年四月，他們將西藏佛教界的領導權獻呈給達賴喇嘛。固始汗自己則是遊牧於青海草原，坐上達賴喇嘛與格魯派保護者的地位。

於此之前，早在一六四〇年，喀爾喀左翼、右翼與瓦剌各部族召開大會（庫里爾台大會），締結同盟條約，團結一致；主持換約儀式的見證人，正是前一年授戒哲布尊丹巴・呼圖克圖的尹咱・呼圖克圖。

其後在一六五二年底，達賴喇嘛受清朝順治皇帝的招待訪問北京，受到盛大的歡迎，其影響力遠及當時在清朝統治下的南蒙古各部族。特別是

瓦剌蒙古和碩特部領導者固始汗之畫像。

一六五五年固始汗逝世後，連青海的和碩特部族也直接服從於達賴喇嘛的命令。但是達賴喇嘛的威望，並未深入哲布尊丹巴．呼圖克圖領導下的北蒙古喀爾喀左翼。

此時，有一位正在西藏留學的瓦剌族少年喇嘛，名為噶爾丹。他是固始汗征伐青海之際，隨行的準噶爾部族領袖巴圖爾．琿台吉之子。噶爾丹生於一六四四年，也就是清朝順治皇帝入城北京的年份，他被認為是前一年逝世的西藏高僧——尹咱．呼圖克圖的轉世降生。尹咱．呼圖克圖就是授戒哲布尊丹巴．呼圖克圖，並在喀爾喀與瓦剌簽訂同盟條約時，在場見證的人物。換句話說，對噶爾丹而言，哲布尊丹巴是自己前世的弟子。這項背景在日後造成十分重大的影響。

噶爾丹在十三歲時首次前往西藏，於拉薩謁見達賴喇嘛。但是，前世尹咱．呼圖克圖的財產還在西藏西部。因此，噶爾丹直接前往西藏西部的首都——日喀則，在當地屬於格魯派的扎什倫布寺，拜座主班禪喇嘛一世[25]為師。班禪喇嘛也是達賴喇嘛的師尊，是位德行高潔的僧侶。噶爾

24 和多和沁．巴圖爾．琿台吉（？—一六五三年），準噶爾首任領袖哈剌忽剌之子，娶固始汗女兒為妻，從軍遠征青海。受封巴圖爾．琿台吉之稱號，返回準噶爾盆地後，以準噶爾部領袖的身分主導瓦剌部族聯合。

25 班禪喇嘛一世（一五七〇—一六六二年），坐鎮西藏西部扎什倫布寺的格魯派活佛，實質上屬於一世（也有四世的算法）（譯注：前三世為追認），本名為羅桑卻吉堅贊。是選定達賴喇嘛五世、並主持授戒儀式的高僧，在格魯派的權威確立後，被視為是西藏地位排名第二的高僧，代代與達賴喇嘛齊名並列。

丹在扎什倫布寺的五年間，所學良多，但班禪喇嘛一世在一六六二年，以九十四歲的高齡圓寂。十九歲的噶爾丹於是轉而前往西藏中央地帶的拉薩，拜達賴喇嘛五世為師。這一年也是清朝康熙皇帝即位的翌年。噶爾丹這號人物，不久將與康熙皇帝為敵，展開將北亞一分為二的大戰。

◆三藩之亂與統治權的確立

接下來，讓我們將話題轉回中國。在北京，康熙皇帝尚未成年的期間，政務是在索尼、蘇克薩哈、遏必隆、鰲拜四位輔政大臣共同商議之下，所推行的集團輔政機制。

在四位輔政大臣之中，以鰲拜的勢力最為強大，其次則是蘇克薩哈；但後來蘇克薩哈的勢力逐漸被鰲拜所壓制，鰲拜派的人馬獨佔朝廷要職，並無情地迫害反對勢力，往往將對方逼至死刑。

一六六七年索尼逝世，蘇克薩哈自覺已經走到了窮途末路，於是提出退隱官場的請求。在蘇克薩哈的上奏文中，有這樣的一段話：

「懇請皇上命令臣子前往先帝陵寢守陵，如此臣子方能苟延殘喘、保全性命。」

康熙皇帝讀後，深感疑惑：

「我不明白，究竟有什麼緊迫不已之事，會讓他無法在此處生存，非得前去守陵，才得以苟延殘喘呢?」」。

鰲拜趁此機會打算收拾政敵，於是將蘇克薩哈上奏請求守陵的行動，歸因於蘇克薩哈不願為皇帝效命，並洋洋灑灑地列出蘇克薩哈的二十四條大罪，決定將蘇克薩哈與其七名兒子、一名孫子、兩名姪兒以及同族的兩人全部判處死刑，奏請皇上定奪。

康熙皇帝深知，這是鰲拜基於個人恩怨、羅織罪名的行為，因此並未立刻批准鰲拜的奏文，但是鰲拜捲起袖子大聲向皇帝咆哮，經過數日的疲勞轟炸，康熙皇帝終於屈服，蘇克薩哈一家慘遭滅族。（以上請參考《大清聖祖仁皇帝實錄》卷二十三，康熙六年七月乙卯—己未之條。）

然而，鰲拜輕視康熙皇帝的態度，則是他最大的疏忽。康熙皇帝壓下自己內心的情緒，在日常政務中小心翼翼地擺出一副信任鰲拜的立場，私底下卻在隨侍身邊的侍衛[26]中，選出臂力過人的青年，假裝自己正熱衷於蒙古摶克[27]的活動。一六六九年六月十五日，當鰲拜因有事參奏而入

26 侍衛，由八旗（參見注62）中直屬皇帝的三旗（上三旗）（譯注：也就是鑲黃旗、正黃旗和正白旗）旗人所組成的皇帝禁衛隊，在滿文中稱為「hiya」（漢字直譯為「蝦」）。大多是從滿洲旗人的名門子弟中選拔出來，其任務繁多，從保護皇帝人身安全至政務的輔助、到擔任使節以及視察，扮演著皇帝身邊親信集團的重要角色。包括索尼、遏必隆、索額圖等滿洲貴族，很多人都是侍衛出身。

27 蒙古摶克（譯注：也譯為「布庫」，亦即摔角、相撲之競技。）——主要是以站立的姿勢，設法將對手摔擲、扭倒或壓制的格鬥競技，與賽馬、射箭並列為蒙古代表性的武藝活動。在清朝，博克除了是武術訓練的一種，也是在宮中、典禮上會舉行的表演活動。在八旗之中，還設有「善撲營」這個部門，是以力士為首，由深諳蒙古武藝的人員所組織而成。

宮之時，皇帝以眼神暗示，身邊的侍衛便一擁而上，將鰲拜撲倒在地，五花大綁。隨後，皇帝立即公布鰲拜的三十條罪狀，將他囚禁至死。遏必隆也被剝奪官職。至此，十六歲的少年皇帝，將礙事的大臣們一一收拾乾淨，首次向朝廷官員宣告，自己是一位擁有獨立意志的統治者。

康熙皇帝雖然將北京中央政府的實權握在手中，但是其統治的影響力並未深入中國南方。之所以如此，原因在於被稱呼為「三藩」的勢力，早已在華南地區扎根發展。

說到底，一六四四年清朝對中國的征服，若是光憑滿洲人軍隊的力量，根本不可能達成；相反地，清朝征服中國的主力，其實是那些率領自身軍隊向清朝投降的漢人將領。因此，在平定中國之後，這些漢人將領就直接駐屯在各地，協助清廷維持地方上的治安。所謂的「三藩」，指的就是在雲南省昆明的平西王吳三桂[28]、在廣東省廣州的平南王尚可喜[29]，以及在福建省福州的靖南王耿精忠[30]。從表面上看來，三藩只是單純的駐屯軍司令官，對於地方上的行政，並沒有被授予任何的權限；但實際上，他們的實力與人脈卻牢牢掌控著華南地區，並與朝廷的四位輔政大臣互通聲氣，看起來就像是獨立的王國一般。然而，因為這四位大臣的身影一舉從宮廷中消失，看在三藩的眼中，失去自己在朝廷中的保護者，當然會有所不安。就這樣，三藩與北京之間的聯繫關係，急速冷卻下來。

此時，廣州的平南王尚可喜已屆高齡，一六七一年，他將藩內軍隊的指揮權託付給長男尚之信[31]。然而，尚之信嗜酒成癮、性格粗暴，就連殺人奪命這種事也絲毫不放在眼裡。當他獲得軍隊的指揮權之後，便大興土木，構築自己的宮殿，召集黨羽，為所欲為。父親尚可喜處於等同被軟禁的狀態，面對這種狀況，也無能為力。最後，忍無可忍的尚可喜，在一六七三年上書北京，請求將十三個佐領（相當於營）[32]的軍隊領導權賜予尚之信，讓尚之信留在廣州，並允許自己帶著

---

28 吳三桂（一六一二－一六七八年），明清之際的武將。曾是在遼東地區與清軍對峙的明軍司令官，但當明朝因內亂而滅亡時，吳三桂立即向清軍投降，並引導清軍進入北京，因而被清廷封為平西王。清朝平定中國後，吳三桂直接駐屯雲南、貴州地區，實際上構築起藩國的勢力，但在一六七三年，因對康熙皇帝的撤藩命令加以抗拒，而掀起三藩之亂。

29 尚可喜（一六〇四－一六七六年），明清之際的武將。原是遼東明軍的將領，因內部糾紛而投營清軍（當時為後金），受到禮遇，在清朝平定中國後被封為平南王，駐屯廣州。在吳三桂舉兵反亂時，尚可喜並未響應，而是站在清軍陣營於廣州抗戰，後來病逝。

30 耿精忠（？－一六八二年），駐守福建的藩王之一，耿仲明之孫。原為明朝將領的耿仲明，投營清軍（當時為後金）後受到禮遇，耿精忠繼承父親耿繼茂靖南王的爵位，駐紮於福州，在當地發展勢力。三藩之亂興起後，耿精忠雖然起身響應吳三桂，但在清軍的追討之下投降，亂事平定後被處死。

31 尚之信（一六三六－一六八〇年），平南王尚可喜之子。結束宮中職務後，前往廣州負責平南藩的統治，但是與父親尚可喜多有不合，成為尚可喜引退的契機。三藩之亂興起後，尚之信曾呼應吳三桂陣營，違抗清廷命令，而後又在兩方之間搖擺不定、立場不明。最後被康熙皇帝怒而賜死。

32 佐領，清朝軍事、行政組織八旗制度（參見注62）的基本單位，滿文音譯為「牛彔」（niru）。為可提供數百位（人數依照不同時期而有所變化）成年男子從事兵役和勞役規模的組織；做為行政組織，它是包含這些人丁，及其家人、奴僕與資產所構成的集團與聚落，作為軍事組織，則可以從中抽調人丁、編組成為部隊。長官也稱為「佐領」。

兩個佐領返回故鄉遼寧省，安享天年。

其實，尚可喜的意圖是想要以此為藉口逃出廣州，前往北京，直接向康熙皇帝親訴實情。康熙皇帝閱見尚可喜的書信後，認為父親還鄉卻要兒子留駐，實在不合情理，因而命令平南王旗下的全數軍隊——十五個佐領共六千人撤出廣州，返回遼寧省。雲南的平西王吳三桂和福建的靖南王耿精忠聽聞消息後，在立場上也不得不向康熙皇帝奏請，表示自己也希望從華南地區撤兵。

當然，兩人在內心之中，是期盼康熙皇帝能夠加以出言慰留的；殊不知事與願違，二十歲的康熙皇帝竟然毫不猶豫地批准奏章，並催促兩王速速撤出當地。

事實上，康熙皇帝早已察覺吳三桂與耿

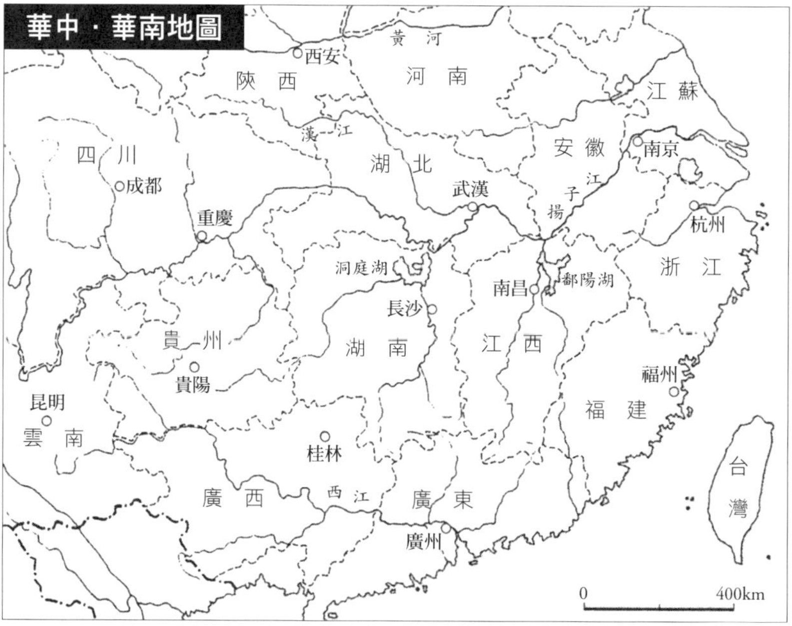

精忠奏請撤離的行為並非出自本心，但若是將兩王所擁有、幾乎等同於獨立王國的軍力繼續放置在南方任其坐大，早晚會起身反抗中央政府。於是康熙皇帝盤算著：反正兩王終究會發起叛亂，還是趁著對方尚未準備周全之時先下手為強，方為上策。

果然，被逼急了的吳三桂動員軍隊，高舉反叛的旗幟，從根據地雲南省出發，一路向北方征討，佔領貴州省、湖南省、四川省以及廣西省，接著又入侵江西省、陝西省。福建省的耿精忠也起身呼應，加入叛亂，入侵浙江省。唯有尚可喜仍忠誠於康熙，固守廣東省，與吳三桂、耿精忠軍隊對戰。這就是之後綿延八年之久的「三藩之亂」的開端。

在此狀況下，華中與華南一帶戰火紛飛，甚至陝西省方面的政府軍也出現易幟的狀況，最初的局勢對康熙皇帝而言非常不利。看在西藏達賴喇嘛、以及臣服於達賴喇嘛的青海和碩特部族眼中，想必也會認為北京的清朝政府或許就要被推翻吧！因此，達賴喇嘛不只從一開始就和康熙皇帝約定好，說和碩特軍隊不會在此時對四川、雲南地區發動攻擊，還在一六七五年致信康熙皇帝，勸說康熙皇帝承認吳三桂的獨立，達成和解。

儘管如此，康熙皇帝在戰略上的長才，可以說是在這一場難局之中，發揮得淋漓盡致。他不僅鞭策膽小、退縮的皇族將領展開行動，還重用漢人的優秀將領，靈活且適當地分配兵力，確保戰鬥的補給線，成功將敵方阻擋在長江一線。當他首先收拾完陝西的叛亂後，再勸降耿精忠，取回福建。廣東方面，尚之信將尚可喜圍困在府邸之內，響應吳三桂的叛亂，尚可喜在憤慨之中死去。然而，清軍已取回福建，江西的戰況也轉向有利於清朝，結果尚之信又再度投誠康熙皇帝。

吳三桂見情勢不妙，於是索性一不作二不休，於一六七八年在湖南前線登基稱帝，不久後逝世。帝位由孫兒吳世璠繼位，但自此之後叛亂的氣勢開始轉趨衰弱。一六八一年，清軍包圍昆明，吳世璠自殺，為期八年的內亂就此畫上句點。二十八歲的康熙皇帝，終於將中國全土納入治理的範圍之內。

攻陷昆明城之際，吳三桂、吳世璠與達賴喇嘛之間往來聯絡的書信，落入了清軍的手中，達賴喇嘛兩方討好的事實因而浮出水面。其後，康熙皇帝便對拉薩的影響力抱持著警戒之心。

◆噶爾丹的帝國建設

翌年，也就是一六八二年的四月二日，達賴喇嘛五世圓寂，享壽六十六歲。擔憂西藏前景的達賴喇嘛留下遺言，表示必須對清廷保持警戒，並且不對外洩漏自己的死訊，關於重要事項的決定，則是使用名為「塔克蒂爾」（taktir）的掣籤方式；除此之外，在哲蚌寺附近的一間白哈爾廟，廟中「乃崇」（譯注：西藏傳統巫師，達賴喇嘛的專屬靈媒）所發出的神諭，應視為達賴喇嘛本人的諭令加以實行。所謂的「塔克蒂爾」，是在幾個糌粑（西藏人日常生活中的主食，將炒過的大麥磨成粉）糰子中，塞入寫有答案的紙片，放入碗中，在護法神的前方，一面祈願一面轉動碗，最後被拋出來的糌粑糰子，裡頭的答案紙片即為神的旨意。

攝政桑結嘉措[33]一方面對外宣稱達賴喇嘛進入禪定階段，不與他人會面，另一方面則是私底下探尋轉世靈童。翌年的一六八三年，他發現了出生於西藏中央南部門隅地區的達賴喇嘛六世[34]，將之秘密撫養成人。六世長大成人後，成為一位優秀的詩人，寫下許多絕美的戀愛詩句，最後成為國際政治謀略操弄下的犧牲品，以悲劇劃下生命的句點。

在此我們將話題稍稍向前回溯。一六六二年班禪喇嘛一世圓寂，其弟子準噶爾人噶爾丹，重

---

33 桑結嘉措（一六五三－一七〇五年），達賴喇嘛五世時期的攝政。是位擅於權謀的政治家，在五世圓寂後，隱匿死訊長達十多年，巧妙地操弄清廷、準噶爾與青海和碩特的關係。然而，最後在如何處理長大成人的達賴喇嘛六世之問題上，與青海和碩特的西藏國王拉藏汗相互對立，被殺害身亡。

34 達賴喇嘛六世（一六八三－一七〇六年），名為倉央嘉措。被認定是達賴喇嘛五世的轉世靈童，由攝政桑結嘉措秘密撫養長大，於一六九七年才對外公開他的存在。然而，這位達賴喇嘛是位熱愛吟詠戀愛詩歌、放棄戒律，奔放不羈的人物；一七〇五年，他遭到進攻拉薩、殺害攝政桑結嘉措的拉藏汗廢黜，最後在護送途中死去。如今在西藏，倉央嘉措仍然以身為達賴喇嘛與戀愛詩人的雙重身分，受到人們的敬愛。

新追隨達賴喇嘛五世，在拉薩留學四年後，於一六六六年以二十三歲之齡，結束十年的西藏留學，學成歸國。當時，達賴喇嘛五世做出了指示，要將長壽之術加持於噶爾丹，並贈送各式各樣的物品，以期噶爾丹能夠在佛教政策上，做出對西藏有幫助的決策。對此，噶爾丹則是與達賴喇嘛五世詳談，針對眼前與未來的利害關係，表明自己為了助佛教一臂之力，內心有何盤算和計畫[35]。

噶爾丹回到故鄉時，準噶爾的部族領袖是噶爾丹的同母兄長——僧格。但在一六七〇年，因為族內爭產的結果，僧格被兩位同父異母的兄弟暗殺身亡。噶爾丹隨即為兄長報仇雪恨；不過部族領袖的位置，則仍必須和叔父楚琥爾・烏巴什和其子巴哈・班第父子相爭。翌年的一六七一年，噶爾丹擊敗巴哈・班第，成為準噶爾部族的領袖，並且獲得達賴喇嘛五世的認可，得到噶爾丹・琿台吉[36]的稱號。僧格的妻子阿努・達拉・可敦[37]是和碩特部族領袖鄂齊爾圖・車

達賴喇嘛六世之畫像。

臣汗的孫女，噶爾丹依循遊牧民族的習俗[38]，與嫂嫂結婚，繼承已逝兄長的遺產。

懷有雄心壯志的噶爾丹當上準噶爾部族的領袖之後，隨即與鄂齊爾圖發生衝突。一六七六年冬季，他在伊犁河畔擊潰和碩特軍隊，俘虜鄂齊爾圖。至此瓦剌的領導權無論名實，都落到了噶爾丹的手中。噶爾丹在一六七八年，從達賴喇嘛五世那裡獲得「博碩克圖汗」（受天命之王）[39]的稱號，為建設團結北亞為統一的大佛教帝國——準噶爾帝國，踏出了第一步。

噶爾丹首先征服了天山山脈東南方的東突厥斯坦。此處原屬於成吉思汗次子察合台子孫的

---

35 詳細內容請參照「增補內容」〈噶爾丹是在何時、又是如何死去？〉之注解。

36 琿台吉，準噶爾君主的稱號。語源雖然是來自漢語的「皇太子」，但是意義卻非預定的後繼者，而是大汗的副王之義。自準噶爾部族首領和多和沁，被和碩特固始汗加封「巴圖爾·琿台吉」以後，便成為後世代代準噶爾部族領袖的稱號。

37 阿努·達拉·可敦（？—一六九六年），準噶爾部領袖噶爾丹的妃子，名為阿努·達拉，可敦為皇后之意，又稱阿努·可敦。和碩特部族領袖鄂齊爾圖汗（青海和碩特固始汗的姪兒）的孫女，起初是嫁給噶爾丹的兄長僧格，僧格死後與噶爾丹再婚。阿努·達拉·可敦自己也會騎馬射箭，加入戰鬥，最後戰死於昭莫多戰役。

38 遊牧民族的習俗，在遊牧民族社會裡，存在著丈夫死後，寡妻與死去丈夫的兒子或弟弟再婚的習俗，稱為「收繼婚（夫兄弟婚）」。這是為了防止成年男子死去後，導致家庭混亂以及寡婦生計的艱困而採取的對應方式，普遍地出現在各種社會。特別是在遊牧民族君王的例子中，為了將其他有勢力部族出身的夫人變成自己的資產，與前任君王的寡妻再婚，對後繼者而言是非常重要的儀式。

39 博碩克圖汗，達賴喇嘛五世賜予噶爾丹「持教受命王」的稱號。這是準噶爾唯一的大汗稱號，超越準噶爾君主琿台吉之地位，意味著格魯派的擁護者是全瓦剌的大汗。

東察合台汗國[40]領土，此時領導居住在當地綠洲城市中、信奉伊斯蘭教的維吾爾人的，是自稱為穆罕默德子孫的和卓家族；這個家族內部又分為白山派和黑山派兩大派系[41]，不斷展開激烈的鬥爭。

當時統治這個地區的察合台家族伊思瑪業勒汗是黑山派的熱情支持者，將白山派的首領阿帕克．和卓流放到汗國之外。阿帕克．和卓經由喀什米爾逃進西藏，向達賴喇嘛五世尋求協助。達賴喇嘛五世讓阿帕克．和卓帶著書信，要他將書信送達至噶爾丹之處；如此一來，噶爾丹應該會援助白山派。一六八〇年，噶爾丹征服東突厥斯坦，俘虜了伊思瑪業勒汗一家，轉由阿帕克．和卓擔任代理人，坐鎮葉爾羌地區，負責貢賦的徵收。

在兩年後，也就是噶爾丹三十九歲那年，達賴喇嘛五世圓寂，因為攝政桑結嘉措的保密政策，噶爾丹直到最後都無法知悉師父的死訊。

◆清廷與俄羅斯的衝突

也就在同一時期，中國結束了三藩之亂，康熙皇帝也再次將視線轉往國境之外——他所留意的，是穿越西伯利亞、出現在阿穆爾河的俄羅斯人。早在一六四三年，也就是順治皇帝進入北京的前一年，俄羅斯人的先鋒部隊就已經抵達了阿穆爾河地帶，但因為遭到清軍討伐，所以一度消聲匿跡。然而，到了康熙皇帝的時代，俄羅斯人又再度涉足阿穆爾河地區。倘若就這麼置之不理，滿洲人故鄉的安全將受到威脅。

康熙皇帝一解決完三藩之亂的問題後，為了對付俄羅斯人，便火速在阿穆爾河畔的瑷琿（譯注：現今的黑龍江省黑河市瑷琿區瑷琿鎮）地區建設軍事基地，進行慎重的準備。一六八五年，清軍進攻並破壞俄羅斯人的前進基地——雅克薩要塞。然而俄羅斯人又迅速地重建該基地，於是自一六八六年夏季開始，清軍再次攻擊雅克薩要塞，包圍戰長達三年之久。

不過，對康熙皇帝而言，戰爭只是解決問題的手段之一而已。與軍事行動並行，他也展開外交交涉，結果在一六八九年，康熙皇帝與俄羅斯彼得大帝[42]之間的《尼布楚條約》（涅爾琴斯克條

40 東察合台汗國，察合台汗國領有中亞，後來分裂為東、西兩派，東察合台汗國為東方王族的勢力，又被稱為蒙兀兒斯坦汗國。原本是屬於遊牧國家，但因為失去了北方的草原地帶，所以變成割據塔里木盆地各綠洲地區，統治突厥穆斯林的政權。十七世紀，以盆地西南方為中心，被稱呼為喀什噶爾（葉爾羌）汗國。

41 白山派・黑山派，兩派皆為伊斯蘭神秘主義奈克什班迪教團（Naqshbandi）中的派系，因為受到喀什噶爾大汗家族的尊崇，擴張了教派的影響力。教主是十六世紀下半葉的領袖——和卓・伊斯哈克（Khwaja Ishaq）一族，又被稱為喀什噶爾和卓家。將伊斯哈克奉為始祖的黑山派（伊斯哈克耶），以及與之對立、在十七世紀上半葉另立派系的白山派（阿發克耶），彼此在教團中爭取勢力。

42 彼得大帝（一六七二－一七二五年），彼得一世。俄羅斯羅曼諾夫王朝的第四任沙皇（在位期間一六八二－一七二五年）。年幼時

約）生效，清廷與俄羅斯的國境線，以阿穆爾河上游、注入石勒喀河的格爾必齊河為界，將俄羅斯人擋在阿穆爾河主流的溪谷之外。

◆喀爾喀右翼與左翼的紛爭

這個時候，在蒙古喀爾喀右翼地區，做為宗主的札薩克圖汗[43]一族，與分家族人之間發生了內亂。札薩克圖汗一族的領地，是杭愛山脈北部、色愣格河溪谷的肥沃土壤地帶。相對地，分家的阿勒坦汗（Altan Khan）[44]一族領地，則是從杭愛山脈至阿爾泰山脈一帶，君臨瓦剌各個部族之上。與康熙皇帝同時代的阿勒坦汗是額磷沁．羅卜藏．琿台吉，據說是位氣宇軒昂、賢能的領導者。此時，因為左翼與清廷距離鄰近，受惠於中國貿易而日益繁盛；反之，額磷沁．羅卜藏．琿台吉自己所屬的右翼，相較之下距離中國較遠，因此逐漸被逼至不利的狀態中，這讓他不禁感到憂心忡忡。

最後，額磷沁打算進軍北蒙古的中央地帶；一六六二年，他入侵位於路線上的宗主——札薩克圖汗之領地，殺害當時在位的旺舒克．墨爾根（譯注：margen，在蒙文的字義為「聰慧」，常用來作為讚揚琿台吉的美稱）汗。面對這場危機，左翼立即做出回應，察琿多爾濟[45]．土謝圖汗趕往札薩克圖汗領地救援，擊潰額磷沁的軍隊。額磷沁逃往位於今日俄羅斯聯邦圖瓦共和國的葉尼塞河上游溪谷。札薩克圖汗宗族的領袖遭到殺害，內部陷入一片混亂，旺舒克的兄長綽・墨爾根登上汗位，卻無實權，大部分的人民都去追隨佔領當地的察琿多爾濟・土謝圖汗了。

另一方面，過去向來將額磷沁奉為領袖的瓦剌各部族，眼見額磷沁犯下誅殺宗主的罪行，紛紛決定轉向，與土謝圖汗家族合作。一六六七年，準噶爾的僧格遠征，將額磷沁捉回，砍下額磷沁右手的手掌，再把狗肉塞進他的喉嚨後，交給札薩克圖汗的族人。三年後，綽・墨爾根・札薩克圖汗因權勢薄弱被迫退位，弟弟成袞登上札薩克圖汗的寶座。毋庸贅言，在這背後當然是有

即位，一六八九年與清廷締結《尼布楚條約》之時，還是與同父異母的兄長伊凡五世共同統治的非常態局勢，但是在同年發生了政變，由彼得派掌控政權。一六九四年以後，彼得親政。彼得在位期間斷然推動西化改革，將俄羅斯培育為一大強國，因而被稱為「彼得大帝」。

43 札薩克圖汗，喀爾喀蒙古部族三汗宗族之一，右翼（西方）的大汗稱號。「札薩克圖」即為「握有統治權」之義。從土謝圖汗家族始祖阿巴岱族弟之子賚瑚爾開始，佔領北蒙古西部，使瓦剌各部族臣服於旗下。

44 阿勒坦汗（Altan Khan）一族，喀爾喀右翼札薩克圖汗宗族的分家，統治瓦剌部族，對俄羅斯自稱阿勒坦汗（黃金可汗）。Altan為「黃金」之義。宗族由賚瑚爾・札薩克圖汗的堂弟碩壘・烏巴什・琿台吉為始，第三代為額磷沁・羅卜藏・琿台吉。活躍於十六世紀的蒙古土默特部阿勒坦汗（俺答汗，參見注141）為個人名稱，與此處的阿勒坦汗並無關係。

45 察琿多爾濟（？－一六九九年），袞布・土謝圖汗之子，哲布尊丹巴一世的兄長。以喀爾喀左翼宗主的身分介入札薩克圖汗宗族內的糾紛，但是在戰爭結束後卻不肯放棄右翼的統治權，導致與準噶爾部（原本是尊崇札薩克圖汗宗族為領袖的部族）之間的衝突。因敗給噶爾丹而不得不亡命南蒙古，最後在一六九一年的多倫・諾爾會議上，臣服於康熙皇帝之下。

著察琿多爾濟・土謝圖汗的意志運作。對察琿多爾濟而言，費盡心力才取得的右翼統治權，當然不可能輕易放手。

正好在此時，準噶爾部的僧格被殺害身亡，噶爾丹登上部族首領之位。眼見過去的宗主札薩克圖汗對旁系的察琿多爾濟呈現言聽計從的現狀，噶爾丹相當不悅，於是在背後推了成袞一把，讓成袞當著察琿多爾濟的面，要求歸還在額磷沁之亂時，從札薩克圖汗宗族轉向投靠土謝圖汗家族的舊有族人。另一方面，噶爾丹也聯絡拉薩的格魯派本部，請本部以達賴喇嘛五世的名義派遣使者出面，負責調停察琿多爾濟和成袞之間的衝突。但察琿多爾濟並不願接受達賴的調停，最後談判以破裂告終；於是，一邊是代表喀

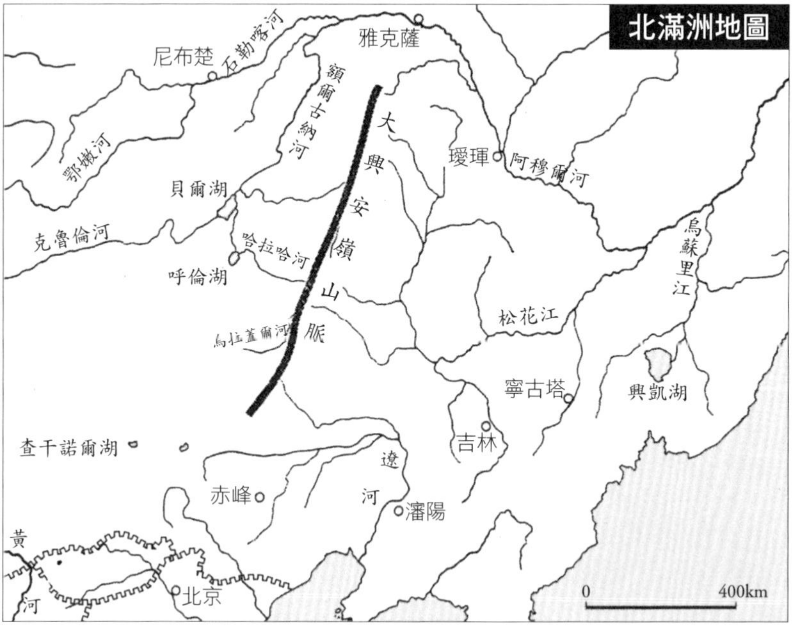

爾喀左翼的察琿多爾濟，一邊是代表喀爾喀右翼的成袞以及在後方支持成袞的噶爾丹，兩方的對立關係更為惡化。

至於清朝的康熙皇帝，既對喀爾喀左翼抱持著親近感，又對察琿多爾濟的立場感到同情；但是另一方面康熙皇帝也憂心，倘若放任喀爾喀左、右翼的紛爭繼續發展下去，混亂將會波及南蒙古，從而對大清帝國的北方國境安全造成威脅。因此，康熙皇帝聯絡拉薩的格魯派本部，共同出面策劃調停。一六八六年，在康熙皇帝的代理人——理藩院[46]尚書（負責蒙古關係之大臣）阿喇尼的見證之下，於杭愛山南面的拜德拉格河（baydrag gol）溪谷，一處名為枯冷白爾齊爾（又名為庫倫伯勒齊爾）之地，召開和談會議。此時碰巧成袞逝世，右翼方面是由成袞之子沙喇繼承父親的札薩克圖汗位出席會議，並且由拉薩甘丹寺的座主[47]（譯注：又稱法台、赤巴，亦即漢傳佛教中的

46 理藩院，清朝負責內亞相關事務的行政機構。前身為「蒙古衙門」（蒙古官署之意），為負責處理蒙古王公以及遊牧民族的接待與事務機構；後來隨著清廷版圖的擴張，也負責掌管與俄羅斯、西藏、青海、東突厥斯坦相關的外交與治理事宜。不過，蒙古王公的地位崇高，因此對蒙古眾可汗而言，理藩院就只是負責提供照顧、服務，以及與典禮、儀式相關的機關。

47 甘丹寺的座主，西藏（賽赤）活佛甘單．錫埒圖一世（一六三五—一六八八年），名為昂旺洛哲嘉措。甘丹寺是格魯派本部所在的大寺院，座主是由寺內兩大學院的領袖人物輪流擔任。格魯派座主是派內地位最高的學僧，擁有非常高的權威，原本甚至凌駕於哲蚌寺和色拉寺座主——達賴喇嘛之上。此時，昂旺洛哲嘉措已經卸下座主一職，但仍以曾任座主的身分，被尊稱為甘單．錫埒圖（甘丹寺座主），此後也成為轉世活佛法號的始祖。

「住持」之義），以達賴喇嘛五世的代理人身分陪同出席。至於左翼方面，則是由察琿多爾濟．土謝圖汗以及弟弟哲布尊丹巴一世出面。根據這場和談會議所訂下的和約，察琿多爾濟同意歸還札薩克圖汗宗族的舊有人民。

然而，在這場枯冷白爾齊爾和談會議上，哲布尊丹巴與達賴喇嘛的代理人甘丹寺座主坐在同等高度的位置，並且在所有方面的舉動都展現出對等的立場。雖然這似乎不是基於康熙皇帝的指令，但哲布尊丹巴的態度卻惹怒了噶爾丹。正如前文所述，哲布尊丹巴是在尹咱．呼圖克圖三世之下受戒，而噶爾丹正是尹咱．呼圖克圖三世的轉世。以噶爾丹的角度看來，哲布尊丹巴不過就是自己前世的弟子身分，竟然打算和自己景仰、師事的達賴喇嘛五世代理人平起平坐。這件事看在噶爾丹的眼裡，已經到達忍無可忍的程度。

◆噶爾丹鎮壓北蒙古

根據和約內容，沙喇．札薩克圖汗要求察琿多爾濟歸還部族原屬的人民，但是察琿多爾濟卻只返還了一半。為了沙喇，噶爾丹去信察琿多爾濟，要求履行和約內容，否則將訴諸武力。對此，察琿多爾濟則通知康熙皇帝，盼能理解開戰的決定。儘管康熙皇帝用盡各種方法試圖阻止雙方開戰，但是為時已晚；察琿多爾濟已經發動攻擊，殺害沙喇，擊潰札薩克圖汗宗族。一六八七年，察琿多爾濟更進一步與準噶爾軍隊交戰，斬殺噶爾丹的弟弟多爾濟札布。

翌年，一六八八年春天，試圖復仇的噶爾丹・博碩克圖汗率領三萬人的準噶爾軍隊，翻越杭愛山，在鄂爾渾河上游的塔米爾河地區，與察琿多爾濟的喀爾喀軍隊展開決戰。結果，喀爾喀軍隊大敗，察琿多爾濟的五千兵力，最後生還者僅有百餘人。一陣混亂之中，察琿多爾濟隻身越過山嶺，逃往翁金河。噶爾丹將兵力分為兩路，自己率領部隊繼續向東方前進，從土拉河越過肯特山脈，入侵車臣汗宗族在克魯倫河畔的領地；另一支部隊則是進攻位於鄂爾渾河畔，哲布尊丹巴所在的額爾德尼召寺院[48]。額爾德尼召寺院建造於一五八五年，為喀爾喀最古老的寺院，位置是在過去蒙古帝國故都哈拉和林城的遺跡之上。哲布尊丹巴帶著兄長察琿多爾濟的家人，倉皇失措地逃往南蒙古，向清廷的康熙皇帝尋求保護。

在這段期間，察琿多爾濟拚命地重整旗鼓，再次聚集兵力；秋天，噶爾丹軍隊從克魯倫河回到土拉河，與察琿多爾濟軍在鄂羅會諾爾湖之地交戰，經歷三日激烈的戰鬥，察琿多爾濟軍再度

48 額爾德尼召寺院，位於鄂爾渾河畔，為喀爾喀最古老的藏傳佛教寺院，在過去蒙古帝國古都——哈拉和林（Karakorum）之地，由土謝圖汗宗族始祖阿巴岱汗所建造。其動土典禮，是由與噶舉派關係深遠的薩迦派僧侶所主持。

大敗，只能越過戈壁沙漠，逃往南蒙古，與弟弟哲布尊丹巴一起向康熙皇帝請願，希望能准許他們歸順臣服。喀爾喀潰散，大批民眾紛紛逃難，如雪崩般湧進南蒙古，北蒙古則是完全落入噶爾丹的手中。眼見喀爾喀蒙古難民人數上達數十萬人，康熙皇帝在南蒙古地區指定數個牧場，賜予家畜，並從中國內地運送穀糧加以救濟。

儘管如此，從康熙皇帝的角度看來，局勢之所以演變至此，是起因於察琿多爾濟未能遵守枯冷白爾齊爾的和約所致，因此就算是準噶爾擊潰喀爾喀蒙古，清朝也沒有理由介入北蒙古的事務。而從噶爾丹的立場來說，與清朝為敵，在中國貿易上的利益也將化為烏有，因此也沒有理由與清朝開戰。但是，事情牽扯到土謝圖汗以及哲布尊丹巴，又是另外一回事。察琿多爾濟是背棄和約、殺害主君和自己弟弟的犯人，哲布尊丹巴則是蔑視達賴喇嘛權威的不肖之徒；因此，噶爾丹屢次向康熙皇帝提出，要求引渡察琿多爾濟和哲布尊丹巴。康熙皇帝以清廷和喀爾喀左翼長久以來的友好關係為由，努力地居中斡旋，希望能夠透過談判，讓察琿多爾濟與噶爾丹雙方和解，和平解決問題。然而，局勢並未因此有所好轉。

◆烏蘭．布通之戰

此時，在噶爾丹的背後，發生了意料之外的事情——那就是姪兒策妄阿拉布坦[49]的背叛。在此之前，一六七〇年僧格被兄長們殺害之時，僧格的長子策妄阿拉布坦還只是一位七歲的幼兒，尚未具備繼承部族首領的資格，因而由叔父噶爾丹坐上首領之位，報仇雪恨；其後，策妄阿拉布坦便一直在叔父的保護之下生活。但是，隨著策妄阿拉布坦的成長，與叔父之間的關係也出現了微妙的變化。

不管怎麼說，策妄阿拉布坦都是前任首領的嫡子，因此噶爾丹總有一天是要將部族首領的權力交還到策妄阿拉布坦的手中。在這個前提下，噶爾丹決定先發制人；某晚，他派遣暗殺者襲擊策妄阿拉布坦的帳篷，但當晚恰巧策妄阿拉布坦外出，被暗殺的是他的弟弟索諾木阿拉布坦。返回帳篷後得知此事的策妄阿拉布坦，立刻逃出噶爾丹位於阿爾泰山中的大本營，與父親僧格時代

---

49 策妄阿拉布坦（一六六五—一七二七年），噶爾丹兄長僧格之子，準噶爾的君主（在位期間一六九四—一七二七年）。父親被殺害，由叔父噶爾丹繼承部族首領位置之時，策妄阿拉布坦還是一位年幼的孩童。長大後與噶爾丹對立，趁著噶爾丹遠征喀爾喀之際，掌控準噶爾本國政權，一六九四年由西藏的達賴喇嘛政權（實際上是桑結嘉措）處獲得琿台吉的稱號。噶爾丹逝世後，一邊和清朝時戰時和，一邊持續擴張勢力，統治範圍廣及哈薩克、東突厥斯坦。

的舊臣七人一同逃亡，先是向南逃往天山山脈一帶，接著轉向西方，進入僧格過去的領地博羅．塔拉河谷。在準噶爾汗國內，隨即分裂成噶爾丹派系和策妄阿拉布坦派系，呈現內戰狀態[50]。

這是在一六八九年初，噶爾丹入侵喀爾喀後發生的事情。就在噶爾丹忙著在東方與北蒙古作戰、以及與清廷交涉之際，策妄阿拉布坦一步步地站穩地位，至一六九一年，幾乎掌控了整個準噶爾國以及東突厥斯坦，並與清朝的康熙皇帝取得聯繫。至此，噶爾丹與本國的聯絡遭到斷絕，被孤立在阿爾泰山脈以東一帶。

另一方面，在拉薩地區，眼見長久以來與格魯派對立的哲布尊丹巴勢力崩潰，攝政桑結嘉措大為欣喜，派遣高僧達察仁波切（達察活佛）[51]前往噶爾丹處，敦促他加速和清朝交涉，以求早日引渡察琿多爾濟和哲布尊丹巴。受到催促的噶爾丹，儘管有些躊躇，還是決定向清朝展現自己的實力，展開示威行動。

一六九〇年的夏末，噶爾丹率領兩萬人的部隊，自克魯倫河發起軍事行動，繞行戈壁沙漠東側，沿大興安嶺西側南下，在南北蒙古交界處的烏爾會河（烏拉蓋爾河），與清朝理藩院尚書阿喇尼指揮的蒙古人部隊交戰，取得勝利。這是清軍與準噶爾軍首次的交戰，但是因為康熙皇帝先前已下令避免與準噶爾軍發生衝突，所以阿喇尼以下的軍官都遭到處分，並將處分告知噶爾丹。噶爾丹向皇帝發出聲明，表示自己對皇帝並無敵意，只是在追討仇敵喀爾喀，其後繼續南下。

事已至此，康熙皇帝下達動員軍隊的命令，命皇兄裕親王福全[52]擔任撫遠大將軍，皇弟恭親王常寧[53]擔任安北大將軍，分別由古北口[54]和喜峰口[55]發動攻擊；全面衝突的危機，眼見已迫在眉睫。

一六九〇年九月四日，雙方在距離北京北方三百公里處的烏蘭布通之地發生衝突。該處約在現今遼寧省赤峰市一帶，大興安嶺的南側。

---

50 出處為瓦剌高僧咱雅．班第達的傳記。

51 達察仁波切（？—一七〇七年），出身康區（西藏東部）的格魯派活佛，名為阿旺貢覺尼瑪。第一世為宗喀巴的弟子、也是第六代甘丹寺座主的巴索曲吉堅參，貢覺尼瑪被認為是第六世或第七世。以達賴喇嘛五世代理人的身分，促進與噶爾丹之間的議和，結果失敗，且觸怒了康熙皇帝，被譴責與噶爾丹站在同一陣營。一六九八年在康熙皇帝的命令下被遣送北京，最後未能回到西藏，於北京圓寂。

52 福全（一六五三—一七〇三年），順治皇帝的次子，康熙皇帝同父異母的皇兄。受封為裕親王，為鑲白旗的旗主。在噶爾丹入侵南蒙古之時，以撫遠大將軍的身分指揮烏蘭布通之戰，其後也加入追討噶爾丹戰役的行列。

53 常寧（一六五七—一七〇三年），順治皇帝的第五子，康熙皇帝異母之皇弟。受封為恭親王，為正藍旗的旗主，在噶爾丹入侵南蒙古時擔任安北大將軍。雖然與清末著名的恭親王奕訢封號相同，實際上是不同血脈。

54 古北口，位於北京東北方約一百三十公里處，為萬里長城的關門，是通過南蒙古東部的重要關口。清朝時成為前往熱河避暑山莊的交通要道。

55 喜峰口，北京東方萬里長城的關門，設置在灤河貫穿長城線的狹窄道路上。在明代是薊州鎮管轄下的重要關口，但是屢次被清軍攻破。

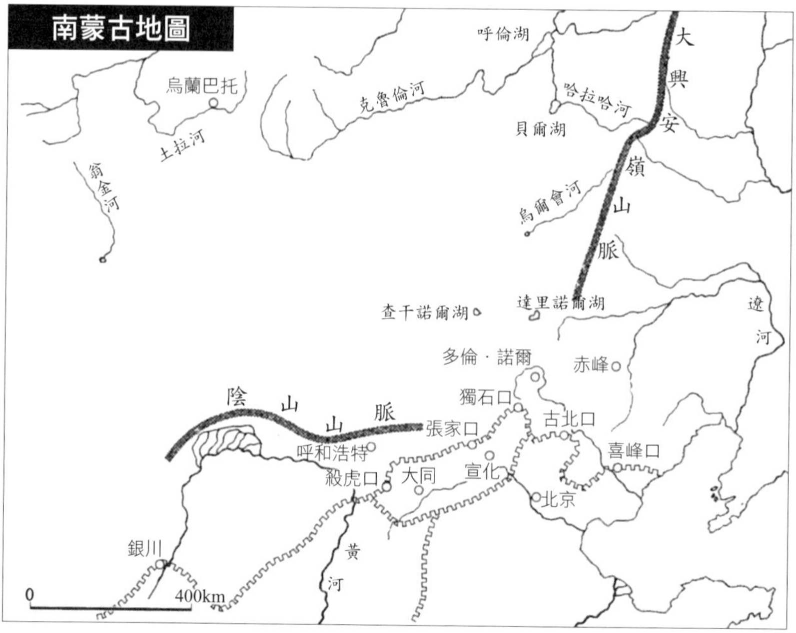

準噶爾軍隊眼見清軍抵達烏蘭布通，於是在沼澤前方的森林中佈陣；他們綑綁駱駝的腳使之跪坐在地，把足以防彈的濕毛氈披在駝峰上，並在暗處安排整列的火槍手，等待清軍的來襲。清軍失去突擊的自由，只能倚靠優勢火器的力量。激烈的砲火交戰直至日落時分，準噶爾軍隊配有許多俄羅斯製的大砲，對清軍前線造成嚴重的損害，身為康熙皇帝母舅的內大臣[56]佟國綱[57]也身中敵方槍彈陣亡。

翌日，噶爾丹派遣使者，向士氣低迷的清軍提出議和，條件便是交出察琿多爾濟和哲布尊丹巴兩人，被裕親王回絕。兩天後則是由達察仁波切親自前來，降低條件的門檻，放棄引渡察琿多爾濟的要求，只要將哲布尊丹巴送至拉薩的達賴喇嘛面前。從噶爾丹的高姿態，可以清楚顯示出準噶爾方面所佔據的優勢程度。

然而，久留並無益處，在清軍的救援部隊抵達之前，噶爾丹便率領全軍迅速地返回戈壁沙漠以北。在這場烏蘭布通之戰中，北京政權眼睜睜地看著對手大舉入侵南蒙古，作出猖狂行徑，嚴重打擊了康熙皇帝的威信。如此一來，倘若削弱了南蒙古各部族對清廷的信任感，那麼原本就是仰賴蒙古人武力作為後援、以少數民族之姿統治中國的滿洲人，也就是清朝政府的權力，將會從根本開始動搖。在這種情況下登場的，便是一六九一年的多倫．諾爾會議。

56 內大臣，統率八旗御前侍衛的大臣。地位最高的是領侍衛內大臣，其次為內大臣，各有六位，輪流統轄警備任務。與負責皇宮內部事務的內務府總管一同，都屬於皇帝親信的陪臣。

57 佟國綱（？—一六九〇年），康熙皇帝生母孝康章皇后（參見注86）的兄長，雖非漢人，但有漢人名字，祖先是在明朝為官的漢化滿洲人。起初被劃為漢軍籍，但在上奏家世為滿洲人後，便轉移至滿洲鑲黃旗。在烏蘭布通之戰中，身中準噶爾軍的槍彈而陣亡沙場。

◆多倫・諾爾會議

多倫・諾爾位於北京正北方約三百六十公里的灤河上游處，過去，元世祖忽必烈[58]曾在當地建造名為「上都」的夏都。康熙皇帝下令，南蒙古的各部族與新來乍到的喀爾喀首領，分別前往多倫・諾爾集合。五月五日，康熙皇帝從北京出發，經古北口往多倫・諾爾的方向前進。三十日，他在該地舉辦謁見大典，不只是察琿多爾濟・土謝圖汗以及哲布尊丹巴・呼圖克圖列席參加，就連逃亡的烏墨客・車臣汗、還有已被殺害的沙喇・札薩克圖汗的弟弟策妄扎布，也被承認以札薩克圖汗的身分參與會議。

典禮當日，著正式衣裝的清兵分為二十七隊，排列出整齊的圓陣，還可以看見四頭大象。圓陣的中央以皇帝為首，羅列著皇族、大官們的蒙古包（又稱穹廬、氈包）[59]。在謁見用的黃色大帳篷正面，築起了代替龍椅的六十公分高台，在其上鋪設毛氈絨毯，再放上用黃色錦緞製成的坐墊，皇帝就坐在上頭。侍立於皇帝左側的，分別是大阿哥胤禔[60]、三阿哥胤祉[61]等諸位王侯，以及滿洲、蒙古、漢軍八旗[62]的大臣們，右側則是喀爾喀的首領們。

準備周全後，首先請哲布尊丹巴，接著是察琿多爾濟・土謝圖汗進場。兩人走到皇上面前，正準備跪下之時，皇帝站起身來阻止，握著他們的手。土謝圖汗上奏：

「承蒙皇上恩澤，臣等垂死之軀，今得更生。感恩之情，無以為報。奏請，往後能繼續仰賴皇上之庇佑，安樂過活。」

哲布尊丹巴上奏：

「仁德高峻，廣濟眾生，可謂之佛。臣等承蒙皇上特予救贖之恩惠，等同得遇活佛。唯祝皇

58 忽必烈（一二一五—一二九四年），蒙古帝國的第五代皇帝（在位期間一二六〇—一二九四年）。當身為皇帝的兄長蒙哥過世後，忽必烈便在自己的根據地——南蒙古的開平府即位；一二七一年定國號為「大元」，著手進行新國家的建設。忽必烈在現今的北京建築新都「大都」，並定開平府為夏都「上都」，以遊牧君主之姿隨季節在兩都之間遷移，並統治帝國。

59 蒙古包（蒙語發音為ger），蒙古遊牧民所使用、組合式的帳篷家屋（帳幕）。「包」的稱呼起源於滿語，後來亦為漢語所使用。這種以圓形的牆壁和圓錐狀的屋頂骨架，覆蓋上毛氈的家屋，在移動上十分方便。在遊牧社會中，君主們也過著經常遷徙的生活，君主的大帳篷（蒙語稱為「鄂爾多」或「斡兒朵」）是非常大型、裝飾華麗的帳幕，甚至有移動宮殿之稱。

60 胤禔（一六七二—一七三四年），康熙皇帝的長子，母親為惠妃（納喇氏）。胤禔被稱為大阿哥（長兄之義），受封為直郡王，是鑲藍旗的旗主。他參與廢黜次弟皇太子的運動，失敗後被幽禁至死。

61 胤祉（一六七七—一七三二年），康熙皇帝第三子，母親為榮妃（馬佳氏）。受封為誠郡王，是鑲藍旗的旗主。他雖然與皇太子關係親近，但後來到了雍正皇帝時代與八阿哥胤禩等人結夥，被幽禁至死。

62 八旗，清統治體制的根本組織，創設於建國時期，自王族、首領階層至底下的領民、奴僕，將全部成員以八種類別的軍旗，區分為八個集團組織，因而稱之為八旗。隸屬於八旗的成員稱之為「旗人」，必須負擔兵役、勞役的義務。在征服中國後，旗人不須從事農工商業，成為出任官員、軍兵的特權階級以及領民。各旗由王族分封的旗主進行統治；在兵制上，則區分為滿洲、蒙古、漢軍三個類別。

上萬壽無疆。」（出自《大清聖祖仁皇帝實錄》卷一五一，康熙三十年五月丁亥條）

謁見典禮進行約三十分鐘後結束。皇帝賜茶給兩人（譯注：哲布尊丹巴與察琿多爾濟），會場緊接著轉移到另一個大帳篷內。

整齊排列在王座左側的是滿洲貴族與南蒙古的首領，右側是哲布尊丹巴，以及以三汗為首的喀爾喀人，共計約一千人，排成十數列隊伍。皇帝登場後，眾人起身。喀爾喀三汗上前，侍衛們發出「跪下」之號令，三汗一同跪下；聽見「叩頭」之號令，便往地面磕頭三次；最後隨著「平身」之號令，才站起身來。如此的儀禮重複三次，這才完成三跪九叩之禮[63]。眾人回到自己的位置，開始奉上茶水點心。當皇帝拿起茶杯，眾人便跪下叩頭，其後侍從們才為出席者倒注茶水。眾人在舉杯飲用前，會單膝跪地，低頭以示敬意。接下來端出美酒，由皇帝親自將酒杯交給哲布尊丹巴、三汗以及其他喀爾喀首領約二十人。眾人跪下接過酒杯，叩頭後才舉杯飲用。餘興節目是走鋼索和偶戲表演。喀爾喀人都覺得非常有趣，只有哲布尊丹巴維持著他高僧的形象，裝出一副絲毫不感興趣的樣子。宴席結束後，眾人獲得皇帝賞賜的高價禮品，退出帳篷。

翌日，也就是三十一日，清廷頒布了對喀爾喀的首領的職位任命與待遇；他們全數都與南蒙古的首領一樣，被納入旗和佐領[64]的編制內，並受封清廷的爵位。

六月一日，皇帝穿著甲冑，乘馬繞行陣營，舉行閱兵大典。閱兵結束後，皇帝下馬，命人設置箭靶，要在眾人面前展現自己的箭術功力。他射出的十支箭中，竟然有九支命中標靶，列席的蒙古人不由得驚嘆連連。緊接著，皇帝下令演習正式開始，清軍以戰鬥隊形前進，號角、激勵士氣的口號、火槍等聲響震徹雲霄。毋庸贅言，這些表演令喀爾喀族人感受到強烈的震撼。

六月四日，集會解散，康熙皇帝從多倫．諾爾返回北京；自此之後，喀爾喀族人失去了獨立的自由，成為清朝的臣民，而這也讓康熙皇帝獲得正當的理由，為喀爾喀人從噶爾丹手中奪回北蒙古。

◆遊牧民族與農耕民族的戰爭

儘管如此，對於康熙皇帝而言，這還不足以成為主動出擊北蒙古，與噶爾丹相爭的充分理

---

63 三跪九叩之禮，明清時期表達敬意禮儀的最高等級，行禮對象為皇帝及上蒼。從站立的姿態開始，跪下後將額頭叩拜至地面（叩頭）三次，這一連串的動作稱為一跪三叩頭，重複三回。對西方人而言是屈辱性的儀禮，關於究竟是否該實行叩拜之禮，屢屢引發爭執。

64 旗、佐領，旗為八旗制度內最大的單位，滿文稱為「gūsa」，前文（參見注32）提及的佐領則是八旗制度內的基本單位，滿文稱為「niru」。順服於清廷的蒙古各集團也基於這個體系編制而成，以佐領為基本單位，組成旗。在蒙文中旗稱為「和碩」，佐領稱為「蘇木」。

由。之所以如此，原因在於遊牧民族與農耕民族在戰術上有著根本差異；是故，要對像是準噶爾這類遊牧國家發動戰爭，中國必須要有耗費大量人命與物資的覺悟才行。

遊牧民族軍隊的特徵，就是不需負擔太多的軍事費用。不需要支付士兵軍餉，只要將戰利品的十分之一交給戰爭領導者（大汗），其餘全數歸為自己所有。補給方面也十分輕鬆，甚至不需要補給部隊。在出兵啟程之際，兵士們各自在腰間的皮囊中裝入乾酪和肉乾，就足以提供三個月的行動所需。

相對於此，農耕民族的軍隊則需要耗費大筆的金錢。要出兵就必須休耕，只要出動一次，馬上就會反映在收穫結果上，導致收穫的減少。因此，政府方面必須提供相應的補償措施，也就是支付軍餉。此外，最大的難題通常是軍隊的補給。農耕民族的軍隊在遊牧地帶作戰之際，無法從當地徵收糧食，因此在軍隊行進的路線上，不得不提前將糧食從內地運送過來，累積存糧。但是，若補給部隊的步調領先戰鬥部隊一步，就無法避開敵方的襲擊。如此一來，戰鬥部隊只能自行運送軍糧，但這樣就必須帶著高出兵士數目數倍以上的牛車或駱駝一同前行，自然也會嚴重拖累行軍的速度。整體而言，愈是大型的部隊，補給問題愈是困難，行軍的速度也會隨之低下。

不只如此，農耕民族的軍隊是以步兵為主，必須採取密集隊形集體行動；相對地，遊牧民族的軍隊則是全員騎兵，行動敏捷且擅長奇襲攻擊。綜合上述，農耕民族的軍隊根本就無法與遊牧民族的軍隊匹敵。在軍隊的裝備較敵方優秀的狀況下，或有取得勝利的可能。但即便是在裝備優勢的條件下，要如何在遊牧地帶嚴酷的自然環境裡堅持下去，農耕民族的兵士們並未接受過這類的訓練，總會一個接一個脫隊死去，因此勝利經常是要付出莫大的犧牲作為代價。就算中國物產富饒、漢族人口眾多，人命和物資也禁不起長年如此的消耗。

遊牧民族的軍隊是騎兵隊，行動距離長，移動速度也快，對農耕民族的軍隊而言，要捕捉敵軍，等於是不可能之事。即使偶然和敵方短兵相接，敵兵只要眼見情勢不利，就能夠迅速掉頭、脫離戰線，因此農耕民族軍隊無法給予對方致命的一擊。對農耕民族軍隊而言，進攻遊牧地帶，就彷彿是在沙漠中追逐海市蜃樓一樣。

噶爾丹的大本營，設在阿爾泰山東麓的科布多[65]。科布多距離北京約三千公里，離中國邊境遙遠，不在清軍的行動範圍之內。對康熙皇帝而言，只能耐心等待敵人進入他的攻擊範圍之內。

---

65 科布多，位於北蒙古西北方，阿爾泰山脈東麓，為連結蒙古高原、準噶爾盆地以及吐魯番方面等地之交通要衝。在清廷統治喀爾喀後，派遣科布多參贊大臣駐留此地，成為統治西蒙古的據點。

◆致皇太子的硃筆書信

等待了四年的歲月，機會終於在一六九五年的秋季到來。此時，噶爾丹正從蒙古高原向東前進，越過肯特山脈，將大本營設在克魯倫河上游的巴顏・烏蘭。此地距離北京一千公里左右，勉強算是位於清軍得以出動的範圍之內。然而，這也必須是在成功突襲、速戰速決的前提之下才能夠成立的推論。倘若清軍遲遲無法捕捉噶爾丹軍，耗盡糧食後打算撤退之際，被敵方的游擊戰阻斷退路的話，無論清軍出動多麼聲勢浩大的人馬，也只能陷在敵軍的陷阱之中，自生自滅。但，即使是極為危險的賭注，康熙皇帝還是毅然決然地發動橫越戈壁沙漠[66]的作戰。

清軍被編為三個軍團，黑龍江將軍[67]薩布素[68]率領東路軍三萬五千四百三十名士兵，從瀋陽出發，朝東繞往克魯倫河。撫遠大將軍費揚古[69]率領西路軍三萬五千六百名士兵，從南蒙古西部越過陰山山脈，橫越戈壁沙漠西部，離開翁金河後朝西繞行，前往土拉河。由康熙皇帝親自指揮的中路軍有三萬七千名士兵，從北京出發，接著從現今內蒙古自治區的蘇尼特左旗[70]地區，從戈壁沙漠中央西北方切入，直接朝著噶爾丹在巴顏・烏蘭的大本營前進。這條路線與今日集寧——烏蘭巴托鐵路的東方兩百公里處，幾乎呈現相互平行的樣貌。

翌年春天，清軍總算出發，開始了對北蒙古的冒險遠征。一六九六年前後，清軍展開為期九十八天的第一次大作戰；同年秋季至冬季，康熙皇帝發動第二次大作戰，翌年（一六九七年）春季至夏季則是第三次大作戰；在這三次作戰中，康熙皇帝都親自站上蒙古高原的前線，至於親征期間北京的政務，則交由二阿哥皇太子胤礽[71]負責。皇太子的母親[72]是康熙皇帝最早的正宮，生

66 戈壁沙漠，位居蒙古高原南部的廣大沙漠，並非沙質地，而是礫質荒地的沙漠。沿途有水源的路線十分稀少，要穿越沙漠十分困難。是區分北蒙古（漠北）與南蒙古（漠南）的自然界線。

67 黑龍江將軍，清朝在滿洲地區設置的三將軍之一，管轄黑龍江上游一帶以及大興安嶺地區。不單是負責管轄地區的統治，還身兼對俄羅斯的外交以及應對蒙古的重要任務，在準噶爾戰爭時期，經常是負責遠征以及後方的支援。

68 薩布素（？—一七〇一年），首任黑龍江將軍，同時也是征討噶爾丹時期的東路軍司令官。出身名門望族富察氏，隸屬於滿洲鑲黃旗，從吉林的駐屯驍騎校官一路高昇，一六八三年晉升為將軍，負責對俄羅斯方策問題。在尼布楚條約簽訂後，負責處理對準噶爾的事務，但是在討伐噶爾丹戰役時未趕上進軍，從作戰中落隊。

69 費揚古（一六四五—一七〇一年），滿洲正白旗的重臣，出身過去建州女真（女直）的統治家族董鄂氏。是順治皇帝寵妃的弟弟，繼承父親的伯爵之位，在征討噶爾丹之時，出任撫遠大將軍，率領西路軍，並且在昭莫多之役中，帶領清軍取得勝利。

70 蘇尼特左旗，南蒙古的部族，承繼達延汗的世系。清代將蘇尼特部編為兩旗，隸屬於北京西北方的錫林郭勒盟，位於中路軍的行進路線之內。

71 胤礽（一六七四—一七二五年），康熙皇帝的次子（譯注：正宮皇后所生的次子，在康熙所有兒子的排行為第七），兩歲時就被立為清朝最早的皇太子，在康熙皇帝親征時期，總是留在北京代為處理政務。是「康熙皇帝書信」的收信人。但是，在皇弟們成長之後，胤礽成為宮中各項陰謀的目標對象，大家都想把他從皇太子的位置上拉下來，經過兩次廢太子，被幽禁至死。

72 皇太子的母親（一六五三—一六七四年），康熙皇帝的第一位正宮皇后，雖然生下成為皇太子的次子胤礽，但是因為產褥感染而早逝，諡號為孝誠仁皇后。是輔政大臣索尼長子噶布喇之愛女，權臣索額圖（參見注95）為其叔父。

下皇太子後，便因產褥感染而逝世。也因為這個緣故，根據布韋神父的記錄，康熙皇帝特別寵愛這位長得眉清目秀的皇太子，甚至親自教導他天文學和數學等知識。

康熙皇帝在這三次親征的征途中，總會趁著繁忙軍務的閒暇，詳細地將親征期間每日發生的種種事件書寫成信，寄送給北京的皇太子。這些出自康熙皇帝親筆手寫的原文書信，如今保存在台北的國立故宮博物院內。不用一般的墨，而使用硃砂墨書寫，是中國皇帝的特權，信中的語言並非漢文，而是滿文。

滿語的語序和日語、韓語相近，文字則是使用獨特的字母，採直式書寫。滿文是大清帝國的公用語言，從一六四四年起至一九一二年為止，是中國最重要的語言。現今的中國，在日常生活中使用滿語的人們，只剩下生活在新疆維吾爾自治區伊犁河溪谷一帶，被稱為錫伯族的數萬人民，而身處內地的滿族，如今也只說漢語了。儘管如此，但滿文的重要性並未有所改變。之所以這麼說，是由於清代與俄羅斯帝國所締結的條約正文皆是滿文，所以即便是現代，在中國國境問題的對外交涉上，滿文仍是不可或缺的知識。

無論如何，對歷史學家而言，康熙皇帝的書信可說是極為稀有的史料。一般而言，皇帝因為地位的關係，與臣子之間的對話會留在記錄之中，但內容主要是對政治問題的意見交換，而不會反映出皇帝個人的生活和感情。然而，康熙皇帝這些以硃砂墨書寫的信件，對象是作為自己的後繼者而特別叮囑、教育、寵愛有加的皇太子，因此是屬於私人信件的性質。內容不只是提及作戰的進展，還包括行軍途中對蒙古自然環境的觀察，隨著情勢的變動而反映出或喜或憂的感情等，生動地傳達出這位超群非凡的天才政治家、同時也是中國歷史上首屈一指明君的人性面。

以下，我就透過翻譯康熙皇帝滿文書信的原文，來記述三次親征蒙古的經過。

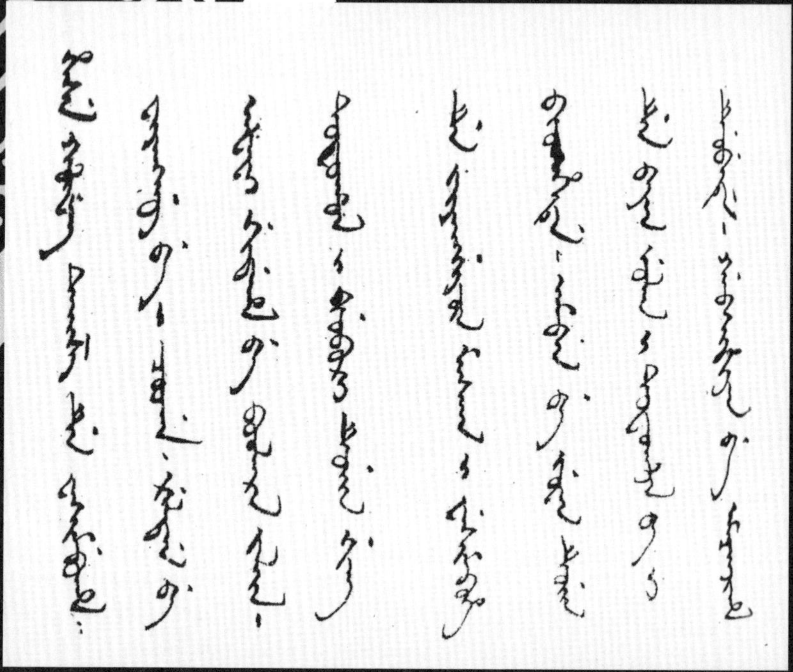

康熙皇帝的滿文筆跡（昭莫多之戰勝利的捷報）。

第一次親征——越過戈壁沙漠

◆艱難的行軍與樂觀的書信

一六九六年四月一日（農曆二月三十日），皇帝率領中路軍從北京城出發。中路軍共有十六支部隊，為了搬運軍需物資，帶著為數眾多的牛車隊伍一同行進，待最後一支部隊離開北京城，已經是五天後的四月六日。康熙皇帝從皇太子的信件中得知此事，在信末的空白處，以硃砂墨寫下回覆，送返北京，是為「康熙皇帝書信」的第一封。

「我的身體安康。在本月（三月）十日（四月十一日）抵達獨石[73]，並將會在十一日（十二日）離開長城。跟隨我的部隊，不論士兵或坐騎都井然有序。雖然我沒看到後續部隊，但據說狀況也十分良好。只是我部隊後方跟隨的馬匹，只有上駟院[74]一千匹、兵部[75]一千匹而已。相對於此，費揚古伯爵的部隊則擁有七千匹馬、三千頭駱駝。商議後，我命令他準備壯馬三千，派人前往領取。除此之外，沒有其他事情。」

（四月十一日，《宮中檔康熙朝奏摺》第八輯，四十九—五十二頁，記錄於皇太子奏摺[76]之硃批[77]）

另外，據說皇帝還派遣心腹宦官[78]，以口頭方式向皇太子傳達訊息。在皇太子四月十二日的信件中，可以看見皇太子引用宦官的傳話內容：「自從出發以來，夜間降雨兩回，白天便放晴。行軍途中塵土未揚。我帶著一同前行的上駟院馬匹、犬、獵鷹，沿路遊玩。」

在皇太子信件的後方，皇帝寫上硃批如下：

「此次自從出發以來，萬事順心如意，非常高興，我的身體康健，氣色很好。又因地形好、水源佳，沒有什麼事情煩心，心情實在是十分舒爽。唯一由衷祈求的，就只是希望上天能保佑這

73 獨石，位在河北省西北部的長城關口。河北—山西的長城分為內外兩重，獨石屬於外長城的關口，是從長城內通往蒙古高原的出口之一。

74 上駟院，負責管理、飼養皇帝御用馬匹的機關，隸屬於總管皇帝家務的機構——內務府之下。和提供國家馬匹的兵部系統不同，該組織主要是擔任皇帝直屬的隨從，同時也透過牧馬和蒙古之間進行交流。

75 兵部，負責實務的中央行政機構——六部之一，掌管包括軍隊人事、補給、法務等各方面的軍政事項，但並不負責作戰等各方面的軍令。另一方面，建國以來的軍事集團——八旗，因為有自己獨立的組織架構，所以也不屬於兵部的管轄範圍。

76 奏摺，上奏文書的一種形式；和經由各相關機構上呈的官方上奏文書不同，主要是由臣下直接上呈皇帝、並由皇帝親自閱覽的文件。上奏者在遞交時會加以密封，由皇帝直接開封、閱讀，並寫下回答和指示後，再送回給上奏者。

77 硃批，由皇帝本人在奏摺上，以硃砂墨筆書寫的回應。

78 宦官，閹割之後、在宮廷內部服侍的男性。雖然身分極低，但因為負責照管皇帝的私生活與后妃，所以經常利用這種立場，在許多王朝中權傾一時。清朝皇帝的家務與宮中的庶務，大部分都委託給八旗的宮廷部門——內務府（參見注124）負責，因此宦官幾乎沒有跋扈的餘地，僅限於日常照料以及宮中的私務處理而已。

次出征。

這封信件書寫於十四日（四月十五日）。我們在十五日（十六日）清晨出發，走到半路，突然吹起東南風，落下傾盆大雨，接著大雪紛飛，非常寒冷，令人感到驚恐。當天晚上便直接駐紮該地，十六日（十七日）早晨前往查看，牲畜都安然無恙。幸好此次裝備周全，並未嚴重拖延到行進的計畫；皇太子只要知道這點就夠了。」

（四月十七日，以上為《宮中檔康熙朝奏摺》第八輯，五十四—五十六頁，記錄於皇太子奏摺之硃批）

皇帝軍團的行進路線，自四月十二日

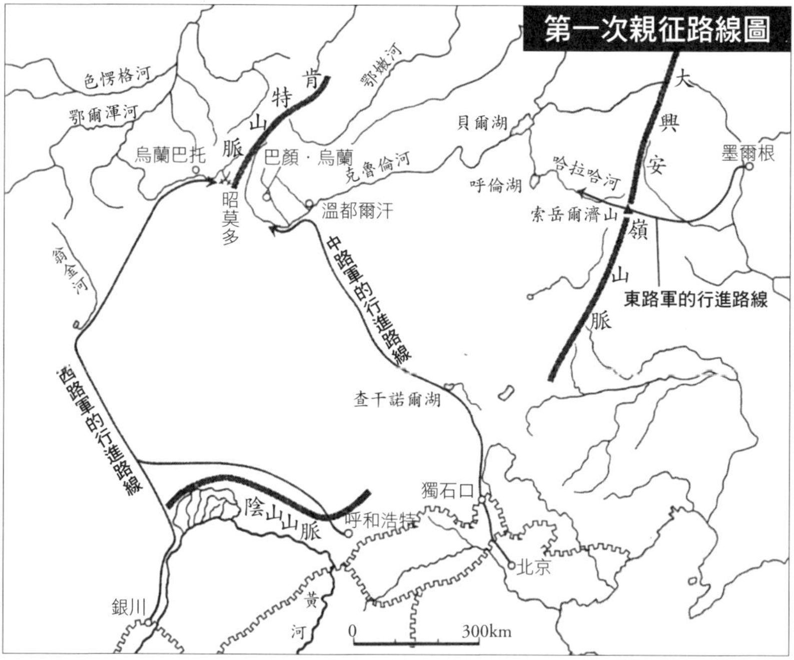

由獨石口穿越長城之後，幾乎是直接往正北方前進。在皇帝的信件中雖然只提到天候的狀況，但實際上面臨到的現實，卻遠遠更為艱鉅。離開獨石口進入南蒙古之地後，皇帝下令，為了提高行軍效率，每日須在日出前出發，至正午時分便停止前進，紮營炊膳，且一日只許用餐一次。皇帝本人也以身作則，率先實踐這項嚴格的規定。關於這些實情，皇帝完全未在信中提起，而是為了讓皇太子安心，努力以樂觀的態度敘述狀況。這在後來的信件中，也可以看出同樣的用心。

「我這次遠行，巡視蒙古地區，發現親眼所見的景象，與過往所聽聞的大不相同。水源、牧地都很好，燃料也十分充足。牲畜的糞便雖濕，但小葉錦雞兒[79]、沙蒿[80]、芨芨草[81]、萬年蒿[82]、

79 小葉錦雞兒，豆科錦雞兒屬小葉錦雞兒（*Caragana micropylla* Lam.）。以下，植物種屬的分類大多遵從劉媖心主編的《中國沙漠植物志》（北京：科學出版社，一九八五—一九九二年），內蒙古植物志編輯委員會《內蒙古植物志》第二版（呼和浩特：內蒙古人民出版社，一九八九—一九九〇年）。

80 沙蒿，戈壁沙漠地帶蒿類植物的總稱。

81 芨芨草，禾本科芨芨草屬芨芨草（*Stipa splendens* Trin.或*Achnaterum splendens*〔Trin.〕Nevski，又稱為*Lasiagrotis splendens*〔Trin.〕Kunth），草帽的素材。

82 萬年蒿，滿洲名為「budurhuna」，漢文名為「萬年蒿」。菊科艾蒿屬的白蓮蒿（*Artemisia sacrorum* Ledeb.）和細裂葉蓮蒿（*A. gmelinii* Web. ex Stechm.）。

榆、柳條等各種草木，都可以拿來焚燒。在國境之內沒有可以掘土取水的地方。雖然有大批軍隊同行，但牧地、用水和柴薪等資源，還不至於到匱乏的狀態。唯一擔心的是天候多變不定，最怕的就是天氣在不知不覺中惡化，如果剛好遇到晴天，那就是天大的幸運。離開長城一線之後，雖然經歷過幾次雨雪摻雜的天氣，不過都沒造成什麼大問題。春天的青草可供羊群吃飽，馬匹則是會連同枯草一起吃。但願上天庇佑，假如不遭遇到雨雪，我們應該可以迅速完成此次的任務。

在此向皇太后[83]請安。我與諸位阿哥、王、大臣、官員以及將士兵卒們都安好，皇太子身體可好？……」

（四月二十日，《宮中檔康熙朝奏摺》第八輯，七十六—七十七頁，給皇太子之上諭[84]）

文中「牲畜的糞便雖濕……」，所指的是蒙古空氣乾燥，家畜排出的糞便很快就會乾掉，最後只留下植物的纖維。蒙古人民習慣將這些家畜糞便中的植物纖維，丟入位在蒙古組合式帳篷（蒙古包）中間的爐火燃燒，藉以取暖、烹煮食物。不過，在皇帝軍團行進途中的南蒙古地區，因為有豐富的灌木、草葉（如信中所舉出的植物名稱），在燃料上毋需擔心匱乏。

另外，皇帝請安的對象——皇太后，是出身科爾沁部族[85]的蒙古女性，為皇帝父親——順治皇帝的皇后，當時年齡為五十六歲，但並非康熙皇帝的生母。康熙皇帝的生母——佟皇后[86]早在一六六三年逝世，當時康熙皇帝才十歲，佟皇后也才二十四歲。其後，康熙皇帝就由這位蒙古人皇太后撫養長大，成人之後，康熙皇帝也還是持續每個月會前往皇太后的宮殿數次，向皇太后請安。

對此，皇太后在四月二十二日皇太子的信件中回覆道：

「我的身體十分康健。看到這封信件，得知皇上身體安康，諸位阿哥皆好，士兵們也都精神飽滿，我軍在牧地、用水、柴薪等資源上並無匱乏的消息，十分欣喜。在此也向皇上問好，向諸位阿哥問好。」

（《宮中檔康熙朝奏摺》第八輯，八十一—八十四頁，皇太子的奏摺）

83 皇太后（一六四一—一七一七年），順治皇帝的皇后，謚號為孝惠章皇后。出身蒙古科爾沁部。順治皇帝的生母孝莊文皇后為其大伯母。康熙皇帝即位後，與孝莊太皇太后一同作為年幼皇帝的監護人，在太皇太后逝世後，也長期受到皇帝的尊敬與孝養。

84 上諭，皇帝的詔書，或是皇帝向臣子做出指令、訓示等內容的文書。

85 科爾沁部，蒙古部族之一，為成吉思汗弟拙赤合撒兒的後裔，遊牧於大興安嶺一帶。是最早與清朝保持良好關係、並與皇室聯姻的部族，為有清一代外戚中權勢地位最高的一族。順治皇帝的生母與皇后，都是出身科爾沁部的蒙古人。

86 佟皇后（一六四〇—一六六三年），順治皇帝的妃子，康熙皇帝的生母。在康熙即位皇帝後不久便香消玉殞，死後謚號為孝康章皇后。是滿洲裔漢軍旗人佟圖賴的女兒，胞弟國綱、國維兄弟（參見注57）也在宮中受到重用。

信中的「諸位阿哥」，指的是二十五歲的大阿哥胤禔、二十歲的三阿哥胤祉、十九歲的四阿哥胤禛（後來的雍正皇帝）[87]、十八歲的五阿哥胤祺[88]、十七歲的七阿哥胤祐[89]、十六歲的八阿哥胤禩[90]，除留守北京的皇太子以外，已成年的阿哥們都跟隨皇帝一同出征。這件事也對皇太子後來的命運，造成了很大的影響。

順治帝的第二任皇后，孝惠章皇后之朝服全身像。

「我的身體安康，皇太子可好？諸位阿哥都好，大臣、將領、士兵們也都好。雨雪雖然不怎麼礙事，但卻接連不斷，因為這樣，讓我多少有點擔心。當地的蒙古人十分欣喜，表示該地年年乾旱，不長牧草，導致人民落入貧困的深淵，然而皇上一駕臨，便開始降雨和落雪，牧草也欣欣向榮。旅行之人與定居之人，在看法與思維上竟然會有如此大的差異。

觀看牧草的狀況，足以讓羊群飽腹。馬匹雖然連同沙土中的舊草也一起吃下肚，但還不到吃飽的程度。牧草的狀態好，用水也豐足。我所經過的地方，不管走多遠，大軍都能和我一同行動，並不曾誤事耽擱。柴薪豐足。雖然不知道往後的狀況會是如何。」

（四月二十三日，《宮中檔康熙朝奏摺》第八輯，六十一—七十五頁，皇太子奏摺上的硃批）

人在北京的皇太子，並不只是單純寄出報告政務的書信，還會送上各式各樣慰勞身處軍旅中

87 胤禛（一六七八—一七三五年），清朝的第五代皇帝（在位期間一七二二—一七三五年），廟號為世宗，依年號被後世稱為雍正皇帝。於康熙皇帝所生的諸位阿哥中排行第四，母親為孝恭仁皇后烏雅氏。以雍親王的身分被封為鑲白旗的旗主，在康熙皇帝的遺詔中被指名為繼位者，以四十五歲的壯年即位登基。在指揮與準噶爾的戰爭和外交活動的同時，也對內推動政治改革、肅正朝中綱紀。

88 胤祺（一六八〇—一七三二年），康熙皇帝的第五位兒子，母親為宜妃郭絡羅氏。個性溫和穩重，被封為鑲白旗的旗主，而後被封為恆親王。

89 胤祐（一六八〇—一七三〇年），康熙皇帝的第七位兒子，母親為成妃戴佳氏。被封為鑲白旗的旗主，而後被封為淳親王。性格謹慎小心，擅於書法。

90 胤禩（一六八一—一七二六年），康熙皇帝的第八位兒子，母親為良妃衛氏。為廢太子運動的中心人物，因為試圖取代胤礽奪嫡，受到處罰。受封為正藍旗的旗主，而後又封廉親王。然而後來遭到雍正皇帝的肅清，不僅被革去宗室資格（譯注：俗稱黃帶子。），甚至還被幽禁，最後在禁錮中死去。

皇帝的物品。在四月二十八日皇太子的信件中，便有如下的敘述：

「得知皇上說臣所送去的雞蛋都破了，要再用牢固一些的方式運送。上次是用柳條簍籃盛裝，內部雖然不會鬆動，但是沒有想到籃子本身柔軟，一旦從外部遭到擠壓，就會變形。這次改用木板釘製小型箱盒，以稻殼代替米糠，鋪在箱盒內部，再將蛋放進盒中運送。因為臣的愚拙，雞蛋總是在途中破損，該如何寄送才好，還請父親大人賜教。」

（《宮中檔康熙朝奏摺》第八輯，八十四—八十七頁，皇太子的奏摺）

對此，皇帝以硃砂筆批上：「雞蛋夠吃，以後順便送上就好，不須特地寄送。」

◆東路軍的脫隊

五月六日，也是立夏之日，皇帝所率領的軍隊，逐漸接近位處戈壁沙漠內的中國國界。

「諭皇太子：我愈接近國界處，就發現牧草的狀況愈好。從四月一日（五月一日）開始，馬匹已經可以吃飽，羊群們也都長出了更多肉來。因為用水豐足，所以能夠集結三旗一同行軍。就算是八旗的大軍全都聚集在一處，也不礙事。燃燒的柴薪充足，與以往所聽聞的消息大不相同。三月（四月）中旬，因為雨雪偏多，無法如預期般順利行軍，內心感到焦急，如今總算較為放心一些。在我等待離開古北口的火器營漢軍前來會合的同時，也好好休息了一番；只是，關於他們到達的確切時日，實在無法預先設定。

七日（五月七日），派往噶爾丹陣營的兩批使節團都回來了。噶爾丹人在土拉河一帶，三月十七日（四月十八日）讓這些人們（使節團）徒步回來。（噶爾丹）給我的信件，大致上和過往一樣，態度良善。（使節們表示），準噶爾的牲畜十分瘦弱，可供人吃食的東西也不多。（我）向我軍前鋒的哨兵發下詳細的指示，下令他們出發。從國界至土拉地區，大約需要十八天的路程。

在二十日（四月二十一日）啟程的三千匹馬，都已經安全抵達，肥壯健美，狀態良好，只有兵部的馬匹行程落後。

送上當地產的阿爾坦哈那[91]、沙蒿、萬年蒿、鹼韭[92]、山韭[93]、阿爾泰蔥[94]，讓大家看看，把

---

91 阿爾坦哈那，豆科錦雞兒屬小葉錦雞兒（*Caragana micropylla* Lam.）。灌木。花期與康熙皇帝親征同一時期，是陽曆的五月至六月期間，會開黃色的花朵。

92 鹼韭，百合科（蔥科）蔥屬的植物，學名為：*Allium polyrhizum* Turcz. ex Regel。

這些東西送給皇太后過目，也讓眾位妃子瞧瞧。我的身體安康。諸位阿哥、眾王、大臣以及士兵們也都好。牧草與用水的狀態都非常良好。」

（五月七日，《宮中檔康熙朝奏摺》第八輯，一〇〇—一〇四頁，給皇太子的上諭）

求知慾旺盛的皇帝，在指揮大軍，軍務繁忙的生活中，還採集了植物，將標本送回北京，要讓皇太子和皇太后看看這些異境的珍奇草木。文中的「眾位妃子」，指的是康熙皇帝後宮的嬪妃們。康熙皇帝膝下有眾多子嗣，四十一位后妃為他生下了三十五位阿哥和二十位格格。只是，他在皇后方面就顯得運氣不佳，三位皇后接連逝世，因此遠征當時在宮中並無皇后；以女官的稱號來說，有四名妃子、四名嬪妃、四名貴人及其他。

為了回應皇帝體貼的心意，皇太后的話語，記錄在五月十二日皇太子寄給康熙皇帝的信件之內。

「皇上出巡的時節正好是春季，蒙古高原是塊寒冷的土地，我十分擔心牧草和用水的問題。閱讀皇上寄來的信件後，知道皇上身體安康，諸位阿哥們也好，牧草和用水的狀態佳，柴薪也豐足等狀況，十分高興。另外，皇上所送來的阿爾坦哈那、沙蒿、萬年蒿、鹼韭、山韭、阿爾泰蔥，我都看見了，也讓諸位妃子看了。大家表示：『皇上身體安康，諸位阿哥們也都好，這些都是生長在長城之外的草木，託皇上的威福，大家才能夠看見這些從來沒有看過的東西』，覺得珍奇且欣喜。」

（《宮中檔康熙朝奏摺》第八輯，一〇五—一一二頁，皇太子的奏摺）

然而，在皇帝信件中如此冷靜語氣的背後，司令部內不安的情緒卻是日益高漲。在此之前，根據四月二十日西路軍撫遠大將軍費揚古伯爵所呈上的報告，西路軍在四月十六日啟程，預定在五月三日到翁金河，二十三日到土拉河，二十七日抵達巴顏·烏蘭。因此皇帝在五月三日，向東路軍指揮官、黑龍江將軍薩布素作出指示，中路軍預定在五月二十五日以後抵達巴顏·烏蘭，假如東路軍有可能在那時抵達巴顏·烏蘭的話，就照原定計畫；若是無法如預期般順利，便不須勉強兵馬趕路。五月九日，皇帝收到薩布素的報告，東路軍於六日出發，往克魯倫河的方向前進。

93 山韭，百合科（蔥科）蔥屬的岩蔥（*Allium senescens* L.）。

94 阿爾泰蔥，百合科（蔥科）蔥屬的阿爾泰蔥（*Allium altaicum* Pall.）。人工栽培蔥的原種。

對此，皇帝再度發出指令：如此一來，東路軍將趕不上中路軍、西路軍抵達巴顏．烏蘭的日程，要東路軍中止行軍，在哈拉哈河一帶待命。

◆聲淚俱下、意志堅決的演說

這麼一來，清軍原先三個軍團的配置，就此減為兩個軍團。光是這件事，就足以影響士氣，沒想到在隔天的五月十日，當皇帝率領的中路軍抵達分隔南北蒙古的國界處——科圖這塊土地之時，使者俄齊爾正好自噶爾丹處歸來，報告狀況：「噶爾丹有兩萬兵力，又有從俄羅斯借來的火器兵六萬人」。聽到這項消息，深受衝擊的內大臣索額圖[95]、大學士伊桑阿[96]等人，團結一致向皇帝極力諫言，希望皇帝在此地折返，只讓西路軍繼續前進即可。對此，皇帝召集諸位大臣至帳篷內，聲淚俱下地發表了以下這段演說：

「由於噶爾丹搶奪喀爾喀人及外藩蒙古人的財產，讓他們受苦，所以我養肥了馬匹，準備各種兵器、訓練士兵，在糧食的運送、各路軍的行軍路線等方面上都做好了詳細規劃，向天地、宗廟、社稷稟告必定會殲滅噶爾丹，然後才領軍出征。全體士兵，甚至是照顧馬匹的馬夫們，所有人一心所想的，都是要驍勇奮鬥，殲滅噶爾丹。但是在諸位大臣之中，卻吹起了怯懦、退縮的風潮，有人並不打算勇往向前，積極奮戰；有人不願用心軍務；有人因出身微賤，顧慮大臣們的態度而盲從配合。然而，我只是一心想著要勇往直前，不滅噶爾丹誓不甘休。不只是我，大臣們當初不也是說好要齊心協力奮戰到底，才志願加入行軍行列的嗎？要是再這麼不願奮勇向前，躊躇逡巡的話，我必定會加以誅殺。索額圖、伊桑阿等人啊，你們究竟把我當成什麼呢？我的祖先太祖高皇帝（努爾哈赤）[97]、太宗文皇帝（皇太極）[98]都親自揮劍創下國基，我怎能不效法先祖的行徑

---

95 索額圖（？—一七〇三年），輔政大臣索尼的第三個兒子，為康熙皇帝孝誠皇后的叔父。在鰲拜被除掉後逐漸崛起，在《尼布楚條約》締結之時，奉命擔任全權代表大使，在征討噶爾丹的戰役中也十分活躍。皇太子胤礽為孝誠皇后所生，索額圖作為皇太子的大叔父，負責皇太子的監護，但在以皇太子為中心的政爭活動日益激化後，被認為是慫恿皇太子的人物，遭問罪而失勢。

96 伊桑阿（？—一七〇三年），滿洲正黃旗的重臣，出身名門望族伊爾根覺羅氏。為順治年間科舉及第的旗籍文人，後晉升大學士，深受康熙皇帝倚重。

97 太祖高皇帝（努爾哈赤，一五五九—一六二六年），為清朝的前身——後金國的建國者，被追認為清朝第一位皇帝（在位期間一六一六—一六二六年）。原本只是與建州女真統治家族有關的氏族——愛新覺羅氏的一名領主，但因擁有出類拔萃的軍事才能和政治手腕，所以在僅僅一代人的時間中，便統一了整個滿洲地區。他創設八旗制度，借用蒙古文字創出滿洲文字，為建立國家奠下了基礎。

98 太宗文皇帝（皇太極，一五九二—一六四三年），清朝的第二任皇帝（在位期間一六二六—一六四三年）。為努爾哈赤的第八個兒子，被選為後金國的第二任大汗，一六三六年將國號改為大清，即位為皇帝。他在政治與外交上發揮卓越手腕，使南蒙古、朝鮮歸順大清，進一步完善了清的統治體系。

呢？噶爾丹明明就是應該要馬上捕捉誅殺的人物，現在都來到這裡了，卻反而犯起怯懦的毛病，臨陣退縮、畏懼不前，究竟是怎麼一回事？大將軍費揚古的軍隊與我軍已經約好時日，準備夾攻出擊。如今要是不顧約定，就這麼折返回京，西路軍將會落入難以預料的局勢之中。這怎麼行呢？回到京師，又該怎麼向天地、宗廟、社稷稟告呢？」

皇帝情緒激動，聲淚俱下地說著，大臣們紛紛脫帽叩首表示：「正如同皇上所說的。臣等躊躇不前、怯懦退縮的建言，實在是罪該萬死。」（以上出自於《親征平定朔漠方略》卷二十二，康熙三十五年四月乙未條）

◆越過國界往北蒙古前進

儘管在司令部上演了如此戲劇化的場面，但是皇帝在信中的筆觸依舊十分冷靜。皇帝直屬軍團在五月十三日，終於以圓陣隊形跨越國界，踏上北蒙古的敵方土地。同口，皇帝致信皇太子的內容如下：

「諭皇太子：跨越國界後放眼望去，水、草都變得益發繁茂。地勢開曠無垠，四處可見緩斜的山坡及沙丘。途中至離開國界為止，沒有看見飛禽走獸，只有黃羊、長尾黃羊、野驢。偶爾也會看見烏鴉、名為搜訥黑的小鳥、雲雀。在此地除了飼養牲畜以外，沒有什麼事情可做。

我們的補給物資已經抵達，沒有任何的不便。看起來在沙路上行走，比在泥濘路途中行進來得容易。

根據丈量，從獨石城至國界處，長八百里（三百六十公里），相較於前人丈量的數據，有著逐日減短的傾向。從京師至獨石，看起來距離就沒那麼遠，大概不到四百二十三里（一百九十公里）。皇太子可以派人員來丈量看看。

在國界處，使用觀測儀器測量北極星的高度，比京師高出了五度。由此計算出里數，為一千二百五十里（五百六十二點五公里）。

我所經過的蘇尼特、阿巴噶、阿巴哈納爾[99]等旗（部族），都十分努力地挖井、修路、架橋、除石，明顯較內地更為優秀，竭誠盡力，實在是值得讚許嘉獎。

99 阿巴噶、阿巴哈納爾，都是南蒙古的部族，正好是中路軍從北京往西北方向前進途中會經過之處。在清代，錫林郭勒盟是由阿巴噶兩旗、阿巴哈納爾兩旗所組成。阿巴噶在蒙古文中為「叔父」，阿巴哈納爾則為「叔父們」之意，是成吉思汗同父異母的弟弟——別勒古台之後裔。

愈往北方行進就愈覺寒冷。離開國界之後，還可以看見少許去年留下的殘冰餘雪。有些日子甚至還會出現清晨鬍鬚結冰的狀況。儘管如此，這樣的氣候卻完全不會阻礙牧草的生長，實在是不可思議之事。而且蒙古人還說，今年非常的炎熱。

隨著我軍逐漸抵達國界，我派遣護軍[100]參領查克楚、前鋒[101]侍衛齊薩木、盆蘇克貝子侍衛穆扎哈文、阿巴哈納爾布照貝勒的嚮導索諾木、察哈爾護軍領催三名、理藩院領催一名，各配予上駟院良馬三匹，前往克魯倫河一帶偵查敵情。四月十二日（五月十二日），查克楚、齊薩木返回報告道：「我們在九日（五月九日）抵達伊扎爾・額爾吉訥地區，從噶爾丹的兩個哨所之間潛入探察，發現連同（人與）牲畜全部約有兩千多。其他還有多少，因為被山擋住而看不見，加上被噶爾丹的哨兵發現我們的足跡，開始四處搜索（我們），我們只好抓住哨兵搜索的空隙，從來時不同的道路返還。回程途中，於十日（五月十日）遇見沙津王派遣的佐領鄂齊爾等十五人。據他們表示：『噶爾丹在這個月初，從土拉河下至克魯倫河遊牧，在第三天放我們回來。噶爾丹已經抵達達爾罕・敖拉山。你們千萬不要和我們一起行動。噶爾丹派人尾隨監視我們，要是被懷疑，辯解十分麻煩。你們趕快逃離。』說完後，我們就各自離開了。」

從回報內容看來，噶爾丹與我軍距離約為八日路程。若把整編隊伍、設立警戒範圍、下達作戰命令的時間都算進去，恐怕十天之內就會遭遇敵兵。這是重要事項，照理應該寫在信件的最前面，但是因為我先想起前文的事情，忍不住就這樣一直寫下去，所以才寫在最後。在此特別注明。」

（五月十三日，《宮中檔康熙朝奏摺》第八輯，一二九—一三六頁，給皇太子的上諭）

五月十四日，皇帝率領的軍隊抵達瑚蘇魯台·查干諾爾（「有蘆葦生長的白色湖泊」），在此處高約一公尺半的白色石英岩上，看見銘刻的漢字碑文：

擒胡山　靈濟泉

維永樂八年歲次庚寅四月丁酉朔十六日壬子

大明皇帝征討胡寇將六軍過此

100 護軍（擺牙喇），在作為軍事組織的八旗當中，有別於主力騎兵部隊、另行組織的一支精銳部隊。成員限於滿洲、蒙古人，是直屬於皇帝、旗主的護衛和預備兵力，戰力精良。各旗有護軍統領負責指揮，並設有護軍參領、護軍校等軍官。

101 前鋒，與護軍相同，為有別於主力騎兵部隊的精銳部隊。負責前方警戒、斥候與威力偵察（譯注：為取得情報而進行小規模攻擊之意。）乃至於突擊等任務。成員同樣是限於滿洲人和蒙古人。左翼四旗和右翼四旗各有一位前鋒統領負責指揮，另設有前鋒參領、前鋒侍衛、前鋒校等軍官。

御製銘
瀚海為鐔天山為鍔一掃胡塵永清沙漠
（直譯：擒胡山，靈濟泉。在永樂八年庚寅年四月丁酉朔十六日壬子，大明皇帝征討胡寇，率領六軍路過此地。刻製碑銘。以瀚海為鐔，天山為鍔，一掃胡寇之塵，永保沙漠清淨）

這是在距離當時兩百八十六年前的西元一四一〇年，明成祖永樂帝[102]親自率領大軍，遠征北蒙古時的紀念碑文。因為地形（水脈）的關係，想要橫越戈壁沙漠，一定要經過達里岡崖地區的這座湖泊。

康熙皇帝在這一天寫給皇太子的信中，如此說道：

「我持續派遣哨兵打探消息，並集結後方兵力。假使噶爾丹如今仍駐紮在查克楚所偵查到的地方，則對我軍有利。萬一他由克魯倫河順流而下，想必將會對東邊的蒙古人帶來騷動與不安，這樣一來就不好了。所以我已下旨動員盛京（瀋陽）、黑龍江的士兵，在索岳爾濟山集結。你們也要努力蒐集情報，向我回報。」

（五月十四日，《宮中檔康熙朝奏摺》第八輯，一二九—一三六頁，寫在皇太子奏摺上的硃批）

皇帝在另外一張紙上抄寫永樂帝的銘文，並以漢文加上「我於四月十四日路經此地」之語。

◆偵查隊遭遇敵兵

五月十八日，皇帝抵達席喇·布里圖（「黃色水窪」），在此下令由大阿哥率領的前鋒部隊，前往最後的前進基地——拖陵·布喇克之泉。抵達拖陵·布喇克之後，就只需要等待與費揚古伯爵的西路軍會合即可。皇帝放慢行軍的腳步，緩緩前進。在皇帝這一天書寫的信件中，可以看見他對即將來臨的作戰勝利，洋溢著滿滿的自信：

「諭皇太子：我軍整飭隊伍，動身前往克魯倫河的克勒一帶。假如途中不歇息、也沒有耽擱的話，應該會在六、七天內遇上敵軍。最初聽聞（敵情）之時，先派一、兩營負責引路，如今

102 成祖永樂帝（一三六〇—一四二五年），明朝的第三代皇帝（在位期間一四〇二—一四二四年），名為棣。為朱元璋（太祖洪武帝）的第四個兒子，受封燕王，領地為北平（北京），與姪兒建文帝對立，發起叛亂，登上皇帝之位。積極推展對外政策，勇於發動蒙古遠征多達五次，在第五次的遠征歸途中病逝。

用水豐足，近日整編隊伍：打頭陣的是前鋒營、八旗的火器營、兩地（宣化府與古北口）的綠旗兵（不屬於八旗嫡系的漢人部隊）[103]、察哈爾兵（蒙古人部隊）[104]；第二隊是我率領的大營、鑲黃旗、正黃旗、正白旗等四營兵力；第三隊是正紅旗、鑲白旗、鑲黃旗、正藍旗、鑲藍旗五旗為一隊。從先行的前鋒營，到鑲藍旗部隊的末尾，長約有百里（四十五公里）。

四月十七日（五月十七日）召集八旗、綠旗、火器營眾兵士會師。看隊伍整齊肅穆、馬匹肥壯。抵達克魯倫河前一天，我會集結全軍一同行進。就算在這期間，（敵方）察覺打算逃竄，最後還是會被我軍包圍。不過，要是對方沿著克魯倫河而下，可能就得多花一些時間收拾。我想這件事讓你知道比較好，因此順道寫下。特諭。」

（五月十八日，《宮中檔康熙朝奏摺》第八輯，一四一——一五〇頁，給皇太子的上諭）

儘管如此，光是等待，也會在精神上造成磨耗。就連總是沉著描寫風景的皇帝筆觸之中，也可以充分感受到沙漠所帶來的壓迫感：

「我們所經過的地方，並不是大（戈壁）沙漠。據說西方的沙漠更大。一眼望去也沒什麼平坦之地，四處都是石與沙混雜的丘陵；離開國境以來，就連一塊泥土也看不見。沙質硬，行走時雙腳也不會陷入沙內。因為想讓你們看看戈壁的石沙，就派人送去了。

這個地方要掘井十分容易，一個人可以掘二、三十口井。軍隊中的士兵都說要去汲取湖水太遠，於是紛紛在帳篷附近掘井。這裡要尋找可成功掘井的地方，非常簡單就可以看出來。在所謂『山達』，也就是地面低窪稍微濕潤的地方，向下挖不到兩尺，就會出水。至於所謂『賽爾』則是由山上往下的山溝，只要挖一尺多，便可見水。『布里渡』是沼澤的意思，但其中可以用的水不多。『奎布爾』則是泉眼，有地下水流過，只要用手向下挖，馬上就可以見水；是連野驢用腳踢掘，都可以取水喝的程度。

此處地勢毫無任何可取之處，就連可以立足射箭的地方也很少。四處皆是碎石。就算我沒有在這裡騎馬射箭，光是用看的，也覺得地勢狀況非常惡劣。就連草也是集聚叢生的狀態，不利於駿馬奔馳。除此之外，野鼠與奇㸚賴（譯注：地鼠的一種）等挖掘的洞，比我們與安嶺上地鼠挖的

103 綠旗，由漢人所編成的清朝軍隊，又稱為綠營。主體是明朝滅亡後投降清朝的舊明軍，作為八旗的輔助兵力，被安置在各地據點，同時也分散配置，執行警察的職務。

104 察哈爾，蒙古部族之一，為北元大汗王家直屬的部族。遊牧於南蒙古東部地區，但在十七世紀前半葉，林丹汗（參見注144）逝世後歸順清朝，林丹汗的孫子布爾尼在三藩之亂時期舉兵反清，失敗後遭清廷收回統治權力，世系斷絕；部族民眾則被遷移至北京西北方的宣府、大同郊外，不再設置部落王公的位置，被重新編組為察哈爾八旗，直屬於清廷中央。

洞還要深，實在是非常不便。

草類的種類繁多。其中有名為『餘爾呼』[105]的草類，據說是最適合四種牲畜（羊、牛、馬、駱駝）食用的牧草。內（札薩克）[106]的蒙古人也不知道這種草。還有一種草叫『蘇里』[107]，長得高大。想讓大家看看，便派人送去了。

這次的行軍日數，為了火器營所花費的時間太多。如今也還是一邊等待一邊緩行。天候頗佳。

噶爾丹要是順著克魯倫河而下遠遁就不好了，所以我在四月十四日（五月十四日），派遣那木扎爾王的王府長史庫奇赫恩率領頭等侍衛博羅琿、三等侍衛額林臣、理藩院領催諾爾布、車木楚克・那木扎爾旗的嚮導奇旺、阿巴哈納爾部的嚮導索諾恩六人，各配給三匹馬，從克魯倫河的額古德・哈爾嘎出發偵查敵情。二十一日（五月二十一日）清晨，他們返回報告說：『我們從額古德渡過克魯倫河，到了上游百里（四十五公里）處左右，在塔爾吉爾吉地方看見一個人。我們打算抓這個人來審問；正在追捕之時，後方突然出現三十人往我方追來，大約追了我們五十里的距離。就在愈來愈接近的時候，在敵方和我方之間突然刮起一陣黑色大旋風，敵方看不見我們，才停止（追捕）。接著我們渡河歸來。噶爾丹肯定是在克魯倫河一帶。』

從我軍大營到噶爾丹所在的地方，約有五天的路程。噶爾丹似乎完全沒有察覺我軍。我軍所在的地方有高山，方便設置哨兵。下令讓哨兵前往顧爾班・圖爾罕、巴爾・岱嘎之處。」

（五月二十一日，《宮中檔康熙朝奏摺》第八輯，一四一—一五〇頁，給皇太子的上諭）

皇帝在信中提及、清軍偵查隊遇到噶爾丹軍哨兵的塔爾吉爾吉，位於現今溫都爾汗市一帶，克魯倫河的北岸。這也是一九七一年九月十三日凌晨兩點半左右，逃出北京的林彪所乘坐三叉戟噴射機墜落的地方。

◆被孤立在敵地的中路軍

然而當天傍晚，卻傳來非常糟糕的壞消息，使得皇帝陷入進退兩難的窘境。遲遲聯絡不上的

105 餘爾呼草，禾本科批鹼草屬冰草（*Agropyron cristatum* Gaert.）。名稱被認為是從蒙古名「餘爾呼古」（蒙文拼音：yörküg, epxөr）而來。

106 札薩克，清朝政府賜給歸順清朝統治的蒙古部族首長稱號。被視為旗長，統治札薩克的旗稱為札薩克旗。

107 蘇里草，禾本科的植物，學名為：*Psammochloa villosa* (Trin.) Bor（又被稱為蘆竹屬的 *Arundo villosa* Trin.）。根據《內蒙古植物志》第二版，草高約一至一點五公尺。

西路軍撫遠大將軍費揚古伯爵，終於送達了報告：關於西路軍的前進，因雨雪的關係，將會較預期日程延遲許多；五月八日才總算抵達了翁金河一帶，要到土拉河的話，預計要六月二日才能抵達。當初的計畫是在五月二十三日到土拉河，也就是說，將會較原本預期的日程延遲整整十天。如此一來，皇帝率領的中路軍，便會被孤立在敵地當中。不只如此，假使作戰計畫要向後推延十天，大軍消耗的糧食補給也是一大問題。但是，只有中路軍單獨出擊，又難以達到捕捉、殲滅敵人的戰果。退一步來說，倘若放棄攻擊，折返回師，又等於是眼睜睜看著西路軍送死。不管選擇哪一條路，作戰都將會以失敗告終，皇帝的威信也會遭受嚴重的打擊。為此，皇帝苦惱萬分：

「諭皇太子：朕想告知你，有關我軍行軍速度落後的種種緣由。

先前已經多次傳信給你，告知有關接近敵軍之事。二十一日（五月二十一日）酉時（下午六點），費揚古將軍抄近路送來的報告書中，表示自己將會在五月三日（六月二日）抵達土拉河。然而在此之前，費揚古送來的報告書中是說，將會在四月二十四日（五月二十四日）抵達土拉河，所以我才配合日程，調整行軍速度，打算在四月二十五日（五月二十五日）左右抵達克魯倫河一帶。但是在後來的數日，都沒有收到聯絡報告，現在才突然改變日程，就連我也感到束手無策。於是我召集八旗諸王、議政大臣[108]們一同商議，但眾人意見分歧不一。有人說要繼續前行；有人說應該要重視當初兩路軍隊會合後再行作戰的計畫，因此不如暫時放慢腳步，觀望形勢。我絞盡了腦汁，左思右想，還是想不出好的對策。無論如何，總之就先停止行軍，看看接下來的狀況。因為之前跟皇太子說要出擊了，如今作戰有所延遲，若是沒有寫信告知，你們定會日日掛心，因而提筆寫信。

看噶爾丹的狀況，應該完全沒料到我們會由此路進軍，如今還是一樣沒有察覺。不過我擔心的是，我軍與敵軍距離極為接近，假如噶爾丹聽聞消息，恐怕就會立即奔逃，要是這樣，實在是太可惜了。然而，就算噶爾丹奔逃，我又怎能讓他全身而退呢？關於這件事，特別寫信告知你。費揚古的報告複本也一併送上。你要將這份信件的內容告知皇太后，並轉告大學士與尚書們。

四月二十三日（五月二十三日）」

（《宮中檔康熙朝奏摺》第八輯，一三七—一四一頁，給皇太子的上諭）

---

108 議政大臣，參與商議、決定國政重要事項的大臣，大多是任命宗室和眾旗人當中，握有權勢的人擔任。在滿洲人的傳統觀念上，認為政權為族人的共有物，因此即使是在八旗制度下，也會分別在各旗內設置議政大臣的位置，共同參與國政。儘管在制度上並沒有限制皇帝的決定權，但是在清朝前半期，合議的傳統與八旗的分立體制，在政治上扮演了重要的角色。

◆前往最後的前進基地

往後的一週，皇帝的本營在察罕・布喇克（「白色泉水」）之地搭帳，休養生息，等待時機。然而，即便是極度自制的皇帝，也開始有些焦躁不安：

「諭皇太子：就在皇父率領本軍在察罕・布喇克紮營這天，費揚古派來報告日程的尚南・多爾濟・喇嘛[109]在四月二十六日（五月二十六日）晚間抵達。（喇嘛）前來途中，遇見兩名厄魯特（瓦剌）人[110]，為取得情報將他們捉來審問後，得知噶爾丹正沿克魯倫河而下遊牧。我問（喇嘛）費揚古等人何時能抵達，他說會在五月六日（六月五日）前後抵達巴顏・烏蘭。因此，我們接下來會稍稍放慢行軍的速度。從察罕・布喇克到克魯倫河約有三百里左右的距離，不過因為沒有實際測量，無法得知確切的數據。

最近這幾天沒有收到你的信件，也不知皇太后是否安康，內心十分惦記。前些天送來關於薩布素的報告之時，也沒見你問好的信件，更加不安。我的身體安康，諸位阿哥都好，皇太子可好？……」

（五月二十七日，《宮中檔康熙朝奏摺》第八輯，一六六—一六九頁，給皇太子的上諭）

五月三十一日，皇帝從察罕・布喇克出發，踏上最後的前進基地拖陵・布喇克。

「諭皇太子：先前因為久未收到你請安的書信，我內心深感不安。現在收到書信，得知皇太后一切安好，非常開心。

最近因為在等待費揚古大軍，馬匹稍稍恢復了些體力。地勢、用水、牧草的狀況，都和先前知會你的內容相同。為了不讓敵方察覺，我並未命令哨兵往外散開，而是留置在手邊。在這段期間中，不知敵方是否已然有所察覺。

我的身體康健，只是晝夜勞心操煩，實在是非常疲累。諸位阿哥、諸王、大臣、軍官、士兵們都好。皇太子可好？留在宮中的諸位阿哥都好嗎？

這裡什麼都沒有，只有沙石。休憩之際，我令小宦官撿了些石頭，過水淘選後，送上一箱各種顏色的石頭。

109 尚南・多爾濟・喇嘛（一六四一—？年），侍奉清朝的蒙古籍藏傳佛教僧侶。藏語為查克納・多爾濟。出身南蒙古的呼和浩特（歸化城，參見注125），自幼在宮中長大，為康熙皇帝的親信，在蒙古、青海、西藏問題的情報活動中十分活躍。

110 厄魯特（瓦剌），滿洲文中將西蒙古（瓦剌）稱為ület。漢字寫為「額魯特」或「厄魯特」。

四月三十日（五月三十日），車凌札布等七位台吉（蒙古貴族）[111]前來。他們原本是和納木札勒・托津等人在同一個地方，在噶爾丹侵略之時奔逃，渡過克魯倫河，停留在鄂嫩河一帶。此次是因牲畜瘦弱，打算移居內地才前來。他們之所以會前來，是因為先前我命令將提供情報的兩名厄魯特人送至京師，結果和我派出的另一隊前往烏拉蓋爾河地區的人員相遇，於是（這七位台吉）便追隨大軍的足跡前來造訪。我大大地賞賜他們，說『噶爾丹就在附近。你們趕緊進入國界內』，讓他們離開，但是車凌札布卻說『向皇上請安。我也想盡一份心力』，於是將自己的妻子送進國界內後，再回到此處。

喀爾喀的車臣汗[112]也要前來，尚未抵達。

將在養心殿（皇上的宮殿）[113]中調製的如勒伯・伯喇爾都[114]西洋御用藥十兩、上等生薑四斤小心封裝後，按這封信件的指示一併寄來。

養心殿內部示意圖。

從京師送來的書信，在五月二日（六月一日）辰時（上午八點）抵達。我們將在這裡整軍，於四日進軍。還不知道（前方）有沒有敵軍。敵我之間距離約有二百三十里（一百公里）。現在則是更近了。大致的狀況已定。

四月二十九日（五月二十九日）首隊米車抵達，各為八旗、綠營、包衣兵、蒙古兵、聽差等人酌量加給。配給米的時候，營門外堆積如山，引來許多人觀看。喀爾喀人曾私下議論說：『滿洲人這麼大批人馬，應該沒辦法順利抵達吧？』如今看到眼前的狀況，紛紛瞠目結舌地驚歎道：『博克多汗無論到哪裡去，就像是把整座北京移動到該地一樣，實在厲害！』

將士們的士氣與平時無異，盡忠效力的模樣難以用筆墨形容，但是我的心境卻和平時不同。事關重大，不能夠只想求全而心存僥倖，故此我一面勞心苦惱，一面為此次行動向上天祈禱。」

---

111 台吉，蒙古貴族的稱號，只有成吉思汗的父系子孫才有辦法繼承這個稱號。語源雖是漢文的「太子」，在清代則寫為「台吉」，約為王子之意，人數眾多。

112 車臣汗，指第五代車臣汗烏默客（？—一七〇九年）。一六八八年，在噶爾丹侵略南蒙古的混亂之中，以年幼之姿被認定繼承汗位，長大後從軍，加入征討噶爾丹之戰。

113 養心殿，北京紫禁城內皇帝的私人宮殿之一。相對於紫禁城南半部的外朝，也就是公共空間的部分，北半部的內廷則是皇帝的私人空間。養心殿就位在內廷的中心宮殿——乾清宮的西側，後來雍正皇帝將此處作為起居處所。

114 如勒伯．伯喇爾都，請參考本書「增補內容」〈從康熙皇帝的滿文書簡看耶穌會士的影響〉之注解。

（六月一日，《宮中檔康熙朝奏摺》第八輯，一八五—一九二頁，給皇太子的上諭）

皇帝因為不想讓皇太子憂心，過去都特別避開不寫，但是從他描述配給米的情況看來，可以明顯得知皇帝直屬的中路軍在糧食運送上，極為困難的事實。

◆以戰鬥隊形開始最後的前進

來自費揚古西路軍的聯絡，自五月二十六日以後又再度中斷，但是因為他們說在六月五日左右會到達巴顏．烏蘭，所以皇帝的中路軍為配合日程，便於六月四日開始從拖陵．布喇克進軍。

「諭皇太子：我軍原訂在四日進軍，因遇雨天，而改在五日進軍。士兵的馬都恢復了體力。最初由京師所提供的馬匹，有人還全數保有，也有各剩下四匹、三匹、兩匹的人，大致上陣容還算整齊。

這次，喀爾喀人、內札薩克的蒙古人（南蒙古人）發揮了很大的功用。偵察、站哨監視、單獨派遣等任務，全都靠他們。一個一個寫有些麻煩，回京後再說。

我派出的羅布藏・額爾德尼・台吉回來了。根據他的說法，阿里雅・扎薩克的阿爾薩蘭・衛・寨桑，召集位於鄂嫩河下游塔布囊烏特部族的千騎（漢文本為「塔布囊袞明安右翼」）、呼倫貝爾湖[115]土勒希瑪地區奇巴津嫩部族的數百戶，朝著國境前來，準備移居的樣子。倘若這些部族民眾都前來歸順的話，當地就沒有其他巴爾虎人、喀爾喀人了。這也是件很好的事情。

我們漸漸接近克魯倫河。蒙古人的馬很好，五日，獵野驢、黃羊。蒙古人、喀爾喀人逐漸聚集過來，超過了兩千人。因為他們十分好用，所以我頒賜律文，任命章京、護軍校，編組成隊伍。

車臣汗來了。看起來比以前成熟，是位好漢。

我軍已通過沙漠（戈壁）。山谷的景色雖然相同，但是草況逐漸茂盛。

六日在枯庫・車爾（「綠色濕地」）湖宿營。這裡正好是去年噶爾丹掠奪納木扎爾・托津的地方。距離克魯倫河一百七十里（七十六公里）。」

（六月五日，《宮中檔康熙朝奏摺》第八輯，二二七—二三〇頁，給皇太子的上諭）

115 呼倫貝爾湖，位於蒙古高原東北方、大興安嶺西方的湖泊，湖畔為大草原地帶，自古以來就是蒙古東北方遊牧民族勢力的根據地。

六月六日，中路軍終於組成戰鬥隊形，展開最後的進軍。

皇帝本人率領前鋒營的精銳，站在全軍的最前方，策馬前進。緊接著是八旗的前鋒兵，擺出橫陣向前。綠旗兵持鹿角一字排開。鹿角後方是八旗的滿洲兵，分別由諸王、諸位阿哥、大臣們統領前進。接著是漢軍的火器營，以大砲、火槍排出橫陣。火器營的後方是八旗滿洲兵的騎兵砲隊，分別依各自所屬，擺出橫陣。擺出戰鬥隊形的全軍佔滿整片山野，幾乎看不見最後排的兵士。

進軍途中，雖然收到先遣哨兵傳來遇到敵方約十名哨兵的報告，但皇帝仍繼續行軍，抵達預定的宿營地——燕圖．庫列圖。但是，原本應該有的淡水湖，卻已經完全乾涸消失。全軍陷入不安的情緒，嚮導們急忙四處奔走，尋找水源。皇帝見狀，向女婿喀喇沁部[116]的噶爾臧[117]說道：

「這裡原本是有水的地方。如今卻不見水，莫非是上天要我們直接前往克魯倫河嗎？但是步兵已經走了五十里以上的距離，要是繼續在沒有水源的地方行軍四十里以上，遭逢敵軍時要如何應戰呢？不僅如此，後方兵士一定要到入夜以後才能抵達。你現在馬上出發，和你的父親杜稜王札什一同率領他手下的一千多名士兵，佔據燕圖山的高處，掩護到全軍最後方的部隊通過為止。如果有任何狀況，迎戰並派兵來報告。若是順利無事，天黑後再從後方追上。絕對不要讓敵方察覺。」

（《親征平定朔漠方略》卷二十三，康熙三十五年五月壬戌）

另一方面，皇帝則是派出御前侍衛伍什和嚮導們去探查水源。伍什縱馬奔馳，越過一座山丘後，覓得一處泉水；該泉向西方流出六、七里，水質甘甜且水量豐富。足夠全軍士兵與馬匹一整晚必須的用水量。取得這個報告後，皇帝非常喜悅，趕緊動身前往該地，指定各旗宿營的場所與挖掘壕溝的位置。眾兵士便在這個名為西巴爾台（「有泥巴的地方」）的地點搭帳。

皇帝又下令，隔天的用餐打破過往的慣例，在黎明時分炊煮、用餐後出發。這當然是為了保持士兵的體力，以便應付隨時可能開始的戰鬥。

116 喀喇沁部，蒙古的部族之一，是南蒙古地區最靠近北京的區域。原先是元代從高加索被帶回來的奇普恰克（欽察）軍團，因為達延汗的重新整編和林丹汗的侵略，混亂了系統。不屬於成吉思汗的直系家譜，所以首長不稱為汗或台吉，而是稱為塔布囊（成吉思家族的女婿之意）。

117 噶爾臧（？—一七二二年），喀剌沁的王公，康熙皇帝的第五位女兒下嫁噶爾臧，在追討噶爾丹的戰爭中，父親札什也一同從軍。一七〇四年，繼承父位成為多羅杜稜郡王，後被罷黜。

◆佔據克魯倫河

同日，使者從克魯倫河一帶返回，報告自己與噶爾丹手下將領丹濟拉[118]會面，並告知對方皇帝親征的消息。翌日（六月七日），皇帝本人也抵達了克魯倫河。

「諭皇太子：我軍於五日自拖陵啟程，出發進軍。

四日，派遣公主[119]長史多占、中書阿必達帶著詔書送交噶爾丹，並令阿喇布坦、喀瓦爾達帶領兩百人護送，我事先訓飭道：『你們不要到克魯倫河去。綜觀地勢，敵方在古爾班・土爾干、巴爾・泰噶等地，似乎仍然設有哨兵；若是你們要到克魯倫河的話，多少需要繞遠路，如此一來，肯定會被斷去後路。不過，就讓這些人（使者）從燕圖・庫列圖過去吧。在他們去之前，先釋放之前抓到的四位厄魯特人，讓他們回去通報，接著再讓使者前往。』這些人在五日抵達克魯倫河，因為沒有見到敵方的哨兵，認為敵方或許已經離開，於是放鬆了戒備，結果被山上的厄魯特人發現了行蹤，六日拂曉之際，一千多名厄魯特人，因為馬群被（我軍營地）攔截阻斷，於是追趕而來；帶著馬群的護軍和馬夫們射殺厄魯特人，將馬群帶到我軍營地，我軍整裝應戰，放槍殺死數名厄魯特人。我軍也有幾個人被厄魯特人放槍所傷，但是並未貫穿棉甲[120]，只有一人受到輕傷。

其後，喀瓦爾達對我方人員表示：『不要動手，陛下的詔書十分重要，一定要好好送達。』讓侍讀學士音扎納帶著厄魯特人敖齊爾前行。（音扎納）隨即擋住丹濟拉的座馬，說道：『我是皇帝陛下的使者，你不可蠻橫無理。』接著，敖齊爾向丹濟拉傳達以下事項：自己並未被殺，反而受到賞賜並平安遣返；皇帝陛下親自前來；以及將軍費揚古正沿鄂爾渾河、土拉河順流而下前來之事。丹濟拉發出吼

康熙北征蒙古之行軍場景圖。

118 丹濟拉（?—一七〇八年），準噶爾部族的將領，噶爾丹的姪兒。為噶爾丹的心腹，活躍於遠征喀爾喀的戰役，但是在昭莫多之役戰敗後投降康熙皇帝，被封為札薩克。

119 公主，漢語中皇帝的女兒之意。阿哥、公主身邊設有長史，為眾隨從之長，公主出嫁後也跟隨進入夫家。

120 棉甲，塞入棉花，縫上鐵片的盔甲，為清軍的標準裝備。棉花（木棉）不只適合在寒冷的滿洲、蒙古地區發揮保暖的作用，也可以作為箭矢、槍彈的緩衝保護。

叫，驚訝不已，馬上接過詔書，急忙收兵撤回。喀瓦爾達也收兵歸來，於六日申時（下午四點）抵達。

七日，當我軍在庫勒圖・西巴爾台・布拉克宿營的時候，中書阿必達從厄魯特的陣營歸來。他轉述厄魯特人的話：『可否請皇帝陛下暫時停止進軍？如果就這麼進軍，我們厄魯特人十分害怕。我們的汗（噶爾丹）在土拉河一帶。需要幾天的時間才能連絡上，可否將行軍的步調放慢呢？』

八日清晨，我軍一面向克魯倫河前進，一面派遣阿必達、彭蘇克・格隆等人前往傳話：『你們無需害怕；我們只想和平地商量事情。我們要去克魯倫河，不宿營的話用水不足。』另一方面，（我軍）則是繼續抵達克魯倫河。

觀看河岸兩側皆為山，山勢險峻，少有平坦之處。河流窄小，比（北京）南苑的河稍大。這一天，雖然各處都可以看見厄魯特的哨兵，但我們還是不知道敵軍實際上究竟身在何處。於是，我軍就一面對應眼前狀況，一面向前。本來（敵方）應該會在我們抵達克魯倫河那一天出擊作戰，不讓出河流，但現在卻是將河流拱手讓給我們的狀態，可見他們的無能應該不假。不管如何，往後將再通知。

將士們的士氣大振。唯恐你們在宮中擔憂，因而趕緊告知。也請將這項消息轉告皇太后，並讓大學士、滿人尚書[121]們閱覽。」

（六月七日，《宮中檔康熙朝奏摺》第八輯，一九二—二〇〇頁，給皇太子的上諭）

這一天，就像是書信上說的，皇帝在克魯倫河畔下定決戰的決心，命令全軍進入嚴密警戒的狀態，自己在前鋒位置領軍前進；他登高以西洋製的望遠鏡眺望，但只看見河，不見人影。於是他一面等待本軍到達，一面遠眺。東邊是額爾德尼．拖羅海（「寶石之頭」）山，西邊山麓沿巴爾代哈而下，可抵達河岸。因為難以看見該地的狀況，所以皇帝派遣小隊前往查探敵軍的存在與否，但沒有結果。接著阿必達傳來報告表示：北岸雖有敵軍的足跡，但從地上馬糞的狀態看來，應該已經離開超過兩天了。

皇帝對著左右的臣子說道：

「噶爾丹在戰爭這方面經驗老道，曾經攻下西方伊斯蘭教徒一千多個城鎮，統一四個厄魯特部族，殺害自己所有的兄弟，攻破喀爾喀七旗，可說是所向無敵。從他在克魯倫河未出面迎戰的

121 大學士、尚書，大學士為皇帝的高級顧問，由多位大學士共同組成內閣，輔助皇帝處理政務；尚書則為負責行政實務的機關——六部的長官。在清代，以大學士、尚書為首的主要官員職位，各自設定有旗人、漢人的比例，因此當提及「滿人」之時，指的就是旗人的大學士和尚書。

狀態，可以明顯看出他的怯懦；有俄羅斯六萬兵力，也是謊言。如今，我們已經沒有期待戰鬥的理由了，重要的是追擊。」

接著各部隊抵達，皇帝又對集結的指揮官們這麼說：

「噶爾丹如果在克魯倫河迎戰的話，這場奪河之戰，我軍肯定需要耗費許多氣力。但是，從噶爾丹不戰而逃的狀況看來，可知他完全不懂用兵之術，將自己的門戶拱手讓給我們。除了此處之外，他絕對沒有其他地方足以迎擊我軍；按照現在這個態勢，他也無法在別處停留，一定會連夜奔逃。既然如此，那我們也趕緊帶著輕便的裝備追擊吧！」

眾指揮官於是一同答道：「皇上聖明，全都如同皇上所說的」（以上，《親征平定朔漠方略》卷二十三，康熙三十五年五月癸亥）。從皇帝的演說，可以看出自五月十日以來，清軍全軍上下所充滿的不安和緊張感是多麼的強烈。

這一天，皇帝領軍宿營在額爾德尼．拖羅海山下，克魯倫河畔的布隆，並於四周安置哨兵，維持警戒。

◆噶爾丹的奔逃與追擊

六月八日，噶爾丹避開決戰奔逃之事，已獲得確認。

「告知噶爾丹奔逃的消息。

諭皇太子：在此告訴你噶爾丹奔逃的消息。九日清晨，我派出新滿洲人[122]去捉拿活口、探聽情報；他抓到一位厄魯特人，帶到我面前進行訊問。那名厄魯特人說：『我的馬累了，大家要棄我而去。我說：「你們不帶著我一起走嗎？我沒有東西吃，那只好殺馬來吃了！」，大家回答：「你不要殺馬。趕快跟著我們的足跡追上來」，然後便離去了。』我賞賜那位厄魯特人，並派我方的喇嘛、中書阿必達與他一同回去。

辰時（上午八點），有厄魯特的逃亡者前來表示：『噶爾丹一開始不相信陛下會率兵親征。直到昨天，他得知有軍隊以克魯倫河為目標，整隊前進，他派出的哨兵到處被驅逐，紛紛敗走。

122 新滿洲人，皇太極時代以降被納入八旗，原居松花江（Sungari）下游、黑龍江下游的滿洲裔部族。負責故鄉滿洲的防衛工作，以及對蒙古方面的預備軍。

從這些敗走的部隊口中，他得知進軍克魯倫河的軍隊有三個部隊，不知有幾萬人抵達克魯倫河，立刻倉皇失措，準備溜之大吉。我們族人私下商議說，「阿穆呼郎汗（康熙皇帝）不愛殺戮，對戰爭中捉到的人會賜予衣服後釋放；我們跟隨著噶爾丹，總有一天會滅亡吧！」大家忿忿不平地你一句我一句，有非常多人想來這裡。』

由此可見，噶爾丹逃走的消息是確實無誤的。費揚古軍隊正擋住他的去路，我軍也逐漸追上。承蒙上天眷佑，大勢已定，故此知會宮中。這件事也請向皇太后稟告，並在宮中廣為宣告。身在戰場，戰務繁忙，無法一一詳述書寫。特諭。

五月九日（六月八日）」

（《宮中檔康熙朝奏摺》第九輯，七十四—七十七頁，給皇太子的上諭）

皇帝立即率軍展開追擊。

「諭皇太子：九日傍晚，我軍編組隊形展開追擊。十日抵達噶爾丹的營地，觀察當地形跡之後，發現兵力似乎並不是很多。似乎有馬，但不多。牛的形跡非常少。羊大概只有一到兩頭。營地留下蒙古包、佛像、鍋、勺、小孩衣服、鞋子、婦女用品、搖籃、金屬物品、槍柄、網子、釣鉤、蒙古包的建築木材、鍋中還留有煮過的湯汁，全都被棄置不理。有許多馬夫的小孩們排隊撿拾物品；從生活狀態來看，對方似乎極為窮困。當我軍繼續向前行進後，從厄魯特方面逃來的人們紛紛表示：『噶爾丹曾在這裡。阿喇布坦曾在巴顏・烏蘭。噶爾丹不相信陛下親自率領軍隊前來，向被陛下釋放的四名厄魯特人問道：「在這個沒水的沙漠，他們是怎麼過來的？」那四個人答道：「我們跟著（清軍）同行的時候問過，（他們表示）從沒有找過水。只要陛下選定場所，說聲『這裡有水』，我們就一同挖掘；結果還沒有挖到底，水就馬上湧了出來，因此並沒有用水不便的時候。」另外，在我進軍克魯倫河的那一天，馬夫不小心失火，一路延燒至古爾班・土爾噶一帶；厄魯特人全看見了，噶爾丹於是發出佈告：『阿穆呼郎博克多汗（編注：此為蒙古人對康熙皇帝的稱呼。「阿穆呼郎」為蒙語「康泰」之意，「博克多汗」則為「神聖的大汗」之意）在前進之際放火，跟著軍隊一同前行。這樣做的話，有誰能與他為敵呢！把蒙古包、沉重的行李全部燒掉！』然後自己便先行竄逃了。許多厄魯特人嘲笑說：『從本土來的時候，自己說了什麼大話？現在率先逃走，這到底又算什麼呢！』

另一方面，從（丹津）阿喇布坦處逃亡而來的人說：『阿喇布坦曾在巴顏・烏蘭駐紮。噶爾丹在夜晚悄悄喚來阿喇布坦，告知陛下前來的狀況，阿喇布坦表示：「你的地方都是沒有婦孺、牲畜的人，我的地方都是有婦孺和牲畜的人，滿洲人難道會看不出來嗎？不管如何，我是不會迎戰的。」說完便頭也不回地走掉了。但是在我軍抵達（巴顏・烏蘭）之前，阿喇布坦手下大約有一半的人已經叛逃離去。不久後，西路大軍趕來，可以聽見大砲的轟然響聲；厄魯特人既狼狽，內心又動搖不已，不知該如何是好，陷入一片混亂。現在你們派去追擊的士兵，只要尾隨著對方行列末尾的牛羊，到明天中午，應該就可以追上了吧！』。

聽完後，我擬定計畫、做好萬全準備、付諸行動，無論如何都不能心存僥倖。我軍將士軍紀剛正，駿馬肥壯；看厄魯特人的馬匹，肥壯程度約與我軍最瘦弱的馬相等。在我抵達克魯倫河前，乾旱無草，但據說在這幾天內草長長了不少，不知是真是假。我們逐漸接近敵軍，每日欣喜，由上至下，就連馬夫也十分喜悅。

喀爾喀人也都勇猛向前。他們說：『我們以前看厄魯特人，真是兵強馬壯。如今我們拜見陛下率領的軍隊後，再看厄魯特人的態勢和作為，連我們的奴隸、馬夫都比不過！』於是當有偵查或哨戒任務時，他們全都慷慨激昂、自告奮勇，從帳幕裡熱淚滿眶、一馬當先飛奔而出。看見這樣的狀況，可以得知士氣的高低，真的全看領導的方式。

因為要讓住在京師的人們知道我們的喜悅。所以我抽空寫下事情的概要寄回京師。你要將這項消息轉告皇太后及宮中人士；也告知滿人大學士、尚書、內大臣、侍衛們；（大學士）伊桑阿恐怕也會報告吧。特諭」

（六月十日，《宮中檔康熙朝奏摺》第八輯，二〇〇—二〇八頁，給皇太子的上諭）

然而，在皇帝樂觀的文字背後，糧食問題的狀況卻日漸惡化。出發之時，各兵士一共攜帶有八十天份的糧食，在作戰開始後經過七十二天的現在，已經幾乎快要耗盡。若是放任不管的話，別說是要繼續前進，就連要撤退也很危險。而且原本應該負責斷絕敵軍後路的費揚古西路軍，至今也還未獲得任何聯絡。六月十一日，皇帝在托訥山（「冒煙的山」）作出決斷，令平北大將軍馬思喀[123]率領少數精銳，帶著二十天份的糧食繼續追擊，另一方面剩下的全軍士兵，則帶著返回托陵．布喇克前進基地所需的五天份糧食，踏上歸途。原本計畫能夠捕捉並殲滅噶爾丹軍的大作戰，看樣子似乎將以完全失敗而告終。此時，皇帝內心的失望，以及對皇太子溫馨的親情，展現在接下來的書信之中：

「諭皇太子：在我率兵前進期間，可謂是一心不亂。當下噶爾丹敗逃，我親眼目睹他的窘

123 馬思喀（？—一七〇四年），滿洲鑲黃旗的重臣，出身名門富察氏。歷任侍衛與內務府長官，在征討噶爾丹戰役中，以平北大將軍之銜率領部隊。與弟弟大學士馬齊（參見注134）同為政界重量級人物，俗稱「二頭馬（馬思喀、馬齊）吃天下草」。

境，並出兵追擊；如今可喜的踏上歸途，不禁思念起你來。現在正值天氣變熱，把你穿的棉紗、棉葛布袍四件、褂四件送來；務必送來舊的衣服，我在想念你的時候，想穿上你的衣服。我在這裡除了羊肉以外，沒有別的東西可吃。十二日，看見皇太子送來的幾樣東西（油炸松花江的鱒魚），非常開心地吃了。皇太子可派內務府[124]幹練的人員一名、男丁一名，將肥鵝、雞、豬、小豬用三台車裝乘，馳馬送來上都的牧場。如果我打算繼續前進，一定不會提出這些要求。看噶爾丹的狀況，應該是不會停下腳步，偏偏費揚古伯爵的軍隊，至今還沒有消息。假如費揚古伯爵的軍隊趕來，那噶爾丹就到此為止了。就算萬一被他逃脫，往後也是無法東山再起。無論如何，他已經完了。

我從拖訥山眺望巴顏・烏蘭，毫無要衝之地。綜觀天上地下，沒有任何一個地方是像喀爾喀這塊土地，除了草以外，完全沒有好的地方。」

（六月十一日，《宮中檔康熙朝奏摺》第八輯，二七三—二七六頁，給皇太子的上諭）

皇帝在信件最後，以漢文寫上「真是陰山背後」。心中並不喜樂。

◆西路軍接近敵軍

走筆至此，讓我們將視線轉移到撫遠大將軍費揚古指揮的西路軍上。費揚古率領的西路軍主力，較皇帝的中路軍還早，在三月十九日從歸化城（呼和浩特）[125]出發，朝著翁金河的方向前進。另一隊由振武將軍孫思克[126]所指揮的部隊，則是晚了五天，在三月二十四日從寧夏（銀川市）出發。根據隨同這支部隊行軍的寧夏總兵官殷化行[127]的手記，部隊在從寧夏經黃河到賀蘭山脈這段路程中，一日以四、五十里，或是五、六十里的速度北上，十幾天後離開黃河進入沙漠，在

124 內務府，皇帝的家務機關，主掌宮廷事務。在八旗各旗中，直屬皇帝、旗主的家務部門稱為包衣（參見注181）；在這當中，由直屬皇帝的上三旗包衣所組織成者，即為內務府。宦官被縮小為內務府的一個部門。長官為內務府總管（總管內務府大臣），相當於宮內大臣的地位。

125 歸化城（呼和浩特），現今中國內蒙古自治區的首府。十六世紀，土默特部的俺答汗（參見注141）建立起這座都市，讓從明朝逃亡、投降而來的漢人居住於此；此後，這座城市便以內陸貿易的據點而繁盛。歸化城之名，是俺答汗與明朝議和之際，明朝所取的名字，至於蒙古文的呼和浩特（庫庫和屯）則是「青城」之意。在清代，也仍以南蒙古的政治、經濟與宗教中心之姿，興盛一時。

126 孫思克（一六二八－一七〇〇年），漢軍正白旗的大臣，駐留甘肅方面，在三藩之亂中，活躍於西北戰線的鎮壓行動。在噶爾丹討伐戰中，也以振武將軍之銜指揮西路軍中的一隊，對昭莫多之戰的勝利頗有貢獻。兒子娶康熙皇帝第十四位女兒為妻。

127 殷化行（一六四四－一七一〇年），出身陝西的清代武將。在噶爾丹討伐戰中，以寧夏總兵的身分加入西路軍，在昭莫多之戰中，為清軍取得勝利。留下從軍記《西征紀略》。

二百餘里刻有「兩郎山」石碑的峽口處，越過陰山山脈，五月四日抵達郭奪力．巴爾哈孫（「箭城」）。當初他們原本預計要在此處，與從歸化城前來的主力部隊會合，但是費揚古已經通過此地、向前行進；因此，孫思克的部隊加快行軍速度，花了十六天的時間抵達翁金河，而費揚古的軍隊已在五月六日抵達翁金河。

孫思克軍的士兵，在翁金河一帶產生了不小的減員。由於這是他們首次在長城線外作戰，準備並不充足，因此在進入沙漠後，馬與馱獸紛紛倒臥死亡。愈是前進，水與草愈是匱乏；再加上連續幾天幾夜的暴風雨，兵士們因寒冷和飢餓接連倒下，糧食和裝備也被丟棄在路邊。逃兵日益增多，就算上前追斬也止不住逃亡的風潮。孫思克只好下令各將領把殘兵留在翁金河，帶著少數精銳兵士快馬加鞭趕路；經過數日，總算是追上了費揚古的主力。

因為已經身處敵地之中，西路軍全員穿上盔甲，以武裝齊備的態勢進軍；但是他們所處的地帶盡是山地，氣候寒冷，明明已是五月的春季，綠草卻仍冒不出新芽。去年的枯草已被敵軍燒完，數百里都只是一片灰，風一吹來，每個人的臉都蒙上一層黑。費揚古的主力也已經疲弊不堪，馬匹倒臥，糧食被棄置，士兵一個接著一個在路邊倒下。孫思克部隊不忍心，只能將部隊所帶去的糧食提供給主力。終於在六月三日，西路軍抵達土拉河畔的克呼和碩（「烏鴉之嘴」），從這個地方再往東溯土拉河而上，往巴顏．烏蘭的方向前進。

六月十二日，西路軍在拂曉之際從營地出發，不久便接到哨兵的報告，表示敵軍正在靠近。費揚古於是下令全軍停止前行，擺好戰鬥隊形等待，但等了許久，卻不見敵兵現身，於是他又下令，維持著戰鬥隊形繼續前進。經過二十里（九公里）左右的泥濘地後，西路軍抵達了昭莫多（「百棵樹」）這個地方。此處位於現今烏蘭巴托市東方三十公里處，約是特勒吉國家公園的入口處。北側有高山連綿的屏障，其下有廣達數里的河岸平原，林木茂密，土拉河蜿蜒流過。在河川南岸有一處突出如馬鞍形狀的小山，與南方山岡相連，是作為陣地的絕佳場所。

◆噶爾丹軍潰滅

此時，西路軍的前鋒已經在山的另一邊，特勒吉河和土拉河的匯流處與敵兵接觸；它們佯裝戰敗奔逃，藉以誘敵，敵兵雖然趁勝追擊前來，但是殷化行的部隊在小山的背後，看不見敵軍。這時，恰巧副都統[128]阿南達[129]正指揮前鋒兵通過前方，向南方挺進，於是殷化行便向他詢問敵軍所在場所。阿南達揮鞭指向上方，說：「山的另一邊就是敵軍所在的地方。爬上來看看如何？」

128 副都統，八旗的官職，次於旗的長官都統，為副司令官。

就在殷化行急忙登上山的時候，振武將軍孫思克的部隊抵達。

殷化行向大將軍費揚古說：「必須要趕緊佔領這座山。」

費揚古表示：「太陽就快下山了，明日再戰吧！敵軍近在眼前，在山上過夜，難以守備。」

殷化行又說：「明日再戰也可以，但是不能不佔領這座山。倘若敵軍佔領山，我軍在山下宿營的話，非常危險。如果擔心夜晚難以守備，就移軍至山下，全軍警戒守備，如何？」

費揚古答：「日落後再轉移陣營十分麻煩。如果敵軍佔領了山，明日就用大砲攻擊吧！」

殷化行說：「自古以來的兵法，便說不可將高地讓與敵軍。」

費揚古答：「既然如此，那你馬上就移兵到山上守備吧！」

殷化行立刻馳馬飛奔下山，以馬鞭示意兵士們登山。當他抵達山頂上眺望時，發現敵兵正爬到山腰，不過看見清軍已經率先登頂後，便停在東側的山崖下，躲在山崖邊用火槍射擊。大將軍費揚古命令全軍跟著殷化行繼續登山，在山上擺陣。清軍的後續部隊則在山下沿著土拉河南岸，從山的西邊向北邊擺陣，警戒敵兵從林木之中現身襲擊。

敵軍竭盡全力想要從清軍手中奪取小山，將主力部隊投入山上清軍陣營的中央部，展開激烈的對戰。清兵紛紛下馬，在砲兵的掩護下進行步戰。敵軍方面，噶爾丹與妻子阿努·可敦也冒著槍林彈雨，下馬徒步、決一死戰。雙方的死傷人數不斷增加，直至日落時分，依舊難分勝負。

殷化行向費揚古建言：「請下令河岸的部隊穿過林中，從左側攻擊敵兵腹部吧！如此一來，敵軍必定會陷入混亂。另外，在敵軍後方雖然可以看見大批人馬，但是並沒有向前加入戰鬥；因此，那一定是牲畜和婦孺。請再派一支部隊從南方繞過去，從右側出動襲擊。敵軍一定會回頭並動搖。接著在山上的我軍再從正面發動總攻擊，應該就能簡單地攻破」。（以上引自殷化行《西征紀略》，康熙三十五年五月十三日戊辰條）

費揚古採用殷化行的建言，當左、右兩部隊接近敵軍側面之時，殷化行站在部下兵士們的前頭，大聲下令突擊；敵軍驚慌失措，紛紛跌落山崖，屍體遍佈平原，武器四散，草也被壓得東倒西歪。殷化行趕緊趁勝追擊，禁止部下撿拾戰利品，騎射並駕馬奔馳，在明月之下追擊了三十餘里，敵兵四處竄逃。殷化行回頭查看，發現跟隨自己的兵士只剩三、四百人。這時他收到費揚古傳來回營的命令，回到陣營時，已是破曉之際。

在一六九六年六月十二日的這場昭莫多之戰中，噶爾丹的妃子阿努·可敦戰死，噶爾丹的主力軍隊也宣告潰滅。噶爾丹本人雖然與少數的部下一同逃脫，但恐怕是很難從絕境中再次崛起。

---

129 阿南達（？—一七〇一年），屬於蒙古正黃旗，祖父是察哈爾林丹汗的重臣。阿南達以侍衛的身分在康熙皇帝身邊隨侍，與尚南·多爾濟·喇嘛一同，在蒙古關係上受到重用，晉升副都統，活躍於噶爾丹追討戰。

這全都是多虧撫遠大將軍費揚古的西路軍，完成橫越戈壁沙漠這個艱難困苦的任務，依照計畫日程抵達土拉河的功勞。

◆大勝利的捷報

話雖如此，皇帝接到這個大勝的捷報，卻是在兩天後的十四日。首先在十三日撤往拖陵·布喇克的途中，在塔爾渾·柴達木（意為「肥沃鹽分的土地」）這個地方，殷切盼望取得西路軍消息的皇帝，終於接到了通報，十分喜悅。

「諭皇太子：在此告知，費揚古伯爵的軍隊已通過土拉河，將噶爾丹可能逃亡的去路全數封鎖。十四日，我所派出的力士殷濟納、新滿洲人護軍齊雅楚、嚮導波羅等人歸來回報，表示伯爵費揚古的軍隊已在三日通過土拉河，徹底封鎖噶爾丹必定會通過的路徑，並嚴陣以待。抵達的精銳士兵為一萬四千人，後方部隊也接連到來。馬的肥壯程度雖然比不上我軍，但還算好。聽到這項消息，我不禁合掌向天叩首。我內心唯一記掛的，就是這件事；如今，一切總算可以塵埃落定了。接下來噶爾丹的下場如何，我會再通知你。我已經用我的雙眼清楚看見敵軍的模樣，如今，我則是滿心喜悅地致力於糧食的補給。

你的父親是擁有何等的福氣，才能如此心想事成啊！這一切都是祖先的庇佑、天地的眷顧所致。我在這裡實在是欣喜若狂。在這兩、三天內，會馬上告訴你結果。請把這件事報告給皇太后、宮中、滿人大臣們，以及內務府的侍衛們知道。特諭。」

（六月十三日，《宮中檔康熙朝奏摺》第九輯，八二—八五頁，給皇太子的上諭）

昭莫多大勝的首次捷報，是在十三日，由投降馬思喀軍的準噶爾人口中得知，並在十四日夜半，傳到皇帝位於顧圖爾．布喇克（「長靴之泉」）的營帳。毋庸贅言，皇帝當然是興奮不已：

「諭皇太子：特別讓你知道，費揚古伯爵的軍隊已經擊潰噶爾丹。

十五日夜晚四更（凌晨二點），我收到馬思喀將軍的信件，信中表示：『臣等於十四日，在距離巴顏．烏蘭十五里處，遇到了負責探哨的前鋒喀瓦爾達；他帶來了一名厄魯特人奔苐。訊問之下，他說噶爾丹在特勒爾濟與伯爵費揚古大將軍的軍隊接觸，並展開戰鬥。噶爾丹失敗撤退，重新擺出陣容迎擊，我軍也以步戰繼續進攻。在兩軍戰鬥之中，我看見噶爾丹軍隊有潰散敗逃的徵兆，於是便脫逃，前來向仰慕的陛下投誠。同時也將奔苐與信一同送來。』

詢問奔苐後，他表示噶爾丹雖然不相信我會親自率軍前來，但還是驚慌恐懼，每日只是對著佛像祈禱，完全沒有辦法做出讓眾人安心的行為，厄魯特人因此產生了極大的動搖。在陛下的軍隊出現後，許多厄魯特人竊竊私語說道：『阿穆呼郎汗不如早點來把我們都抓起來。這樣的生活，究竟要什麼時候才可以結束呢！』在戰場上，噶爾丹軍隊人數不到五千人。馬匹十分瘦弱，加上陛下的追擊非常迅速，失去了所有的生活器具。如今就算逃亡，又要怎麼活下去呢？狀況大約是這樣。我在五更（凌晨四點）將聽到的消息寫下來，迅速地知會你。請將這些狀況轉告皇太后、宮中人士以及各位大臣。接下來也還會有消息傳來，到時再行告知。特諭。

寫於十六日凌晨，五更。」

（六月十五日，《宮中檔康熙朝奏摺》第九輯，七十八—八十一頁，給皇太子的上諭）

「吉報。

諭皇太子：十六日，我停留在顧圖爾・布喇克，處理返回的人與牲畜問題。過了正午，馬思喀將軍傳來報告表示伯爵費揚古的軍隊大破噶爾丹軍、噶爾丹的心腹丹巴，哈什哈率眾投降我軍等消息。將這些抄寫添附送上。

現在，大功已經告成；我只等伯爵費揚古大將軍的報告來到，向天叩首。特諭。請將這件事轉告給皇太后、宮中人士以及所有大臣。」

（六月十五日，《宮中檔康熙朝奏摺》第八輯，二百四十二—二百四十四頁，給皇太子的上諭）

◆歡喜的歸途

來自費揚古的正式戰勝報告，在十七日正午送抵皇帝所在的拖陵・布喇克之地。皇帝步出帷幕，親自朗讀報告書，在場眾人歡聲雷動，南蒙古的王公、喀爾喀的汗、貴族們也都雀躍不已。接下來，清軍在皇帝本營的南門前設置祭壇，皇帝本人、皇族、文武大臣、高官及蒙古的首領們按位階排列，行三跪九叩之禮以謝蒼天，並舉辦盛大的祝賀儀式：

「諭皇太子。侍讀學士喇錫帶著丹巴・哈什哈等人，於十七日抵達。我從以前就知道丹巴・哈什哈這人。我叫他過來坐在近處，一一詢問之下，得知他原本出身高貴，說話條理清晰。根據他的說法：『噶爾丹本來是個有能力的人，也頗得人心。他其實很後悔深入烏蘭布通打仗，因此打算在克魯倫河、土拉河等地附近駐紮，並透過煽動方式讓喀爾喀人以及南蒙古人動搖，讓滿洲人無法首尾兼顧，從而等待時機以成大事。要是滿洲人聽聞消息的話，來少數兵力就迎戰，若是多數就退避；如果滿洲人撤兵，那就咬住隊伍後尾，向前攻去，如此一來不用幾年，滿洲人就會因為糧食和費用的耗盡而疲弊不堪——噶爾丹本來是打著這樣的盤算前來的，志向不可謂不小。如今，陛下卻出乎意料地親率如此龐大的軍隊，驟然越過沒有人可以通過的沙漠，前來展現兵力，全厄魯特人不由得膽戰心驚；從七日的早晨開始，大家就焦躁不安，到了半夜之後，便捨棄所有家財撤逃，但是來自後方的追擊速度非常快，於是只能更驚慌失措地奔逃。

到了十三日，我們在特勒爾吉這個地方意外碰上西路軍。當時我們的兵力約五千多名，火槍則不到二千把。從克魯倫河的巴顏・烏蘭起，往西邊一路乾旱，連一根草也沒有。五天五夜，在沒有草的地方駕馬奔馳的途中，陸陸續續有人脫隊，能夠抵達這裡的人數很少。到了此處一看，原來西路軍佔領了高地，取得地利。厄魯特人方面只能佔領小小的山腰處，以步兵的陣型待戰。（清）軍轉為步戰，一面放槍發砲，一面維持極為整齊的隊形，緩慢向前邁進，前面不知道用什麼東西高舉木頭，又將身體掩蔽在紅色的圓形物體之後。等到雙方距離約十步的距離，箭如雨下，從噶爾丹所在處開始，首先亂了陣腳，接著是丹濟拉、丹津鄂木布之處。阿喇布坦方面的部下仍在繼續抵抗。接著，滿洲的騎兵團團包圍我們的補給物資，搶走了所有的婦孺、非常多的駱駝和馬匹、兩萬多頭牛和四萬多頭羊。我親眼看見，阿努・可敦中彈身亡。戴・巴圖爾・寨桑被砲彈擊中，砲彈接連貫穿四人而死。博拉特・霍卓則是中箭而死。其後，（清軍）持槍攻來。再仔細一看，有一隊清軍拿的兵器，既不是槍也不是刀，但是所攻之處，士兵全都倒下，恐怕死了很多人。我想，這是因為主人（噶爾丹）背棄誓言，得罪陛下，所以遭到天譴，導致如此局面。我們從以前就開始過著殺人、擄人妻子的生活，如今天譴也降臨到自己的頭上。仔細想想，人民實在是非常可憐，不如就背棄主人，前來求助。要生要殺，全依皇帝陛下的意願。』

我問他，你怎麼看滿洲軍隊呢？他說：『我們在烏蘭布通的時候其實就已經知道了。大家都有預感，這次來到克魯倫河、土拉河，將會舉國滅亡。但是噶爾丹卻完全不聽諫言，一如往常地固執己見、夸夸而言。一切都是天意，我們完全無能為力。我們征討了許多國家，所向無敵。然而像是滿洲這樣的強敵，在天底下根本找不到第二個。厄魯特除了滅亡，沒有其他結果了。』

問他噶爾丹成功逃脫了，還是被捕了？他說：『聽說噶爾丹帶著四、五十人逃亡。在大混亂的狀況下，我並沒有親眼看見他怎麼了；不過就算可以逃脫，也會餓死吧。根本沒有東西可以吃，要怎麼活下去呢？』

當我正在寫這封信件打算寄回的時候，十八日的正午，副都統阿南達帶來報告，通知殲滅厄魯特的消息。將報告附上。特諭。

接連前來投降的厄魯特人超過兩千人，他們的婦孺、牲畜也被我們悉數擄獲。厄魯特的問題已經解決。

將這個消息報告給皇太后知道。也通知宮內。還有滿人大學士、尚書、內大臣。我們在此向天叩首。舉行慶賀戰勝的儀式。

據說從巴顏・烏蘭以西，到土拉河為止，完全沒有長草。」

（六月十七日，《宮中檔康熙朝奏摺》第八輯，二百四十四—二百五十四頁，給皇太子的上諭）

皇帝又寫信給皇太后，約定在七月八號前會回京，於是便加速趕回。就在途中的六月二十一日，皇帝在烏蘭・額爾希・布拉克（「紅岸之泉」），收到來自皇太子的信件，是先前要皇太子寄送舊衣的回覆，皇太子寫道：「得知父皇殲滅賊敵，歡喜返回之外，還獲得這番話語，兒臣絕不敢傷心，而是被話語中的溫情感動，不禁流下淚來。」除了送上衣服和食物之外，他還寫道：「五月（六月）底將前往迎接父皇」。對此，皇帝回答道：

「皇太子說得很好，但是國家政務十分重要。到了五月（六月）底，我必定會抵達長城外，屆時我會再指示皇太子迎接的場所。

我在二十二日抵達烏蘭・額爾希・布拉克，二十五日會進入國界內過夜。我們在離開前所留下的馬匹，已十分肥壯。原本草已枯萎的牧地，因為降雨順遂的緣故，牧草的狀態很好。蒙古人都說，這麼多年都沒見過這種現象，實在是非常不可思議。查看運糧隊伍，正好是要出國界的時候。牲畜的狀況也好。由此看來，他們會感到恐懼也是正常的。」

（六月二十一日，《宮中檔康熙朝奏摺》第八輯，二百三十一－二百三十六頁，記錄在皇太子奏摺上的硃批）

此處提到「運糧隊伍」，是因為費揚古的西路軍也和皇帝的中路軍一樣，選擇相同的路徑回師，需要運輸糧食；為了監督兩軍返回北京，大阿哥胤禔留在拖陵．布喇克。

六月二十三日，皇帝通過國界，進入南蒙古。

「我在沙丘過了兩晚，二日（六月三十日）抵達奎素。不會很熱。有些人早上穿皮褂子，到了正午穿棉紗。比起戈壁來說好多了。五日（七月三日）會進入長城。」

（六月三十日，《宮中檔康熙朝奏摺》第八輯，二百七十七－二百八十二頁，記錄在皇太子奏摺上的硃批）

皇帝在七月三日，按照預定計畫抵達長城的獨石口，接受皇太子的迎接，七日回北京，直接向皇太后請安。為期九十八天的大冒險，在此劃下句點。

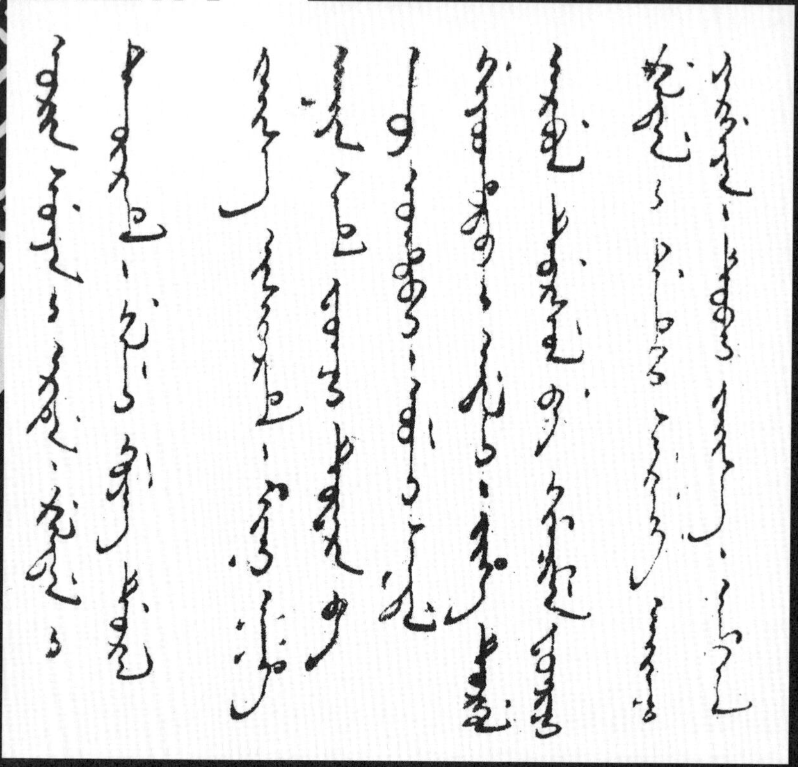

康熙皇帝的滿文筆跡（給皇太子書信中的文字）。

第二次親征——狩獵繪卷

◆再次征討噶爾丹

噶爾丹汗在昭莫多之戰中雖然損失慘重，但是噶爾丹本人在戰役中生存了下來，帶著五千多人一同駐紮在杭愛山中的塔米爾河畔一帶。皇帝擔心噶爾丹將會通過哈密[130]，經由青海進入西藏。哈密為噶爾丹舊有的領地，青海和碩特部族領袖博碩克圖．濟農[131]的媳婦，就是噶爾丹的女兒；在西藏西部，噶爾丹被視為尹咱．呼圖克圖活佛轉世，因此也擁有追隨的民眾。不只如此，皇帝還從投降的準噶爾人口中，得知當時達賴喇嘛五世圓寂已達九年的風聲，皇帝因此派遣使者前往拉薩，一方面提出四項要求：公布達賴喇嘛圓寂的真相、派遣班禪喇嘛至北京、交出濟隆．呼圖克圖、引渡噶爾丹的女兒；另一方面，則是聯絡準噶爾本國的策妄阿拉布坦，希望能夠提供協助，一同逮捕

第二次親征路線圖

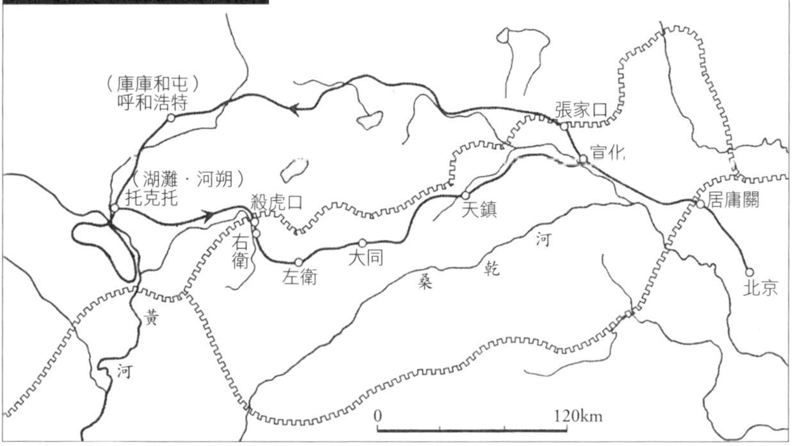

噶爾丹。

此時傳來情報，噶爾丹軍隊於七月二十六日從塔米爾河出發，正朝翁金河方向開始南進。在翁金河一帶有清朝西路軍所留下的糧倉，若是該處落入敵方之手，解決噶爾丹會變得更加困難。於是，皇帝決定再次親臨前線，指揮作戰。這時是一六九六年十月十四日，距離前次回京不到三個月的時間，皇帝這次帶著大阿哥胤禔、三阿哥胤祉、八阿哥胤禩從北京出發，趕赴南蒙古的庫庫和屯（「青城」，現今的呼和浩特）。這次的路線是由北京往西北，經居庸關[132]，從張家口[133]離開長城，在南蒙古地區朝西前進。在這第二次的親征中，皇帝仍舊不辭辛勞地書寫信件，給留守北京的皇太子：

---

130 哈密，位於吐魯番盆地東側、天山南麓的綠洲，是連結甘肅與天山、蒙古高原與青海方面的交通要衝。十六世紀時伊斯蘭化，但就政治方面而言，當時是在準噶爾的統治下。

131 博碩克圖·濟農（？—一六九七年），青海和碩特部族中頗具實力的領袖之一，祖父為固始汗，父親為固始汗的五男伊勒都齊；在兄弟中排名第二，名為達爾吉。噶爾丹的女兒嫁給博碩克圖·濟農的四男根特爾。一六九七年歸順清朝後不久逝世，由三男察罕·丹津繼承實權。

132 居庸關，位於北京西北方的內長城關口，與山海關、嘉峪關並列為長城三關，名號響亮。為連結北京與蒙古高原的交通要衝，自古以來便十分受到重視。於元代建設的關門內牆上，以刻有梵文、藏文、蒙古文（八思巴文字）、回文、西夏文、漢文六種文字而聞名。是位於八達嶺長城前方的內關。

133 張家口，位於河北省西北方外長城的關口，為長城內前往蒙古高原的重要關口之一。清代有八旗的駐屯部隊常駐。

「我身體安康。此次不同於前，物產豐富、氣候宜人，日日心曠神怡。聽說長城之外，今年較暖。我問（戶部尚書）馬齊[134]，他說沿途水源、牧地豐富，野兔也多，山上也有野獸生息，應該是不需煩憂。另外，每年上呈皇太后的物品，三日（十月二十八日，為皇太后誕辰）由你親自送達。我也會隨後派遣太監，送上草原名產數種。」

（十月二十二日，《宮中檔康熙朝奏摺》第八輯，三百零三—三百零七頁，記錄在皇太子奏摺上的硃批）

「我身體安康。你呢？我在二十八日（十月二十三日）離開長城；長城外的狀況看起來和長城內一樣，並不算非常寒冷。野兔多且肥。又聽說，在庫庫和屯前方的哲爾德・莫芬一帶，野雞非常地多。我在的地方，老鷹的數量有點不足；在京師如果有豢養的老鷹，挑選海青四、五隻，新鷹四、五隻，合計十隻，命令負責老鷹及海青[135]的侍衛們送來。能夠自力前來的人，就騎乘自己的馬匹，無法自力前來的，就借用上駟院的三匹馬，以供運送。抵達之後，我將賜予馬匹。」

（十月二十三日，《宮中檔康熙朝奏摺》第八輯，三百一十一—三百一十三頁，記錄在皇太子奏摺上的硃批）

在這裡，皇帝接獲撫遠大將軍費揚古的報告：一名前來投降的準噶爾人阿玉錫表示，十月四

日時，噶爾丹的部將丹濟拉，出兵襲擊位於翁金河的糧倉後，遭逢回營的清軍，結果反而遭到清軍所擊破。皇帝在報告書的最後，書寫了如下的內容，寄送到皇太子的手上：

「阿玉錫此人與報告書一起，於二十八日傍晚時分抵達。我訊問阿玉錫時，他供稱：丹濟拉對於劫米的事情，其實興趣並不高，但許多部下紛紛表示：『如今在翁金河處有米糧，比起活活餓死，不如劫米求生。』才決定出動。約在一日路程之處，我們遭遇到（清軍）哨兵，有三名喀爾喀人被活捉。緊接著，我們躲藏在山丘暗處，引誘清軍歸營的士兵前來，並從中央切入，展開突擊。運送米糧的兵士並未穿著鎧甲；他們吹響法螺貝，包夾隊伍的前後兩方，發砲四次後，我們（準噶爾人）便立即逃走。在脫逃途中，我看見十具以上的厄魯特人屍體。其他的事情就不知道了。

我又問他，我方士兵是否受到損害？阿玉錫回答，丹濟拉曾下令：『只劫米，不許殺人。』其實也沒有餘裕去殺人，反倒是損失了許多厄魯特馬匹。丹濟拉脫逃後，苦悶地大嘆：『想在清

134 馬齊（一六五二—一七三九年），滿洲鑲黃旗重臣，出身名門富察氏，為馬思喀之弟。歷任理藩院、六部尚書職務，之後晉升大學士，在與俄國的外交上，充分展現出優秀的能力。因支持八阿哥胤禩而下臺，後來又東山再起，以政界元老之姿，長期擔任要職。

135 海青，海東青。是狩獵的好幫手，屬於隼的一種，為滿洲名產。

澈的水中捕魚，現在不僅把水淘的混濁，魚也沒捕到。現在該如何是好？』馬也日漸疲弊，許多人改為徒步。在我（阿玉錫）之後，有很多人也前來投誠。以上為大致概要，詳細情況等我（皇帝）抵達之後，再行報告。」

（十月二十三日，《宮中檔康熙朝奏摺》第八輯，二九三—二九七頁，記於撫遠大將軍費揚古奏摺之硃批）

◆地震與吉凶的迷信

皇帝這封信件，約在兩天後送達北京。皇太子在十月二十五日的回信中，提及二十三日北京發生小型地震的消息：

「根據欽天監[136]的說法，今年九月二十八日（十月二十三日）辛巳日丑刻（凌晨二點），曾發生一次地震，由東北艮位方向而來。臣等謹慎翻看占卜之書，上頭寫著：『九月若有地震，則民生不安。從艮位方向往坤位（西南）方向搖晃的話，代表秦地（陝西省）將有亂事。』因為（地震發生的時間）是丑刻，臣完全沒有察覺。詢問值夜班的宦官們、以及有察覺地震的人們，他們表示，比今年正月發生的地震小，只有一次像是強風吹過一般，天花板的木頭和窗紙發出了一點聲響，隨即止息。」

對此，皇帝的回覆展現出對於吉凶迷信的懷疑性格，非常有趣：

「知道了。以前，在步兵首次發射排槍（火繩槍）的時候，欽天監前來報告說，有天鼓（雷鳴）聲響從西北方而來。當我派去察看的人回來報告實情後，他們便驚慌地謝恩而去。還有一次，他們來說中午有地震，我說：『全國人民都沒有發現。（如果真有地震的話，）為什麼一個人也沒有發現呢？』他們聽了之後有些困窘，表示『那就是只有我們的塔台在搖晃』，我便不再追問。這個衙門裡面都是怪人、還是些面目可憎的卑怯小人。在我外出之時，說不定會為了蠱惑人心而說謊。假使他們說『很多人都察覺到了』，但事實上全國人民卻沒有半個人察覺，那此事就非同小可，不能不加以詳查。值夜班的宦官們都是鄙陋庸俗之輩，只要說是欽天監講的，他們就會盲目地相信並跟從。有這麼多值夜班的地方，為什麼只問宦官呢？」

136　欽天監，國立天文台，負責觀測天體、修訂曆法、選定日子的吉凶等。在採用西洋曆法的清代，也曾經任命湯若望等耶穌會傳教士擔任長官（監正）和下屬官吏。

（《宮中檔康熙朝奏摺》第八輯，三一六—三二一頁，記於皇太子奏摺上的硃批）

根據布韋神父的記述：「在政策上，皇帝還是會讓欽天監行使職權。但是，皇帝卻在各種機會之下，向我們透露他對觀測結果的懷疑。事實上，關於皇帝自己的事情，他會向欽天監清楚傳達自己的意向，所有事情都是自己一個人做決定。比方說，大阿哥（胤禔）要結婚時，按照以往的慣例，在被推薦的候選人之中，欽天監有權決定哪一位最適合作為阿哥的妻子。但是，欽天監卻接到命令，要提出皇帝自己所選定的女孩姓名。在皇帝前往何處出巡的時程上，也是同樣的狀況。欽天監認為適當的日子，與皇帝

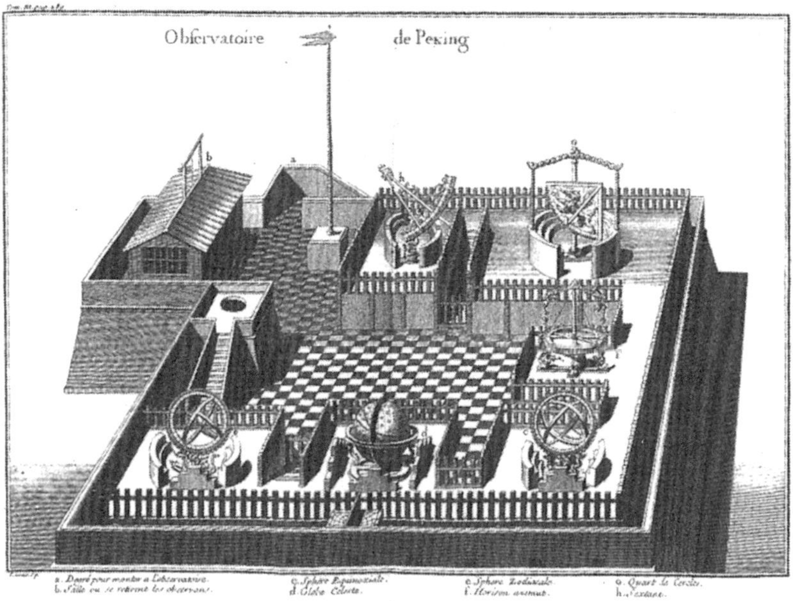

西方文獻中描繪的的欽天監觀象台場景圖。

決定出巡的日程，完全相同。」（同前，布韋《康熙皇帝傳》，第一百二十一頁）由此可見，欽天監的官員們，很可能會對皇帝懷有不滿。

◆享受遊興的行軍

「諭皇太子：我這次打從離開（長城）之後，便帶著好心情前行，完全沒有憂心之事。土地方面，也比獨石一帶的狀況來得好。長城塞外非常好，野兔豐富，沿邊也有許多飛禽走獸；我挑了幾位新滿洲人，讓他們前去捕獵。你要親口下令，好好養馬。我將眾人的馬匹分散，送往大同飼養。這裡野兔豐富，我的座馬或許會不夠。不夠的時候我會傳話到宮中，派人去領。如果足夠的話，就不用費心。

根敦・戴青・貝勒在五月前取得一件混白珍珠色毛的黑狐皮、一件貂皮、一件大山貓（譯注：猞猁）皮，送給你。兩百件銀鼠皮，上呈給皇太后。特諭。」（《宮中檔康熙朝奏摺》第八輯，三二二—三二五頁，給皇太子的上諭）

這封最後的信件雖然日期不明，但因為它是在十月二十七日上午抵達北京，所以推算起來應該是在兩、三天前寫下的內容。在皇太子的回信中，皇帝寫下「忘了寫日期」（實際上是十月二十八日），接著寫道：

「二日（十月二十七日）在胡虎・額爾奇（「藍岸」）過夜。率領牧群的蒙古人們去圍獵。野兔豐富，我殺了五十八隻。

三日（十月二十八日），是皇太后的誕辰，是個好日子，因而休止。

四日（十月二十九日），在昭哈（「灶」）過夜。野兔數量普通，有三隻東方狍（譯注：中小型鹿），但是逃走了。野雉有三隻。

五日（十月三十日），在河約爾・諾爾（「雙湖」）過夜。野兔很少。野雉有三隻。東方狍有兩隻，逃走了。

六日（十月三十一日），在巴倫・郭爾（「西河」）過夜。野兔數之不盡。野雉有兩隻，也有狐狸、鶴鶉。我非常興奮地射獵，射中許多獵物食用。

每天都有許多蒙古人，不分男女老幼全都前來迎接，人數不可勝數。我吃了奶皮[137]、奶、酸奶、奶酒、燒酒等食物，非常滿足。他們每天會送來超過百隻剝了皮的羊。我賜予銀兩後收下羊，就連賞賜給馬夫的羊肉，都是吃不完的程度。如今，我已經越過了放牧的土地，來到正黃旗、正紅旗的察哈爾土地上。當地生活狀況很好。蒙古王公和台吉們紛紛說：『在這邊放牧的蒙古人和八旗察哈爾騎兵的生活狀況，比我們旗的台吉們還要好。』看起來，在這個季節旅行也算輕鬆。牲畜肥壯，用水和牧地也不缺。到現在天氣也還溫暖。湖水到了夜晚雖然會稍微凍結，但也僅僅是風吹過就會融化的程度罷了。有人穿著毛皮的上衣，也有人沒有穿。從昭哈開始突然是山多的地形，沒有樹木，石頭多。我派遣的新滿洲人們每天會獵來四、五隻東方狍，有時候還會有大隻的鹿；因此，我得以享用相當多的鹿肉。我在這裡，一面行軍一面暢遊，隨興所至地騎馬前進，從軍的士兵們也有許多吃不完的美味食物。費揚古伯爵手下的士兵，也算是我的士兵，但是誰能讓他們每天吃羊吃牛呢？這麼一想，我不禁同情他們，於是撥出五千兩銀，送到費揚古的地方，要他買些牛和羊給士兵吃。

你把這些事情寫下來，上呈給皇太后知道。也託付谷太監（宦官），讓妃子們也知道。

因為張鴻緒（編注：御前傳事太監）在六日（十月三十一日）晚上抵達，就這麼寫下送出。送上一箱奶皮給皇太后。

盡量製作佛像送來。舊的大型佛像也送來。

137 奶皮，將未脫脂、未發酵的奶緩緩加熱後，便可獲得上層凝固的濃縮奶，富含乳脂肪，極為美味。

能讓我在馬上射兔的弓，好好包好送來。」

（十月三十一日，以上《宮中檔康熙朝奏摺》第八輯，五一九—五二七頁，記於皇太子奏摺上的硃批）

「七日（十一月一日），在瑚魯蘇台（「蘆葦叢生」）河過夜。有兔。我殺了三十隻。

八日（十一月二日），在磨海圖（「有蛇的地方」）過夜。兔少，獵了五隻狐狸。

九日（十一月三日），在喀喇・烏蘇（「黑色的水」）過夜。有很多東方狍。殺了三頭。兔少，有狐狸。有幾隻野雉。

十日（十一月四日），在察罕・布喇克（「白色泉水」）過夜。岱哈廟位於南方三十里處，越過都特嶺去看，廟看起來非常普通。在岱哈湖的北岸，有一處溫泉，泉水不冷也不熱。喀爾喀的色凌・阿濟米王一族也住在此處。據說今年穀物豐收，生活較以前寬裕，但看起來還是一樣貧寒。因他人品好，所以賞賜給他五百頭牲畜。回程途中越過烏爾圖嶺，回到宿營處。此處林木繁盛，在平地和山的北側都有樹林。山路好走但山谷艱險。

十一日（十一月五日），越過哲爾德・莫敦嶺，在喀喇・河朔（「黑嘴」）過夜。有非常多野雉。山谷狹隘，兩側險峻，因此行軍並不順利。看起來像是木蘭圍場（皇帝的狩獵圍場）[138]，有各種野畜，但說不上豐富。

十二日（十一月六日），在庫庫和屯前四十里的白塔南方過夜。有一些野兔。野雉很多。有幾隻狐狸。地勢艱險，地上有許多地鼠洞，地面不平。

十三日（十一月七日），未進行圍獵，抵達庫庫和屯。城中的老弱婦孺共數萬人，拿著香到關帝廟的外頭迎接，不斷磕頭表示：『我們兩土默特（部族）[139]，在太宗皇帝（皇帝的祖父皇太極）以來的五十九年間，貢賦近兩百匹馬，理藩院的官員來的話須提供兩匹馬，領催來要一匹馬，夏季捕捉小鹿，秋季獵取雛鷹，夏季挖掘石青[140]、冬季獵捕野豬、剝取狐狸的毛皮，因為貢賦的負擔實在太沉重，所以逐漸陷入窮困的絕境深淵。陛下看清這一點，免除了各種貢賦，如今已經過了六年。陛下弘恩如天高、比海深，我們一心只想在陛下眼前叩首致謝。沒想到陛下竟然會到我們這片荒野來，為我們這塊土地增添了無上的光榮。我們竟然也有可以親眼目睹陛下尊容的這一

---

138 木蘭，在河北省北邊的長城線外，靠近熱河處設置的廣大皇室狩獵圍場，將原本是喀喇沁部等蒙古人放牧的草原圍起而成。漢文稱為木蘭圍場。康熙年間以後，為了八旗的軍事訓練以及和蒙古王公的會盟，皇帝往往會在夏季前往熱河離宮和這座木蘭圍場，展開大規模的圍獵活動。

139 土默特，蒙古部族之一，達延汗之孫俺答汗的領地。以南蒙古陰山山脈地帶為遊牧地區，擁呼和浩特（庫庫和屯）為據點，曾繁盛一時，但因察哈爾的攻擊而毀滅。在清代也被視為南蒙古的中心地，部落民被納入無王公管轄的歸化城土默特旗，直屬於清廷中央。

140 石青，藍色的岩石顏料，又名扁青。

天……』說完歡聲四起。因為我沒有打算收取牛羊，所以他們便把牛羊宰殺後除毛，烹煮雞、鴨、鵝、豬，高舉在頭上，拚命向我敬酒。這些事情態成功都有看見。原本我想叫他把這些物產帶回京師，但怕耗費時日，所以僅知會你已經抵達庫庫和屯的消息。順便送上奶皮一箱、肥美野雉十隻、東方狍一隻、炒過的黍稷一袋給皇太后。其他要呈上的物品，我會派手下的宦官和態成功一起帶去。特諭。

十三日晚（這四個字為漢字）」

（十一月七日，《宮中檔康熙朝奏摺》第八輯，三三五—三四一頁，給皇太子的上諭）

◆庫庫和屯的大本營

就這樣在南蒙古繼續進行愉快旅行的皇帝，將大本營設置在庫庫和屯這個城鎮。這裡從古至今都是南蒙古的政治中心，現在仍是內蒙古自治區人民政府的所在地。這個城鎮是在十六世紀時所形成的。當時，在蒙古高原掌握霸權的是土默特部族的俺答汗[141]。他雖然是成吉思汗的旁系子孫，卻擁有實力，將直系的察哈爾部族達賚遜汗驅逐至大興安嶺山脈東方，每年反覆侵犯、掠奪明朝政府統治下的中國北部地區。另一方面，俺答汗也進攻西方瓦剌各部族，壓制他們，其軍隊甚至橫越中亞、進軍至西突厥斯坦，在錫爾河一帶擊潰哈薩克王的軍隊。不只如此，俺答汗的軍隊也涉足西藏，當時西藏學問與德行最高的拉薩哲蚌寺座主索南嘉措，在一五七八年接受俺答汗的邀請前往青海，首次從俺答汗處獲贈「達賴喇嘛」的稱號。這就是達賴喇嘛三世[142]，實際上的第一代，同時也是達賴喇嘛五世的前兩代。

明朝政府懼怕俺答汗的威猛，於一五七一年和他締結和約，此後蒙古與中國在貿易上呈現繁盛的景況；拜雙方的和平所賜，中國方面也迎來萬曆時代的繁榮，至於蒙古方面，庫庫和屯則作為國境貿易的中心地而昌盛。庫庫和屯的居民主要是漢人、其中又以在明朝政府鎮壓下逃亡而來的白蓮教[143]教徒為中心，在郊外地區則有廣大的農園，負責耕作這些農地的，是逃離明朝政府苛

141 俺答汗（一五〇七—一五八一年），達延汗之孫，是達延汗第三個兒子，統轄右翼（西方）的巴爾斯博羅特的次子，也是土默特部的首長。是一位有能力的領導者，統率右翼勢力，壓迫直轄左翼（東方）的宗主達賚遜汗，一五五一年成為第一位除了宗主家族以外，被賜予「汗」稱號的人物。晚年皈依藏傳佛教，成為佛教普及全蒙古的契機。

142 達賴喇嘛三世（一五四三—一五八八年），格魯派地位最高的活佛達賴喇嘛，實際上的首代，名為索南嘉措。仿效噶舉派的轉世制度，為格魯派首位生下後就以活佛身分被選為哲蚌寺座主的靈童。長大後成為聲望崇隆的高僧，廣受景仰。一五七一年成功讓俺答汗皈依，一五七八年在青海會見俺答，受封「達賴喇嘛」的稱號。

143 白蓮教，被視為淨土宗分支的秘密宗教，主張在現世救濟眾生的彌勒信仰。由於期待彌勒的降臨以及救贖，並屢次將之與救世和改朝換代的概念相互連結，因此被歷代王朝視為危險份子，嚴加警戒並禁止活動。

稅重擔的農民，以及俺答汗在多次侵略中國時所擄回的漢人；他們在生活上，比起中國來得更為愉悅自在。

在俺答汗逝世後，土默特部族歷代大汗的都城皆設在庫庫和屯。然而，在一六二八年，從大興安嶺的另一方，察哈爾的林丹汗[144]軍隊突然現身，瞬間席捲南蒙古，擊潰土默特族，佔領庫庫和屯。其後，這座城鎮一時之間便成為察哈爾汗的都城，但一六三四年，皇太極率領滿洲軍佔領庫庫和屯，林丹汗滅亡。自此之後，庫庫和屯便成為清朝與北蒙古的接觸地點。

在皇帝抵達之前，搶奪糧食失敗的丹濟拉已經回到了噶爾丹處；這項情報在十一月十五日，被送到位在庫庫和屯的皇帝處所。

「二十一日（十一月十五日）早晨，有兩名厄魯特人從噶爾丹處前來投降。到了正午，又有兩名厄魯特人來投降。我傳喚這些人來，予以賞賜。其中有一人的妻子先前被我軍所獲，當他到了以後，我立即安排他與妻子會面；兩人一見面便抱頭痛哭，目睹此景，蒙古諸位王公以下沒有人不流淚的，大家都說『真是太好了』。詳細詢問後，得知丹濟拉已返回，十九日（十一月十三日）在枯冷白爾齊爾與噶爾丹會面，報告道：『（清）軍在各地阻斷了道路，我只好詐稱投降、想盡辦法才回來。』噶爾丹大嘆：『我們大家原本都把希望放在你們身上，現在究竟要怎麼生存下去呢？（清）軍又把道路封鎖了。也不能再繼續待在這裡了。到哈密去拿米吃吧！』於是，他便在二十一日（十一月十五日）動身啟程。我們在出發一、兩天後便往這邊來；據說厄魯特的賊匪們，已經有很多人開始自相殘殺了。事實上，要是他們真的去哈密的話，事情就簡單許多，噶爾丹必定會被我軍所捕。畢竟往那邊的道路已經徹底封鎖，完全不需要擔心。此後前來投降的人應該會變多吧。會再繼續告知情況。

二十一日（十一月十五日）停止行軍，休息。二十二日（十一月十六日）也打算休息。二十三日（十一月十七日）往黃河河岸方向出發。我軍的馬匹肥壯。」

（十一月十五日，《宮中檔康熙朝奏摺》第八輯，三四四—三五三頁，記於皇太子奏摺上的硃批）

皇帝在十一月十八日，較預定日期晚一天，離開停留十一天的庫庫和屯，往西南方出發。

「我身體安康。你好嗎？這裡還是一樣暖和，河川也還沒結冰。穿著棉衣的人很多。商人和

144 林丹汗（一五九二—一六三四年），蒙古的宗主家族——察哈爾部族的首長，為蒙古最後的大汗。為再次統一各自分立的蒙古各族，而在南北蒙古地區反覆遠征、擴張勢力，但在遠征青海的途中因天花而猝死，失去領導者的察哈爾汗家失勢瓦解，最後臣服於清朝。

挑擔的人們，現在還是沒穿衣服、裸著身子工作。當地的年輕人和老人，都覺得相當不可思議，他們表示：『我們從父祖輩以來，至今從沒聽過有這麼好的年，河川不會結冰，也沒有風雪。』在我看來，京師應該也是一樣吧！我穿著薄羊裘和棉外套騎馬射兔，覺得熱還出了汗。」

（日期不明，《宮中檔康熙朝奏摺》第八輯，三五四—三五八頁，記於皇太子奏摺上的硃批）

◆停留在黃河一帶

十一月二十二日，皇帝抵達位在黃河岸邊的湖灘·河朔鎮，並在此地暫時停留。這裡也是和庫庫和屯同一時期形成的漢人城鎮，為現今的托克托縣。

「諭皇太子：

二十七日（十一月二十一日），我在麗蘇·柏新過夜。這一天有野兔，數量算不上豐富。

二十八日（十一月二十二日），我在湖灘·河朔過夜。漢人們將這裡稱為脫脫城。有野兔，不算豐富。這裡是黃河的河岸處。我們試著射箭過河，新滿洲人、我、大阿哥、擅長射箭的人們都能輕易地把箭射過河。川流也不急，無法和南方的黃河相比。比天津的海河最窄處還要窄小。

二十九日（十一月二十三日）停止行軍。早晨，鄂爾多斯（部族）[145]的王、貝勒、貝子[146]、公、台吉（皆為爵位名稱）們渡河前來。我到黃河河岸，測量河的寬度，約為一百零六尋（譯注：一尋為八尺）。射箭距離大約五十多步。接著我坐上船，和新滿洲人們一起試圖划動船槳，逆流而上。果然是有可能做到的事情，只是因為船隻和設備不佳，手臂無法施展太多力道。許多蒙古人們感嘆道：『從代代祖先起，從沒有聽說過有船可以往我們皇后河（黃河的蒙古名稱，拼音為Hatan Gol）的上游方向前去。』我四處划渡，發現在下游沒有能讓船上岸的河彎。再加上現在又有流冰，沒辦法讓許多人強行渡河，只能寄望（河川）趕快凍結。自古以來，據說沒有一年是過了十月二十日（十一月十四日）之後還不會凍結的。你也記下京師池湖（中南海、北海）凍結的日期，再告訴我。

據說從庫庫和屯到黃河岸邊為一百七十里，從黃河河岸到殺虎口[147]的長城城門也是一百七十

145 鄂爾多斯，過去在蒙古高原奉祀成吉思汗之靈的鄂爾多（帳幕），在十五世紀左右遷移至被黃河彎曲處所圍繞的地區，因此這個地區便被稱為「鄂爾多斯」，即鄂爾多的複數型。是達延汗的孫子、俺答汗的長兄袞必里克子孫的領地，在皇太極的勢力擴及南蒙古之後，歸順清朝。

146 貝勒、貝子，清朝的爵位名稱，次於親王、郡王的第三、第四等級爵位。八旗的宗室王公與外藩的蒙古王公，在這方面的爵位是共通的。

147 殺虎口，山西省西北部萬里長城的關門，是通往庫庫和屯（呼和浩特）的交通要衝。明代時期被稱為「殺胡口」（殺夷之城門），但清代時將「胡」字改為「虎」。

里。還沒經過丈量。

自從抵達黃河的那一天起，我開始感到寒冷。就像是京師結凍時期一樣。在這裡，人們穿著灰鼠皮毛、羊毛上衣和狐腋背心，上了年紀的人們則是穿得更為厚重。

向我們投降的一群厄魯特人，不僅擅長於馬鞍和火槍槍托的製作，還會上漆，技術精巧。善巴王送來善鍛鎖子甲的厄魯特人塔布奇，其製作鎖子甲的高超技術，令人驚豔。在庫庫和屯找到的厄魯特鐵匠烏色依，打造技術快又好。

我們在這裡，嘗試性地做了一個厄魯特式的馬鞍。只是因為手邊沒有黃金，就沒有鑲嵌。在此將它與厄魯特的紅馬一匹，一同送給皇太子。我會讓高玉慶（編注：康熙身邊的太監）將這匹馬帶去。這匹馬非常的好，馬腳健壯，步伐穩健，馴服從順。待吃了馬糧恢復體力後，你就會知道牠有多好了。馬鞍布墊、皮墊、障泥、轡頭、繫繩等，全是厄魯特女子們花了一天一夜製作完成的。我們還讓捉來的厄魯特孩子們，試著製作我們在典禮上穿的服裝和外套，像是接合毛皮、裁剪等工作，一天應該可以完成一件。他們的手藝非常靈活，只是有點粗糙。這個馬鞍，一定要給皇太后看看。

另外，我在這裡吃了喀爾喀人的羊肉，不知道是這裡的水好，還是土地的關係，味道十分好，好吃到讓人驚訝的程度。因為這樣，我便親自監督燒水，反正在等待河川凍結的期間，我也沒有其他事做，所以就自己拿著刀，削肉去骨，裝進箱子送去。請將這些上呈給皇太后，再依上頭寫的，交付給谷太監。

三十日（十一月二十四日）停止行軍。一日（十一月二十五日）也停止行軍。二日（十一月二十六日）早晨，蒙古人報告說：『距離這裡五十里的什爾哈，今晚有兩個地段結冰，每個地段超過一里。我們的軍官都十分驚訝，於是先派我來報告；他們自己則嘗試帶著眾人渡河，如果可以成功渡河，會再前來報告。』於是我派遣嚮導官特古斯前去查看。

另外，從我軍宿營處往東南方十五里，有個名為博羅勒濟的小沙丘，聽說那裡有很多野兔；於是，我選出能夠長途跋涉的人，和一同前來的綠旗兵徒步去圍獵。野兔豐富，我用皇太子送來的射兔用弓箭，殺了四十多隻，大家則總共獵了三百多隻。

據鄂爾多斯的人們說，渡河之後，每一處草叢會有四、五十隻野兔，數量非常多。如今我們的良馬數量已經足夠，沒有餘裕選評，因此並沒有將鄂爾多斯的良馬帶過黃河。

現在，如果從盛京（瀋陽）[148]送什麼東西來，會對驛站造成負擔。我們在的地方各種食物都

148 盛京（瀋陽），遼寧省的中心都市，為清朝遷都北京以前的都城。遷都後，被視為重要的陪都（副都）。都市名雖為瀋陽，但作為都城則是被命名為盛京（滿文稱為mukden）。至於當地的行政機關，則稱為奉天府。

有，如果想要送什麼來的話，那就送些像是鹿尾五十條、鹿舌五十個、鱖魚、鯽魚、鱒魚之類的特產過來吧！其他大魚和鰉魚我就不吃了。野雉也不用送來，這裡有很多，而且相當肥美。橘子、柑子等東西，就算有貢品也不要送來。水果和麵粉等東西，我們自己從寧夏（銀川）拿來吃就好了。寧夏的麵粉很好。就算用皇宮裡御用的高級麵粉做餅（餑餑），比較起來，我們的麵粉還是又黑又硬，寧夏的麵粉則是又白又軟又細，就算吃再多也很好消化。葡萄也很大顆。這裡的葡萄名字叫公領孫[149]，在大葡萄周圍的根部地方，有小的梭子葡萄。以前常吃梭子葡萄，卻不知道是這樣生長的。真的非常奇特。梨子也很好。谷太監在報國寺買的好梨子，就是這裡出產的。

三日（十一月二十七日）早晨渡河後，派人去將鄂爾多斯王公、貝勒、貝子所擁有一百二十二匹馬之中的四十匹，以及其他不屬於行列的三百匹馬中的一百二十匹，帶到河對面的岸邊，將我們的馬鞍放上船渡河。渡河時看見，冰的碎片都被沖流上兩岸。河水的狀況和我們抵達的那一天不同，幾乎沒有在流動。接著，我們就像是渡過（北京）暢春園（離宮）[150]的河流一般，筆直越渡。兩岸的蒙古人全都反覆合掌叩頭，說出宣誓的話語：『這是我們代代所居住的土地；就連這條河川都如此順服大汗的意願，我們又有誰敢對大汗心存惡念呢！』接著，他們隨即騎上自己的馬，展開為時二刻（四小時），三次小規模的圍獵。果然鄂爾多斯這個地方的人所言不虛，他們在圍獵活動方面十分嫻熟。野兔非常豐富，野雉也多。我獵了五十多隻，阿哥們總共獵了二十多隻。良馬多，加上熟悉環境的關係，非常的舒適快活。地形雖有沙丘，但平坦且堅硬。草多叢生，要讓馬匹馳騁，不需操心。我自幼便聽過『鄂爾多斯之兔』，如今終得親眼看到。圍獵結束的申刻（下午四點），我們就像來的時候一樣渡河，回到宿營之地。

傍晚，特古斯等人歸來報告，表示什爾哈上游的河流皆已結冰，試著渡河後，並無不便之處。我打算四日（十一月二十八日）休息一天，五日（十一月二十九日）試著往什爾哈的渡河點移動。如果行李和重型物資可以渡河的話，就立即渡越，如果有些不安定的話，就停止幾天。

把這些事情抄寫起來，向皇太后報告。也讓宮中知道（下有部分文字殘缺）。本來想另外寫信，但都是重複的內容。如果對你另外降諭的話，又怕被其他人聽聞。不要向外人轉述。特諭。」

（十一月二十七日，《宮中檔康熙朝奏摺》第八輯，三七四—三八七頁，給皇太子的上諭）

149 公領孫，比喻生長方式看起來像是成年男性（公）帶著孫兒的模樣，因有此名。在《佩文齋廣群芳譜》卷五十七和《康熙幾暇格物編》上篇的「葡萄」條目中皆有言及。親征時期對自然界的觀察，也是康熙皇帝科學知識的來源之一。

150 暢春園，北京西北郊外的離宮，自一六九〇年建造完工以來，康熙皇帝便喜歡待在此離宮中處理政務。康熙皇帝逝世的地點，也是在這座暢春園內。

◆在鄂爾多斯大大享受狩獵之樂

回到黃河東岸的皇帝，接到了關於噶爾丹動靜的新情報。根據情報，噶爾丹已經走到窮途末路，流亡於杭愛山和阿爾泰山之間。

「諭皇太子：厄魯特人布達里在四日（十一月二十八日）傍晚前來投降。據他所說：『我是在十月四日（十月二十九日）來的。噶爾丹身邊雖然還有數百名士兵，但是沒有食物，再加上寒冷，許多人四散奔逃，也有人死去。大寨桑（宰相）[151]土謝圖・諾爾布也正率眾前來投降，還沒有抵達。』雖然有傳聞說噶爾丹正逃往哈密，但當我詢問熟悉地形的喀爾喀人時，他們則是說，噶爾丹在距離枯冷白爾齊爾約三天日程的齊齊克・空郭羅・阿濟爾干地區，一直不停來回打轉。看樣子，他應該是哪一個方向都去不了。接下來他究竟會去哪裡，其實我心裡已經有數。當我更進一步詢問詳細狀況後，得知對方的鳥槍火藥和彈丸全都用盡，甚至連長矛也沒有。現在投降者成群而來，應該可以問出更多事情。前來投降的厄魯特人，花了十天的時間抵達此處。又，布達里的妻子現在在鄂欣的家中，於是我安排讓他們夫妻相見。皇太子可以和大臣一起仔細詢問這個人，也會是件令人欣喜的事。土謝圖・諾爾布是厄魯特的重要人物；這個人來的話，就可以確切知道厄魯特究竟有何決定。他抵達的時候，會儘速讓你知道。

這些事情也請向皇太后稟告，並替我向皇太后請安。

四日（十一月二十八日）休息。五日（十一月二十九日）前往河川的上游，朝可以渡河的凍結處移動。特諭。」

（十一月二十八日，《宮中檔康熙朝奏摺》第八輯，三九四—三九七頁，給皇太子的上諭）

十一月三十日，皇帝度過結冰的黃河，進入鄂爾多斯地區，在當地停留了近一個月的時間：

「諭皇太子：先前曾經告訴過你，我在五日（十一月二十九日）出發，在五十多里外的什爾哈，從河流凍結處渡河。五日往黃河上游前行十八里，抵達喀林．拖會地方，發現黃河已經凍結。我們在此地宿營，鑿冰查看，凍結足足有一尺深，結冰處相當堅固；於是我們將三旗整編為三路，在冰面上鋪設道路，於六日（十一月三十日）將行李和重型物資搬運過河。由於上游六里以外、下游三里以外的地段，河面都沒有凍結，因此所有的蒙古人都覺得不可思議：黃河凍

151 寨桑，蒙古、瓦剌重臣的稱號，語源為漢語的「宰相」。

結之時，原本應該是從北方寒冷處開始，結果在這麼暖和、河川照理說不會凍結的時候，竟然從中段開始結冰，而且還是厚厚的一層，實在是前所未見、聞所未聞。渡河之後，隨即展開圍獵。這裡野兔和野雉的數量十分豐富，要射野雉時，就顧不到野兔，要射野兔時，就顧不到野雉；左右為難、猶豫不決，結果導致成果不豐。殺了野兔約四十隻、野雉十多隻。野雉肥美。

傍晚在宿營處下馬後，當地王公、貝勒、貝子的母親和妻子也都來了。我在抵達鄂爾多斯之地後，才知道鄂爾多斯人的生活十分講究，在禮儀上，過去蒙古的傳統，可說是一點也沒少。（鄂爾多斯）六旗的王、公、貝勒、貝子、台吉等人，大家的關係融洽，宛若一體，不分彼此。沒有盜賊，也不用監視駱駝、

康熙北征蒙古之宿營場景圖。

馬、牛、羊。就算馬匹發狂，行蹤不明，過了兩、三年後有人發現，也不會加以隱藏，而是會送到札薩克（旗長）跟前，讓札薩克去向馬的主人確認。王的母親不是生母，貝勒的母親也不是生母，但是他們都十分珍視、尊重母親，更勝生母。其他的蒙古人要是看見這樣的景象，應該會羞愧致死吧！

鄂爾多斯人的生活井然有序，牲畜豐富、良馬眾多。雖然比起察哈爾人的生活條件稍微有點不及，但是和其他蒙古人相比起來，明顯地富裕許多。騎馬射兔的技術雖稱不上高明，卻十分嫻熟，命中率也高。我從他們這裡，取得了十來匹當下可以騎乘的良馬，至於尚未品選的馬則超過一百匹。

在這裡，黃河的石花魚數量非常豐富；長城內會送來，蒙古人也會送來。這些魚非常新鮮，肉質肥美，十分美味。皇太后不吃大魚，所以就不送過去了。

我們因為長時間停留在這裡，已經對這邊的事物熟悉到完全沒有感覺了。這裡水土皆好，食物豐富、燃料充足，大家都非常健康、有活力，不只如此也不會太冷。就連現在，我還沒穿過在克魯倫河四月（五月）時穿的衣服。在京師只要稍微轉涼了一點，就覺得冷而把衣領釦緊，在這裡則是完全不會這樣，這也是不可思議的事情之一。我該如何知道，接下來會不會變冷呢？

在東斯垓驛站過夜。七日（十二月一日）休息。這一天，處理鄂爾多斯人獻上的馬和駱駝等東西。

八日（十二月二日）休息，在西南方的沙丘上圍獵。野兔和野雉數量非常豐富。我獵了約六十隻。我們十分珍惜馬匹，因此只有擁有多匹馬的大臣和侍衛，總計約六十人前往。我們一行人，總共獵了約三百隻野兔和野雉。聽說之後的路上，野兔和野雉會更多。地形也很好。雖然四處有沙丘，但沙丘小，地面硬。

一直以來，我都將我們旅行的樂事簡單帶過；畢竟全部寫出來的話，恐怕會讓皇太子、阿哥和留守宮中的人們羨慕不已。在我宿營停留之時，野兔自己跑來帳篷帷幕內的狀況不少。行李車隊停止的時候，也有很多人會在該處捕捉到野兔。

九日（十二月三日）移動十四里，在察罕・布拉克（「白泉」）過夜。這一天，因為聽說野兔和野雉很多，就派出新滿洲人、年輕隨侍、綠旗的志願者等耐走的人，像是圍獵競賽一般，在騎馬的鄂爾多斯驅獸者（譯注：狩獵之時，負責追趕獵物到射獵者方向的人）外圍，圍成兩圈。野兔和野雉果然眾多，我獵了近九十隻，驅獸者則獵了六百多隻。

這幾天，還沒品選完鄂爾多斯的馬匹。指定作為御用馬匹的馬超過四十匹，都是善於飛奔的良馬。現在阿哥每人各有七、八匹馬。馬都很溫馴。鄂爾多斯的習慣，在捕馬的時候不用捕馬竿，而是奔跑靠近；只要抓住馬身驅的某個部位，馬就會立刻停下來，沒有看見任何一匹馬暴躁掙扎。我們也取得了適合年紀小的阿哥乘坐的馬匹。

十日（十二月四日），移動十九里，在瑚斯台過夜。這一天一樣圍成兩圈，展開圍獵。野兔數量非常豐富，野雉則是普通。我獵了一百多隻，驅獸者獵了六百多隻。大家因射獵疲憊不堪，所以十一日（十二月五日）休息，不行軍。

此次出征，我一直期盼著進攻的機會，但現在則是處於安樂的狀態；氣候也不冷，所以就一邊依水草的狀況而移動，一邊等待噶爾丹困窘而死的報告，並收容前來投降的人。早知道是這樣的話，就把大家都帶來，在這塊馬匹豐富的土地上獵兔。據說前方的野兔數量更多。

你送來的信，在十一日（十二月五日）破曉前送達。看完信後，我立刻處理好要送過去的物品並送出。將我們獲得的肥美野雉三十隻、奶皮一箱呈獻給皇太后。其他的東西，就按照寫的內容遞交。有很多肥美的野雉，原本想多送一點過去，但是需要驛馬，所以就不送了。這些事情就按照過去一樣。特諭。」

（十二月五日，《宮中檔康熙朝奏摺》第八輯，四一五—四二五頁，給皇太子的上諭）

◆困窘的噶爾丹

同樣在十二月五日，在鄂爾多斯瑚斯台駐紮的皇帝獲得情報，表示噶爾丹將會派遣使者前來，交涉和談事宜。

「諭皇太子：十一日（十二月五日）送來報告的納瑪善和厄魯特投降者烏善泰抵達。我詳細詢問（烏善泰），他說他是在十月六日（十月三十一日）脫逃而來。他所說的，與我送往京師的人（布達里）說法並無不同。只是他還說：『噶爾丹派遣察罕・沽英・寨桑前來稟奏，也正在召集牲畜；如果是真的，應該就快要到了』。恰巧在詢問尚未結束之時，噶爾丹的大寨桑——土謝圖・諾爾布抵達。他是該部的領袖人物，非常熟知詳細狀況。詳問之下，他表示噶爾丹確實正處於困窘狀態，這個月或許就會窘迫敗降。其他的事情，大致都與先前來的人說法無異。噶爾丹原本打算往哈密的方向前進，但聽說副都統阿南達率兵堵塞去路，所以大概放棄了前進，據說他現在停留在薩克賽・圖胡魯克一帶。我看大寨桑土謝圖・諾爾布這個人，相貌堂堂，有男子氣概。他投降時帶來了八十個人。

如果噶爾丹派人前來的話，我們也會順應情勢派人過去。我光是待在這裡，就足以讓噶爾丹困窘。噶爾丹既無去路，聽說現在他那邊又變得非常寒冷，手下還都是徒步的人，能夠到哪裡去？他就像是被困在柵欄中的野獸一般，定會自斃。關於這件事，想讓你們知道，緊急告知。特諭。

也向皇太后稟告，並告知宮中。另外也告訴滿人大臣們，讓眾人知情。」

（十二月五日，《宮中檔康熙朝奏摺》第八輯，四一一—四一四頁，給皇太子的上諭）

先前皇帝送往北京的投降者布達里於十二月三日抵達，皇太子詢問布達里，整理成詳細的報告書，於翌日寄送給皇帝。皇帝在十日收到報告，對內容十分滿意，於是寫了以下這樣一段褒獎的話語給皇太子：

「我身體安康。你好嗎？高玉慶在十六日（十二月十日）早上抵達，清楚地傳達各項事情。皇太子的問話極為詳細周全，想要明白事情來龍去脈的心意和我一樣，我非常開心。不僅如此，正因你在京師處理政務，就像泰山一樣的穩固，我在外才能放心，沒有雜事煩擾，從而安心度過這些時日；不管再怎麼想，這都不是一件簡單的事啊！我的福澤，想必是從我的善行所生；我在這裡，也把這件事告訴了每一個認識的人。像你這樣盡孝侍奉父親，凡事皆以誠待之的人，我也祈禱你能長壽，子孫都像你一般盡孝侍奉你。因為明白你對所有的事情都秉持良心，所以書寫這封信給你。

皇太子唯一的缺點就是無法看見這裡如此豐富的野兔，十分可惜。野兔數量非常豐富，野雉也相當多，地勢大致平坦。」

（十二月十日，《宮中檔康熙朝奏摺》第八輯，三九八—四〇二頁，記於皇太子奏摺上的硃批）

在那之後，皇帝一邊等待噶爾丹使者的到來，一邊享受鄂爾多斯草原上的狩獵樂趣。

「諭皇太子：十二日（十二月六日），我在夸・拖羅海過夜。同樣圍成兩圈，展開圍獵。野兔和野雉數量之多，難以用言語形容。我過了四十歲，走遍的地方不計其數，卻從來沒有看過數量如此豐富的野兔。展開圍獵後，不分主人奴隸，全都專注在射獵活動上，完全沒有餘裕顧及其他事情。我獵了一百三十八隻，大阿哥獵了五十九隻，三阿哥獵了五十五隻，八阿哥獵了五十隻，裕王（福全）獵了約二十隻。在這場圍獵中，殺五隻算非常少的成果。細算數量，圍獵總共殺了一千五百五十六隻獵物。據說在營地也有非常多野物，殺掉的量不計其數。雖然我們食用的米糧還算豐富，不過照這樣下去，就算糧食補給斷絕，也絕對不會餓肚子。鄂爾多斯人說，野兔就是自己的飯菜。不管去到哪裡都有野兔。即使前面已經圍獵過的地方，野兔的數量還是像狩獵之前一樣豐富。從前鄂爾多斯人將野兔賣給長城漢人時，野兔一頭值銅錢兩枚；如今六、七枚銅錢，才能買一頭野兔，價格比以前高出三倍。既然如此，那以前數量豐富的時代，究竟是什麼樣子呢？雖然我不應該寫下這些讓你們羨慕，但是對家人不能說謊，實在是沒有辦法。

十三日（十二月七日）休息，一樣圍成兩圈展開圍獵。野雉少，野兔的數量和十二日差不多。我和驅獸者們都因為前一天獵兔的疲憊，手和大拇指紅腫，無法好好射箭。我獵了八十三隻，大阿哥獵了四十一隻，三阿哥獵了四十三隻，八阿哥獵了三十九隻，所有驅獸者獵了一千四百四十二隻，這還沒有算進鄂爾多斯人驅獸者所獵殺的數量。這天第一場圍獵結束時，上駟院侍衛瓦色、阿薩納前來，他們都不由得驚嘆說：『這裡的野兔竟如此豐富！』他們在圍獵後也進行了射獵，兩人射殺了許多獵物。傍晚結束圍獵後，檢閱馬匹，都很肥壯，與我們帶來、準備隔日更替乘換的馬匹相當。我們的馬並沒有太瘦弱，有些馬還很肥壯有肉。看起來，這個季節很適合駱駝和馬。

十四日（十二月八日），就連圍獵活動也無法進行，只好為了歇息而停留在當地。鄂爾多斯馬的品評總算結束了。從京師派出來、指定為御用馬的有八十一匹，其中非常優秀的良馬有三十匹。在宮中飼養的四十二匹馬，養肥後大有希望。給阿哥的馬有三十九匹，給上駟院的馬有七十一匹，給太僕寺[152]的馬有六百一十一匹，駱駝有一百四十三隻。因為這裡的野兔多，每一匹馬（在騎乘射獵時）至少都能殺十隻、十五隻以上的野兔。這些馬在品評上都經過詳細的調查，雖然不知道後來會不會有變化就是了。

鄂爾多斯這塊土地非常好，特別適合青少年與孩童作為練習騎射的場所。冬眠的野兔豐富，在圍獵合攏後的範圍內，有非常多剛從沉眠中醒來的野兔；往誰的地方跳去，就由誰射獵。當我們拉起弓，往往不知道該瞄準哪一隻野兔，因為可能同時會有兩隻、三隻、四隻、五隻野兔一同往自己的方向前來。甚至沒辦法讓馬馳騁，也有馬因停留在原地不停打轉而疲憊不堪。

十五日（十二月九日），因為無法組成完全的包圍陣形，圍獵活動休息。這一天閒暇無事，於是我喚來我們的蒙古吹笳者、鄂爾多斯的吹笳者、厄魯特的吹笳者和彈箏者兩人，演奏一整天。厄魯特吹笳者雅克什表示：『我已經六十五歲了，認識厄魯特四部的每一位君主。如今拜見大汗，德行兼備，仁慈廣及四方、廣施恩德，對所有蒙古人都很好，不嫌貧賤。我們的君主就完全不是如此，他們不會見其他人，覺得自己十分尊貴偉大。拜見大汗之後，我才發現讓國家走向興盛的英主，真的是受上天賦予天命的人啊！』接著他又開玩笑地說：『我看這圍獵的樣子，別說是在地上跑來跑去的野兔，就連會飛的野雉也到處引頸待擒；往往是從這邊放出獵鷹，在那邊就一把抓住，從那邊放出獵鷹，在這邊就手到擒來。看這個等著捕捉的場面，根本是哪裡也逃不了。然而，你們對噶爾丹的掌控，又比這個圍場更加嚴密不知多少；既然如此，他又怎麼逃出去呢！如果是我自己的話，我大概會想，只要能在某個角落苟延殘喘下來就好了；不過這只是老人無法忘懷過往的心情罷了啦！』眾人聽後都笑了，我對他更是中意。這是我們在這裡輕鬆閒適時的樂事，就這麼寫下來。

十六日（十二月十日）在哲固斯台過夜。圍成兩圈進行圍獵。野雉數量普通，野兔還是和過往相同。我獵了一百二十二隻，大阿哥獵了五十九隻，三阿哥獵了五十五隻，八阿哥獵了五十四隻，裕王獵了二十二隻，驅獸者們獵了一千二百一十五隻，其中還沒算進蒙古驅獸者所獵殺的數量。

十七日（十二月十一日），什麼事也不能做，休息。這一天宮內來了報告，送回。我們可以去的地方都去過了。鄂爾多斯驅獸者的馬匹也已經疲累。再繼續前行的話，對蒙古人們的馬來說，過冬或許有些困難，因而放棄。我們沿著黃河的河岸，一邊餵馬，一邊等待情報。特諭。

這些事情，跟過往一樣向皇太后稟報，也傳達給宮內、阿哥們知道。不要向外部洩漏。」

（十二月十一日，《宮中檔康熙朝奏摺》第八輯，四三七—四四七頁，給皇太子的上諭）

152 太僕寺，隋唐以來，掌管國家軍馬、官馬的政府機構。管理宮廷的廄舍、牧場和車庫，以及出巡事宜。清代的牧場，由蒙古宗主家族——察哈爾親王布爾尼之亂後，改編為滿洲式八旗的察哈爾四牧群中的兩個負責，在張家口以北至多倫・諾爾之間放牧。

◆掩耳盜鈴

皇帝反覆等待的情報，在兩天終於後抵達。那是來自撫遠大將軍費揚古的速報；報告中指出，噶爾丹為了請求議和，派遣格壘・沽英帶領二十人的使節團，已抵達國界。

「諭皇太子：十九日（十二月十三日），在我們停止行軍的時候，早上巳刻（上午十點），收到費揚古伯爵的緊急報告書；上頭表示，噶爾丹打算投降，已經派人前來。因為想趕快讓你知道，所以將費揚古報告書的原文送去。將這件事稟告皇太后，並向皇太后請安。同時也讓宮中知道，並告知滿人大臣們。即便事態尚未明確，不過我已有方針，你不用擔心。我從一開始就說過，噶爾丹已經窮途末路，如今正證明了我所言不虛。特諭

康熙三十五年十一月十九日」

（十二月十三日，《宮中檔康熙朝奏摺》第八輯，四四七—四四八頁，給皇太子的上諭）

然而，就在皇帝送出這封信件後，事態卻出現了意外的發展。噶爾丹派遣至青海、西藏的使節團，一行共一百六十人被清軍逮捕，連帶著噶爾丹寫給達賴喇嘛、攝政桑結嘉措的十四封信

件，都落到清軍手裡。

「諭皇太子：十九日（十二月十三日）送出信件的同時，我收到御前侍衛阿納達的報告。噶爾丹派遣心腹索諾木・喇錫喇嘛等人，前往達賴喇嘛、瑚瑚・腦兒（青海）等地，在我先前下令埋伏的地方，被一舉捕捉。我會將報告書的抄本送過去。

這一行人全部有一百六十個人、八十多匹馬、一百多隻駱駝。駱駝和馬匹瘦弱，沒有東西吃。據說他們是從噶爾丹所在之處出發，走了一個月，在索爾河被捕。我想等噶爾丹送往西藏的這十四封信件悉數翻譯、大致了解箇中狀況後再通知你，因此並沒有馬上送過來。十九日、二十日（十二月十四日）這兩天翻譯結束。在信件中，噶爾丹徹底隱瞞了他的失敗和困窘，實在是丟臉又無恥至極，簡直就像是掩耳盜鈴一般。他並不知道自己的狀況在達賴喇嘛和瑚瑚・腦兒那邊都已經傳了開來。這十四封信件雖然沒有太大助益，還是抄寫送去。將這些記下來向皇太后稟告，也告知宮中，讓滿人大臣們閱覽。十四封信件，不需要讓宮中閱覽。特諭。」

（十二月十四日，《宮中檔康熙朝奏摺》第八輯，四五七—四六〇頁，給皇太子的上諭）

正如皇帝所言，噶爾丹的信件，全都是以強勢、樂觀的語調書寫，日期為九月二十九日。由此可以察覺到噶爾丹已經埋下伏筆，打算逃亡到西藏。

差不多厭倦圍獵生活的皇帝，看見事態有新的發展，於是再次做好準備，要回到黃河東岸：

「諭皇太子：十八日（十二月十二日），應該去的地方都已走遍了，但是因為愛惜牧場，所以我沒有移動大本營，而是再進行一次如同以往的圍獵。野雉雖少，野兔的數量倒是比前些日子更為豐富。我獵了一百三十二隻，大阿哥獵了五十九隻，三阿哥獵了五十四隻，八阿哥獵了五十二隻，裕王獵了十五隻。我們所獵殺的數量，和驅獸者所獵殺的數量加起來，一共是兩千零六十一隻。全部都是小規模的圍獵，共舉行四次。最後圍獵的時候，我讓身旁的侍衛們散開，好讓大家盡興地射獵。

十九日（十二月十三日）休息。

二十日（十二月十四日）同樣不移動大本營，再一次舉行圈獵。野雉少，野兔數量則是與之前相同。我獵了一百三十隻，大阿哥獵了五十八隻，三阿哥獵了六十隻，八阿哥獵了五十九隻，裕王獵了十隻。我們和驅獸者所獵殺的數量，共計一千五百三十隻。圍獵活動就此結束。我們渡過黃河之後，移動的距離不到八十里，卻進行了這麼多天的圍獵，已十分滿足，加上捷報接連傳來，因而決定回到湖灘・河朔，等待後續狀況。

看鄂爾多斯的地形，就像是我們（北京）的南苑以南，沙丘散佈，樹木茂盛，塵埃也多。只是用水不足，除了黃河沿岸以外，要是隨意走到其他地方的話，用水就很不方便。到處都是野兔和野雉。這塊土地靠近長城，相當炎熱，比起京師更為溫暖。或許是年紀的關係，總覺得不管是庫庫和屯還是湖灘・河朔，好像都比這裡還冷。

二十一日（十二月十五日）休息。我的精神很好。就算進行了這麼多次圍獵，馬仍舊沒發生過任何一次疲累失蹄的狀況。把這些事情向皇太后稟告，也讓宮中、阿哥們知道。不需要向外透露。特諭。」

（十二月十五日，《宮中檔康熙朝奏摺》第八輯，四五三—四五七頁，給皇太子的上諭）

如同下面這封信件所示，皇帝也已經疲累不堪；結果因為一點小事而情緒爆發，遷怒到可憐的皇太子身上：

「我沒事。皇太子好嗎？我因為害怕皇太子在遠方擔心，所以一而再，再而三地把我們在這裡精神抖擻的樣子，書寫起來送過去給你。為什麼你卻連一句話也不回信呢？光是寫這麼多封信件，你知道要花費多少心力嗎？從今以後我不會再寫多餘的事情了！

二十二日（十二月十六日）休息，為鄂爾多斯人擺設酒宴，按等級賞賜。二十三日（十二月十七日）回師，在瑚斯台過夜。二十四日（十二月十八日）休息。抵達湖灘・河朔並停留在當地。湖灘・河朔距離這裡有八十里。

將軍薩布素生病，於是我將自己手邊有的西洋藥露如勒伯・伯喇爾都全數送去。前天從京師來的副都統巴林，病懨懨非常衰弱的樣子，想賜藥給他，卻已經沒有藥了。這些藥多少要準備一些放在身邊才行。這封信件送達後，你幫我分裝在幾個小玻璃瓶裡送來。

巴林的病況嚴重，要怎麼讓他回去呢！今後，像是這樣急忙派人從遠方前來，不合道理，別再派人來了。不只是這樣，將患有重病的人運上車送回去的例子，也是前所未聞。要是在途中病死的話，該怎麼辦呢？

帥晉所進行的種痘，都非常順利。我把在這裡打的一把小刀、一支鑷子送過去。往後要朝這裡送東西的話，不管是什麼，最好在皇太子的監督下，仔細包裹好再送來。鹿尾的包裝太過隨便，碎裂的狀況，慘不忍睹。我要送往京師的東西，全部都是在我的監督之下進行包裝。也把這些話傳達給當初進行包裝的御膳房知道！那群恬不知恥的小人們，真是太不像話了！」

（十二月十七日，《宮中檔康熙朝奏摺》第八輯，四四九—四五三頁，記於皇太子奏摺上的硃批）

關於此處所寫的「種痘」，在還停留在庫庫和屯的皇帝信件中（日期不明），曾如此提及：

「在厄魯特人的小孩中，有很多人前來投靠我；有些小孩十分漂亮，但因為還沒發過天花，所以讓人掛心，真是可憐。你派一位種痘醫過來。這邊需要很多痘苗，務必讓他多帶一些來。」

（《宮中檔康熙朝奏摺》第八輯，三四二—三四三頁，記於皇太子奏摺上的硃批）

皇太子在十一月十九日的回信中，傳達種痘醫師晉已於該日出發的消息。

◆召見噶爾丹的使者

噶爾丹的使者在十二月十九日，遇上正從鄂爾多斯的瑚斯台動身的皇帝一行人。皇帝坐在高處的沙丘上，讓使者格壘·沽英坐在近處，一面用茶一面交談。

「向皇太后請安。我一切都好。皇太子可好？

二十五日（十二月十九日）上午，噶爾丹所派遣的格壘·沽英·都喇勒·寨桑抵達。他的樣子比我前幾年看見他的時候更顯憔悴。再這樣下去，簡直就像是一位蒼老的乞丐了。我詳細詢問他前來的理由和狀況，看來噶爾丹打算投降的消息，應該是真的。來自那邊的寨桑和地位崇高的人們，也有許多傳話；據說這件事是丹濟拉所提出，並強力勸說而成行的。另一方面，因為事關重大，所以我和格壘‧沽英進行了徹底的討論，其中包含了許多噶爾丹的意向、生活的困窘狀況等內容，說來話長，就不寫了。不過，噶爾丹的投降應是確實無誤之事，大略寫下後送去。如同過往一般（向皇太后）稟告、（並向其他人）傳達。」

（十二月十九日，《宮中檔康熙朝奏摺》第八輯，四六〇—四六三頁，記於皇太子奏摺上的硃批）

格壘‧沽英在皇帝位於東斯垓的大本營中停留兩天，於十二月二十日出發。出發之際，皇帝說了以下的話：「你回去後跟噶爾丹說：所有的事情，最好面對面來談；不這樣做的話，沒辦法做出了結。如果他不來這邊的話，我就算是吃雪，也必定會去把他找出來。無論如何，我是不會放棄的。我就在這裡狩獵等你。你要在七十天之內，帶著消息回來見我。一旦過了七十天，我軍必定進攻。」

就在皇帝說出這些話，格壘‧沽英一行人準備動身離去的時候，管領（包衣大）達都虎表示：「陛下的御用米糧就快要用盡，應該盡快回師較好。」皇帝聽聞，勃然大怒地說道：

「達都虎啊，你這番煽動眾人的發言，應該要馬上把你抓出去斬首。米糧要是用盡，就從湖灘・河朔運來即可，有什麼好擔心的呢！就算米糧用盡，我吃雪也必定要追到噶爾丹。不管發生了什麼事，都不會回師。」（以上，《親征平定朔漠方略》卷三十三，康熙三十五年十一月庚辰）

說完，皇帝便表示他接下來要去邁達里廟[153]參觀，選出導覽的人員，還進行道路整飭。清軍兵士們聽聞，不由得議論紛紛。在格壘・沽英一行人出發後，皇帝派人在後方隨行，走了二十里，確認已經看不見一行人的身影後，才重新下令回師。清軍全員歡聲四起。

「因為怕讓格壘等人得知我們要回師的消息，所以我在三日（十二月二十六日）下令往邁達里的方向移動，而後直接回師。八日（十二月三十一日）抵達右衛[154]。

回師途中，一下子變得非常寒冷。當我們朝邁達里方向前進時，就已經陸續有人凍傷，在撤退過程中，更是有很多人無法承受行軍的嚴酷。大阿哥的臉部和下顎皆已凍傷，勉強撐過來的人

153 邁達里廟，位於現今內蒙古自治區包頭市的藏傳佛教古寺院，又名美岱召。被認為是俺答汗離宮的故地，十七世紀初由來自西藏的高僧邁達里・呼圖克圖所開設。

154 右衛，山西省西北部的軍事據點，位於長城線的殺虎口內側。有八旗駐屯，作為呼和浩特與蒙古高原方面的後備軍，由右衛將軍指揮。

也多有凍傷。新滿洲人、索倫人[155]、喀爾喀人、厄魯特人之中，也有人凍傷。他們也說，覺得非常地寒冷。所幸我自己並沒有凍傷之處，在勉強支撐下去的眾人中，還能維持著威嚴。這麼寒冷的氣候，我從來沒有經歷過。每晚來做生意的漢人們和馬夫，為了不要被凍死，可說是想方設法用盡各種手段保暖，但還是無濟於事。說到寒冷，果然還是滿洲人較為耐寒。

就算我進了長城，皇太子也不要擅自前來迎接。就說是我說的。你那邊冷嗎？這些事情，就按照過往那樣稟報與告知。不需向宮外宣告。這封信是在右衛將軍家中書寫的。每件事都寫的話，太冗長又麻煩，紙的篇幅也已經用盡。」

（十二月三十一日，《宮中檔康熙朝奏摺》第八輯，四九八—五〇七頁，記於皇太子奏摺上的硃批）

皇帝在湖灘・河朔以南渡過黃河往東，從殺虎口進入長城，往東經過右衛（山西省右玉縣）、左衛（左雲縣）、大同（大同市）、天城（天鎮縣）、宣化（河北省宣化縣），朝著北京的方向前進。

「我一切都好。皇太子可好？我宿營在左衛（一月二日）、高山（一月三日）、大同（一月四日）的這幾天，天氣稍微變暖了一些。十三日（一月五日），在途中下了點雪。皇太子可以帶著十阿哥（胤䄉，十四歲）[156]以上的阿哥們，在十八日（一月十日）出發，慢慢前來迎接。你們的旅行既麻煩又忙碌，傍晚時也不讓馬把汗風乾，每次出門，總是死了不少馬匹。明年，說不定需要許多馬匹和駱駝，你們要好好照顧。不准擅自徵用各佐領（牛彔）所養的馬匹。來的時候，也把丹巴・哈什哈、罕都・台吉、馬木・古英・寨桑，還有他的兒子阿木忽朗一同帶來。我的馬體格還算健碩，不用再把宮中的馬帶來。我這邊上駟院全部的馬，死去的、脫隊的有八匹，太僕寺的馬和佐領的馬，死去的、脫隊的有三十三匹，除此之外都很健康。在大同飼養的時候，反而死去了超過七十匹。這樣說，應該知道我們旅行的狀況了吧。不要從家裡擅自遠行前來迎接。」

（一月五日，《宮中檔康熙朝奏摺》第八輯，五〇九—五一六頁，記於皇太子奏摺上的硃批）

就這樣，在一六九七年一月十二日，皇帝在皇太子、諸位阿哥以及京師文武大臣的迎接下，於下午兩點從德勝門（內城的北門）進入北京，自神武門（北門）進入紫禁城，直接向皇太后請安，報告回京。自出發以來，共經過了九十一天的日子。

155 索倫人，在黑龍江中、上游地帶狩獵、畜牧的民族，因為俄羅斯勢力向黑龍江發展的關係，南遷至大興安嶺、嫩江流域一帶。在黑龍江將軍的管轄下，被編入八旗組織，在準噶爾戰爭中也被動員。

156 胤䄉（一六八三—一七四一年），康熙皇帝的十阿哥，母親溫僖貴妃鈕祜祿氏為輔政大臣遏必隆的女兒，孝昭皇后的妹妹。以敦郡王的身分受封正紅旗。因為支持八阿哥胤禩，在雍正皇帝即位後，被剝奪爵位並幽禁。

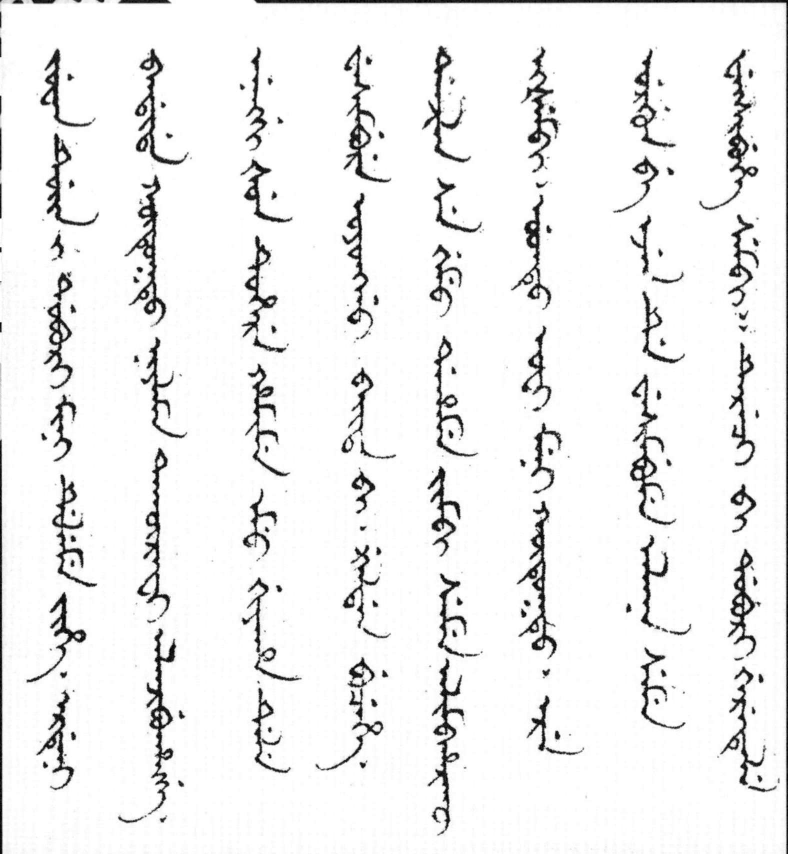

康熙皇帝的滿文筆跡（將噶爾丹的死訊告知皇太子）。

第三次親征——活佛們的命運

◆攝政王桑結嘉措

噶爾丹所在的薩克薩·圖胡魯克地方，位於阿爾泰山脈南側薩可塞河的溪谷，從此處往西南方越過戈壁沙漠，就可以抵達哈密。因為預料噶爾丹恐怕會從哈密經由青海亡命西藏，皇帝便讓副都統阿南達駐軍肅州，拉起警戒線。

一六九七年二月七日，為慶賀農曆元宵節，在北京西北郊外的暢春園離宮西門處布置燈飾、施放煙火，在皇帝以下、蒙古王公、投降的準噶爾人聚集的席間，傳來阿南達等人的報告，告知在哈密地方抓到了噶爾丹的兒子——塞卜屯巴爾住爾。蒙古人們非常開心。

實際上抓到塞卜屯巴爾住爾的人，是哈密的頭目額貝杜拉·白克[157]的手下，隨後將塞卜屯巴爾住爾交給阿南達。接到這項通知，皇帝判斷噶爾丹應該即將有所動作，因此宣布自己要前往靠近殺虎口長城處的右衛地方，親自指揮作戰。距離上次出征回京，才經過了一個多月的時間。這回的第三次親征，無論內外都出現反對意見，但是皇帝還是堅持到底，於二月二十六日，在大阿哥胤禔的同行之下，從北京出發。本來打算也要帶著三阿哥胤祉一同前行，但是三阿哥因病而留在北京。

皇帝一行人抵達八達嶺長城附近的岔道之時，去年派往拉薩的使者，傳來報告。

諭皇太子。我在岔道過夜的那一天，八日（二月二十八日）上午，派往攝政王處的主事保柱，傳來報告書，抄寫下來，連同查克楚的報告書抄本一同送去。讓議政大臣們閱覽。送上這封信件的同時，也幫我向皇太后請安。

（二月二十八日，《宮中檔康熙朝奏摺》第八輯，六二五頁，給皇太子的上諭）

去年昭莫多戰役之後，九月被派往西藏的理藩院主事保柱，一同與兩位喇嘛晉巴札木素、索諾木臧布在十二月十六日抵達拉薩，並於當地停留至一月二日。

根據接受使節團來訪的攝政王桑結嘉措自己的記錄，當時攝政王憂慮國際情勢的烏雲正往西藏襲來，進入禪定，以祈願國難的化解。就在禪定尚未結束之時，清廷使節三人直接到宮殿，催促著要在當天將詔書交給攝政王。最後好說歹說，總算是讓他們等到禪定結束的時候。在內禪定結束的當天，使者們拿著詔書前往宮殿，急迫地表示：「要是攝政王不出來見人，我們也不需要

157 額貝德里克·伯克（？—一七〇九年），哈密（參見注130）的突厥裔穆斯林首長，與東察合台汗家族之間的關係尚未究明。臣服於準噶爾，受封達爾漢·伯克，向噶爾丹稱臣納賦，但在噶爾丹戰敗後，便歸順於清朝，在一六九七年被編組為札薩克旗，成為札薩克（旗主）。

食物」，丟擲盤子，並拔刀示意：「我們心意堅決時就會如此」，大鬧了一場。即便外禪定的時期還沒結束，因急迫催促的舉動次數實在是太多，

隔天，攝政王加上蒙古的使者，會見清廷的使節團。席間，保柱展示詔書和六層布的附屬品——發配給蒙古六部的詔書之一；並且將從阿努身上拿到的東西給眾人看，表示是突厥製的刀，為噶爾丹・博碩克圖・汗的物品；最後，將斥責噶爾丹與攝政王勾結的敕語，一一傳達。保柱明言要求，讓隨行的兩位喇嘛調查達賴喇嘛五世究竟是否還在世的事實、詔請班禪喇嘛前往京城、逮捕位於濟農・仁波切和博碩克圖・濟農兩處的噶爾丹女兒並送往北京。若是不肯實行，皇帝要不就是親自領軍前來，要不就是派遣大軍。保柱還強調，清朝政府已經整備了強大的軍隊，以及不丹[158]正與清朝皇帝維持良好關係的消息。晉巴札木素與索諾木臧布兩人，則是帶著要給達賴喇嘛五世的詔書，停留在拉薩，等待與達

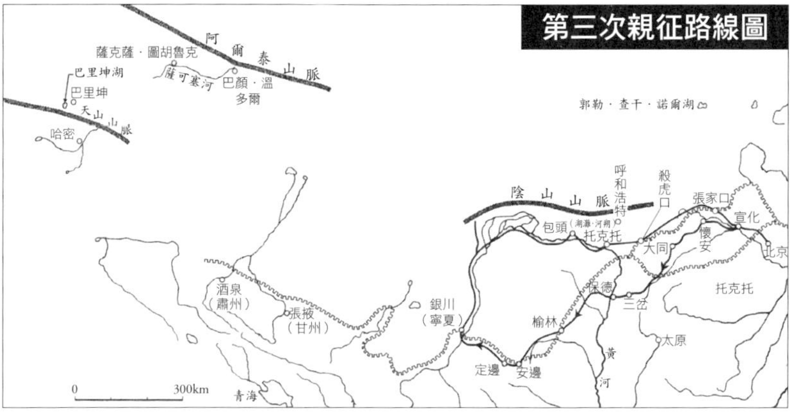

賴喇嘛的會面。

攝政王為了針對皇帝的質問作出西藏方面的回應，以及送上慶賀勝利的禮品，派遣使者與保柱同行回京。

以上出自於攝政王桑結嘉措的記述內容。相對地，在保柱的報告書中，則是生動地描述出攝政王桑結嘉措十分難應付的模樣，非常有趣。根據保柱的報告書，在他轉達完皇帝的話語之後，攝政王的回答如下：

「我明明是平庸、地位卑賤之人，卻承蒙崇高的文殊皇帝[159]顧念達賴喇嘛，拔擢我成為西藏的國王。對我來說，是不管做什麼都要設法回報這份恩情，又怎麼可能會違背文殊皇帝、達賴喇嘛的意旨，站在叛徒噶爾丹的那一邊呢？我之所以能夠有現在尊貴、安樂的生活，一切都是文殊皇帝、達賴喇嘛的恩惠，假若我背叛文殊皇帝，而和其他人聯手的話，將夭折壽命，就算是對於文殊皇帝、達賴喇嘛懷有一絲絲不忠誠的念頭，便將不得善終。無論如何，除了誠敬地遵從聖言

158 不丹，西藏文化圈內的佛教國家，位於喜馬拉雅山的東南方。十七世紀初，由西藏出身的夏仲・阿旺・納姆加爾所統一，並擁噶舉派的活佛為君主進行統治。後來歷經群雄割據的狀態，至二十世紀初再度統一，成為王國。

159 文殊皇帝，文殊師利大皇帝，在藏傳佛教世界中對清朝皇帝的美稱。滿洲出身的清朝皇帝，是文殊菩薩化身的轉輪聖王（遵奉佛法，為國土帶來安寧的理想之王），與觀音菩薩的化身達賴喇嘛、阿彌陀佛的化身班禪喇嘛並列。

以外，我已無第二句話可說。」

攝政王這麼說完，雙手合掌低頭。另外，對於皇帝的四項要求，攝政王則是如此回答：

「皇上聖明，凡事都已事先知悉，所以知道明年達賴喇嘛將會在禪定期間結束後現身，派遣兩位喇嘛前來確認，我內心十分欣喜。這位溫春喇嘛（晉巴札木素）過去曾經待在達賴喇嘛身邊十年，不會認錯。當這兩位喇嘛等到達賴喇嘛結束禪定，親眼見到達賴喇嘛後，回去向皇上報告，皇上自然會明白我的誠實，眾人的疑念自然也會煙消雲散。倘若達賴喇嘛真的已經圓寂的話，我又怎麼敢派遣尼麻唐．呼圖克圖[160]去向皇上稟告，達賴喇嘛還在世，會在禪定結束後現身呢？

達賴喇嘛的前身（譯注：指達賴喇嘛五世本人，受封為達賴喇嘛之前的狀態）還在世，是千真萬確的事情。此外，先前皇上曾派遣內齊．陀音．呼圖克圖[161]前來召請班禪．呼圖克圖（班禪喇嘛）上京，當時達賴喇嘛以下的我們眾人，都認為必定要遵從皇上的心意，派遣使者勸他赴京。起初，班禪．呼圖克圖表示會前行，但是由於後來抵達的使者們出言恫嚇，其不當的言論，讓班禪．呼圖克圖再次考慮，最後表明不去。在後來抵達的使者們回去之後，班禪．呼圖克圖才將理由寫至書信中，送交達賴喇嘛。因為班禪．呼圖克圖明言不去京師，後來噶爾丹的使者就來了。我絕對不是要拿噶爾丹作為辯解的理由。即便如此，班禪．呼圖克圖又怎麼可能會聽信噶爾丹之言呢。如今，文殊皇帝表明一定要讓班禪赴京，我就算是再怎麼無能，也不會違背旨意。我將竭盡所能地向達賴喇嘛進言，一定會委婉地讓班禪允諾會在哪一年赴京，接著請託晉巴札木素返回後向文殊皇帝明奏。倘若如此，再請陛下惠賜使者。

至於濟隆．呼圖克圖（濟隆．仁波切），在烏蘭．布通的事件中，因未遵從文殊皇帝、達賴喇嘛的意旨，無法完成使命，反而在噶爾丹和尚書阿喇尼交戰之後，慫恿噶爾丹，並獻上白色領巾給噶爾丹，作為祝賀之禮，我沒收了他的財產，並將他流放到喀木（西藏東部）[162]。現在就算要和主事（保柱）一同送去，所在的場所遙遠，光是聯絡就需要花費二、三個月，恐怕會耗費許多時日。

文殊皇帝的寬大仁慈、柔遠懷邇、好生之心，不僅是我們西藏國民，更是天下人民，無人不知曉的德行。我深知陛下並未對濟隆．呼圖克圖判下誅殺之罪，加上濟隆．呼圖克圖是七世的化身，我又怎麼敢擒拿逮捕呢。儘管如此，我一定會遵照陛下的意旨，委婉地將他引來，和後來回

160 尼麻唐．呼圖克圖，西藏攝政桑結嘉措所派遣的使者。似乎是格魯派的高僧，詳細生平不明。

161 內齊．陀音．呼圖克圖（一六七一—一七〇三年），科爾沁部王公之子，被認為是十七世紀上半葉，在東蒙古傳佈藏傳佛教格魯派教義的內齊．陀音喇嘛之轉世靈童，被迎至呼和浩特。為小昭寺的建立者，同時也是呼和浩特代表性的活佛之一。

162 喀木（又稱「康」），西藏的東部地區，約為現今西藏自治區東部與四川省的西半部。清朝晚期，雖在行政上被納入四川省，但卻是屬於西藏文化圈核心的重要地域之一。

去的晉巴札木素喇嘛一同送去。另外，博碩克圖．濟農與噶爾丹結姻之事，是發生在喀爾喀與厄魯特關係不睦之前，阿努還在策妄阿拉布坦之時所結下的姻緣。其他人的事情，我雖然不能擔保，但是瑚瑚．腦兒的八位台吉，皆是達賴喇嘛的弟子，但願能夠為文殊皇帝效力，我可以保證，他們不會懷有二心，背叛文殊皇帝和達賴喇嘛。

文殊皇帝疼愛天下黎民，就像是自己的嬰孩一般，如今將一名女子送到京師，對國家有何利益？無非是因為噶爾丹背離政道與佛法，橫行霸道，陛下想要斷絕其子嗣罷了。她也不過就是一名女子，懇請不要拆散夫妻二人，就讓他們過著原本的生活。關於這件事，我攝政願跪拜叩首，請求同意。我們西藏國的人們，因不諳禮法，而讓陛下不悅，甚至會做出得罪陛下的事情，我攝政是不會知而故犯。無論如何，我因為無知而犯下的罪過，還請主事向陛下說明，可否請陛下寬宥，如同以往一般仁慈賜恩呢。」（以上，《宮中檔康熙朝奏摺》第八輯，六〇五—六一三頁，主事保柱的奏摺）

換言之，關於皇帝的四項要求，攝政王委婉地拒絕了其中三項，只約定會嘗試說服青海和碩特部族，將噶爾丹的女兒送到北京。在攝政王的回應之中，明言達賴喇嘛結束禪定，再次現身於俗世的日子已近之事，十分重要。顯示出攝政王判斷，已經很難繼續再隱瞞五世逝世的消息。

◆從大同往寧夏

接著，皇帝在往宣化府前進的途中，接獲了關於噶爾丹的最新情報，以及留在北蒙古色愣格河溪谷的阿勒坦汗家族領袖根敦[163]的消息。據報，根敦已經死去，而噶爾丹依舊待在薩克賽・圖胡魯克。

「九日（三月一日），派往根敦・戴青貝勒處的理藩院主事諾爾布、書記（譯注：官名「筆帖式」）鄂禮返回報告。他們在十一月二十九日（十二月二十三日）抵達根敦・戴青所在之處，但根敦・戴青在他們抵達之前的十一月三日（十一月二十七日）就已經病逝。兩人傳達完詔書內容之後，於十二月三十日（一月二十二日）踏上歸途，並於二月九日（三月一日）抵達。據他們表示，那些人（阿勒坦汗家族）沒有移居的能力。將這些給大臣們看。

十日（三月二日），從大將軍費揚古所在地遣送來的厄魯特投降者阿玉希抵達。據他所言，

163 根敦（?—一六九七），過去在喀爾喀右翼中掀起內亂的額磷沁・羅卜藏・（琿）台吉的姪兒。在額磷沁沒落之後，成為阿勒坦汗家族（參見注44）的領導者。在噶爾丹侵略後，站穩喀爾喀之地與之對抗，受康熙皇帝封為貝勒。

他是十二月九日（一月一日）從噶爾丹那裡逃亡過來的。噶爾丹現在仍在薩克賽‧圖胡魯克，據說只剩下三百人。這個也讓大臣們看。為了方便閱讀，簡略寫下大意送去。

我寄給你的信件都是自己親手書寫，沒有閒暇時間的時候，甚至會寫到二、三更（晚間十點、十二點）。然而你給我的信件都沒有很長，皇太子可以自己親筆寫給我嗎？」

（三月二日，《宮中檔康熙朝奏摺》第八輯，六二一—六二四頁，記於皇太子奏摺上的硃批）

根據阿玉希的說法，一月一日當天，噶爾丹正等著格壘‧沽英回來，但是他的部下裡，擁有兩匹馬的人很少，大部分是只有一匹馬，甚至連一匹馬也沒有，住的地方和食物都沒有，彈藥也用罄，小偷變多，可說是極為困窘的狀態。

三月三日，皇帝抵達宣化府城。這一天，在命令北京內務府武備院[164]送來蒙古包的信件中，皇帝加上了這樣一段文字：

「我帶來的蒙古包製造不當，在有風的時候感覺非常危險。在這封信件送達之後，立刻用三輛車載運，交由驛站轉送。

康熙三十六年二月二十一日諭」

（《宮中檔康熙朝奏摺》第八輯，六三三—六三四頁，給武備院的上諭）

原本應該要追隨皇帝之後從北京出發的三阿哥胤祉，出乎意料之外地發生延遲。皇太子在信件中報告三阿哥出發的準備事宜，皇帝則是加上硃批如下。

「三阿哥來的時候，不要讓他的貼身隨侍、負責飯、茶等其他事務的侍僕、馬夫等超過六十人以上，讓阿哥乘坐騾馬和轎子，大家騎乘驛馬的話，應該追趕得上。如果不這樣做的話，恐怕很難追上。關於這些，你們應當要詳細討論。我一天經過一個驛站，二十日（三月十二日）會到右衛。

我在十二日（三月四日）上午，從宣化府啟程時收到你這封信；正午時紮營左衛，批閱完畢，正準備要封起信封寄送之時，收到阿南達的報告書，於是又一次拆開信封，將阿南達的報告書抄寫附上。跟以往一樣，（讓大家）看。以後我說要給大家看的信件，也給裕王看。

我這邊沒有可以賞賜的貂皮。目前四執事庫還有一百四十件貂皮；就比照它們的標準，（送

164 武備院，內務府管轄下的機關，負責武器、彈藥的製造與管理。與製造國家使用武器的兵部系統不同，負責直屬於皇帝的三旗所需武器用具與軍需物資。

來）比較次等的貂皮四百件，還有較為高級的貂皮一百件，共計五百件，以及御用緞子、蟒緞、粧緞、倭緞共計百疋。

黃河結冰融化的話，要渡河就需要繩索。將三條長百丈以上，極粗且新的繩索，十條百丈以上，細且新的繩索，全都裝上兩輛車，設法在二十日（三月十二日）送達右衛。銅鑼、銅鑼棒也一起送來。」

（三月四日，《宮中檔康熙朝奏摺》第八輯，六三九－六四四頁，記於皇太子奏摺上的硃批）

皇帝一行人從左衛，經由懷安縣、天城、陽和城、聚樂城，一路向西前行，於三月九日進入大同府城。在這趟路程中，皇帝改變原本要到右衛去的計畫，決定將距離拉長到寧夏地區的城鎮，更靠近噶爾丹所在的阿爾泰山地區。

「我在十七日（三月九日）抵達大同，看了醫官們的報告，表示三阿哥不宜在這個月內出發。看樣子他要追上來，實在是非常困難。從大同到京師，驛站還勉強足夠，但是從大同往寧夏方面的話，驛站就不怎麼夠了。現在如果不利用驛站，將全部的人手縮減為百人，再讓每人各騎乘三匹佐領飼養的馬的話，約一個月的旅行，可以抵達寧夏。如果在三月十日（四月一日）以前無法動身旅行的話，那還是不要來得好，就算來了也幫不上什麼忙。」

（三月九日，《宮中檔康熙朝奏摺》第八輯，六五〇—六五七頁，記於皇太子奏摺上的硃批）

「我們在此處得出結論：寧夏地區不管是那一個方向，都很方便移動兵力，所以我決定自己去寧夏，視時機採取行動。這件事我也諮詢了大將軍費揚古伯爵，大將軍也回答『這樣做比較好』，於是我們彼此的意見一致，讓主力部隊從長城外開始發動，我自己則率領人數較少的兵力，沿著尚書馬齊隨驛站設好的路線前進。十九日（三月十一日）從大同出發。

康熙三十六年二月十八日」

（三月十日，《宮中檔康熙朝奏摺》第八輯，六四六—六五〇頁，記於皇太子奏摺上的硃批）

就這樣，皇帝軍團的大部分兵力從殺虎口出南蒙古，沿著黃河左岸朝寧夏方向前進，皇帝本人則是從圍繞陝西省北部的長城內側，動身前往寧夏。

「派往攝政（第巴）處的主事保柱，與攝政的使者一同，於二十日（三月十二日）早晨歸來。我將攝政與達賴喇嘛所說的四點抄寫送過去。也讓滿人大臣們看看。

以前聽聞，大同以西的土地貧瘠，長城沿線民眾生活貧困。但自從離開大同以來，我看懷仁縣、馬邑縣、朔州等地，民眾的生活狀況佳，耕地肥沃，牛、羊豐富，不只是耕地，就連山上的牧地也足以匹敵長城外的肥美牧地。為了保留馬匹的體力，我並未圍獵，看看周圍，也有野兔。我們在的地方氣候溫暖，想吃水果。今後要寄送信件時，順便將文旦、九頭柑、蜜筩[165]、山茨、春橘、石榴等裝進籠內，以兩匹馬內能運送的量，封裝送來。如果可以順利送達就好，要是腐敗的話，就會要你今後別再送來。」

（三月十四日，《宮中檔康熙朝奏摺》第八輯，六六〇—六六五頁，記於皇太子奏摺上的硃批）

◆黃河的渡河處

皇帝一行人從大同經山西省的高原，往西南方前進：

「我很好，皇太子好嗎？我從大同出發以來，親眼所見的民眾生活與以前聽聞的不同，並沒有到那麼貧困潦倒的狀況。穀物和牧草都非常豐富，對於後續跟來的駱駝和騾馬來說，沒有任何的不便之處。從大水溝到三岔，民眾的生活還過得去。

三阿哥現在如何？阿哥如果不知道我往寧夏出發的事情，就不用告知。就說我停留在右衛，等待噶爾丹的消息就好。

從三岔到李家溝宿營（三月十八日）之日，因為無水可用，先行探路的嚮導們準備了三百缸水。在前進的時候降了大雪，根據從李家溝來的民眾表示：從岢嵐州流下的小村河，原本乾涸的河道已經有水三天，但是因為當地官員們表示『陛下要經過的路不可泥濘難行』，所以用堤堰擋住河流；至於三坌這邊乾涸的河道，今早的水已經流到了韓家樓，但也被堤堰擋下。我到韓家樓時查看，水勢非常強大，小村河水被擋截的地方，深也有六、七尺。我們打開這兩處堤堰放水，申刻（下午四點）時水就來到李家溝的營地，深約到馬蹬的高度。從李家溝到舝鄢村有五十三里。因為一樣沒有水用，所以和先前一樣讓人幫我們準備水。山路艱險難行，沒有什麼可看之處。前一天降雪颳風、各處積雪，拉車的人們用這些雪來補充水分，不費太多力氣便順利抵達了目的地。因為我們找不到可以過夜的場地，所以就在山上紮營。在紮營的山頭南方約一里處，我們找到一條河。先行探路的人也沒有發現這條河，民眾們也隱藏不說。這條路線是馬齊前進的路線，問馬齊的話，應該馬上就能明白。我本來沒有要寫在信裡，但是想說要是沒有把將士和民眾

165 蜜筩，柑橘類。據《佩文齋廣群芳譜》卷六十五中說，是小型的文旦類。在華南的地方誌中，大多是指稱為甜橘的品種。

們所看見的所有事情寫在信件中，事後要是你們問起，就會怪我『為什麼不寫在信件中呢』，所以就寫下了。這些事情只是偶然的幸運，絕非不可思議之事。

二十八日（三月二十日）抵達保德州。黃河的水流緩慢平靜，比湖灘・河朔更為平靜。水並不深。船棹可以碰觸到河底。

這些事情向皇太后稟報，也告訴滿人大臣們。

把在哈密捕獲的噶爾丹兒子——塞布騰巴爾珠爾送往京師。我原本打算經由大同・宣化府送去，但因為靠近長城的關係，我非常地擔心。像是噶爾丹兒子這樣的人物，並不是輕易就能抓到的。所以，當我抵達保德州以後，會把他送到太原府，再從太原府送到京師。跟經由大同的路線比起來，繞路不會超過三百里以上。皇太子和大臣們商議，派出各部院中有能力的大臣與軍官，前來護送此人至京師。這些人讓他們自己騎著騾馬去。在三月五、六日（三月二十七、二十八日）左右到我這裡來。到了京師以後該怎麼做，我會再作出指示。」

（三月二十日，《宮中檔康熙朝奏摺》第八輯，六八二—六九〇頁，記於皇太子奏摺上的硃批）

如同這封書信所講的一樣，山西省保德州是黃河的一處渡口，對岸是陝西省的府谷縣。好奇心旺盛的皇帝，嘗試要在此處捕魚：

「我抵達保德州後，試著在黃河捕魚，但我們的拖曳網總是會卡到砂石。以前到烏拉（松花江）去的時候，粗網眼的漁網非常好用。所以，就比照內務府現有的粗網眼漁網，做出網眼約有三指寬，高四尋，長八十尋的漁網；網繩不得加粗，且必須由皇太子親自監督，讓人趕緊編網。網子邊緣的線、浮子、沉子，也都要細心比照樣本製作，仔細包好送來。漁網以外的繩索等東西，這邊也有，不用送來。大概讓兩匹馬揹來就夠了。」

（日期不詳，《宮中檔康熙朝奏摺》第八輯，六八二—六九〇頁，給皇太子的上諭）

對於先前要皇太子送水果來的要求，皇太子馬上就盛裝多樣水果送往。對此，皇帝的回覆如下：

「我身體安康，皇太子可好？相隔山河，距離遙遠，能看見你的親筆書信，沒有比這更讓人感到愉快了。

我會送石花魚過去，給皇太子你吃。皇太后不吃這種魚，就不用呈給皇太后了。我們現在身處的這個地方，除了這種魚以外，就沒有什麼其他好東西可以送過去了。」

（日期不詳，《宮中檔康熙朝奏摺》第八輯，六九二—六九三頁，記於皇太子奏摺上的硃批）

另外，皇太子寫信告知在南蒙古蘇尼特旗、隸屬慶豐司的牧場有野火焚燒，許多羊隻因此燒死之事，皇帝則是寫下這樣一段硃批：

「這種普通的事件，是很常見的。牧場的牧草如此稀疏，都還會發生這種事，木蘭（皇室狩獵場）等草木繁盛之處，要更加小心。

我在二十八日（三月二十日）巳刻（上午十點）抵達保德州後，便立刻指派各隊，準備渡過黃河。

二十九日（三月二十一日）上午，我因為在書寫要賞給官員的匾文，花了一些時間，結果等到巳刻前去查看，還是沒有什麼進展。於是我乾脆自己坐上小船，拉起粗繩橫渡黃河，試著來回橫渡，速度非常快。滿洲人和漢人無人不讚嘆，十分好用。皇太子送來的繩索又好又堅固，沒有任何的損傷。預計一日（三月二十三日）渡河結束，二日（三月二十四日）出發動身。（皇太子送來的東西）發揮了很大效用這件事，想讓皇太子感到開心，所以書寫下來。

另外，鄂莫扎圖・哈希哈到了。塞布騰巴爾珠爾也將隨後抵達。

我們在這裡可以吃到黃河新鮮的魚，非常滿足。十分美味。我送過去給你的魚，如果好吃的話，就順便寫下好吃的文字讓我知道。」

（三月二十一日，《宮中檔康熙朝奏摺》第八輯，六九四－六九九頁，記於皇太子奏摺上的硃批）

◆被捕獲的噶爾丹之子

當皇帝一行人進入陝西省、順著長城內側向西南方前進之際，在北京方面，則是在皇太后的指示下，進行五阿哥胤祺、七阿哥胤祐婚禮的籌備工作。根據皇太子在信件中的報告，皇太后下旨，希望能在今年農曆十月前找到吉日，但欽天監寫出了今年農曆四月、十月以及明年農曆四月、十月的不將日（陰陽論中的吉日），並附上各日的禁忌事宜，主張除了不將日以外，不管是哪一種吉日，也萬萬不可挑選。對此，皇太后則表示：「等到後年的話就拖太久了，今年的農曆閏三月十八日（五月八日）以後，也可以看作是四月；閏月也可以的，不是嗎？就這一天吧，在十五日（五月五日）舉辦訂婚宴！」欽天監反對的意見，在皇太后的意旨之下，也不得不妥協。

皇帝在這封信件中寫下硃批如下：

「我身體安康，皇太子可好？謹向皇太后請安。如同皇太后所言，選擇在閏三月十五日舉辦，十分合理。這名女子的祖父布雅努，人品高尚光明，父親則是底層的書記。現在，布雅努被派駐在湖灘・河朔的第一驛站。將他的驛站交給內務府人員、驛站軍官和書記等人看管後，趕緊帶他到京師去。我的記憶或許會有錯誤，要再詳細詢問。

這些並不是什麼緊急且重大的事件，卻用急件送來，而且還在上頭標注『密封』兩字，讓我非常震驚；當我急忙將兩層信封一起拆開，看見紅紙（吉事的用紙），這才安心了下來。」

（日期不詳，《宮中檔康熙朝奏摺》第八輯，六九九—七〇四頁，記於皇太子奏摺上的硃批）

陝西省的風土民情，看在皇帝眼中，感到相當稀奇罕見：

「諭皇太子：當我渡過黃河、進入陝西境內時，放眼望去，山河和土地的樣子都大為不同，完全無法和我先前去過的任何一塊土地作比較。城堡都蓋在山頂。看不見任何村莊和民家。人們都在河岸下，掘出洞窟做為家宅。平地少，耕作幾乎都是在四處的山上進行。民眾純樸，士兵優秀。野獸雖多，卻寸步難行。山雖平坦，山谷卻極為艱險。水土甚好，人也幾乎不生病。

從神木縣到長城的入口有四里。鄂爾多斯的蒙古人很多都進了長城，前來迎接。董魯布王的母親、王、王妃都前來請安。

今日，也就是四日（三月二十六日）近傍晚時分，噶爾丹之子塞布騰巴爾珠爾抵達。親眼看到本人，個子矮小，人也平凡。隨即讓他在五日（三月二十七日）出發，送往京師。抵達京師後，先不要做出處分。想再多等一下他父親噶爾丹的消息。噶爾丹之子抵達京師的那天，該怎麼召集眾人前來觀看，由皇太子和滿、漢大臣們詳細商量後，向我報告，之後遵照我的詔書行事。特諭。

向皇太后請安。將這些向皇太后報告，也讓宮中知道。

康熙三十六年三月四日」

（三月二十六日，《宮中檔康熙朝奏摺》第八輯，七一〇—七一三頁，給皇太子的上諭）

皇太子在三月二十六日的信件中，向皇帝報告了原本應該追隨皇帝出發的三阿哥當前的身體狀況。據皇太子所言，三阿哥的病況雖然已經好轉，但是體力仍舊衰弱，就連走路都需要旁人扶持。另外，皇太子也表示，皇帝送來的石花魚非常美味。對此，皇帝加上硃批如下：

「我身體安康。皇太子可好？

從神木縣前往榆林的途中皆是大型沙丘，路況非常險惡，完全不是軍隊應當行經的地方。由此觀之，古人擴張領土、用兵、築長城，耗盡天下民脂民膏於西北，並不為過。這些都不是現在的人能夠做得到的事情，更不是仁者所應為。跟隨我來的大臣、侍衛、護軍、侍僕也不過才四百人，就已經歷盡萬分勞苦艱辛，那麼率領數萬人的軍隊，是要如何前行呢？因為溝壑頗多，加上沙又深，所以我打算從榆林離開長城，經鄂爾多斯之地前往寧夏。

另外，陝西巡撫[166]與按察使[167]前來迎接。看見陝西巡撫，比不上山西巡撫倭倫，已是年老體衰的模樣。

根據將軍馬思喀的奏報，趙良棟[168]在三月四日（三月二十六日）逝世。趙良棟的兒子為天津的道員，趕緊告知，讓他速速前來。至於繼任者，宣化府的知府范時崇，為官成績頗佳，品行端正，就讓他來填補天津道員的位置。宣化府也是重要的地方。捕盜同知祖延泰擔任霸州知州時，成績良好、品行端正，就任命他補上這個缺。儘速讓他們趕赴當地上任。

我來到這裡，距離很遙遠，書信的往返也要花費許多時間。往後，從我這裡送過去的信件，可以隨即在隔天回信嗎？期間若是有下旨，每件事的回覆也都請在隔天送出。

你要詢問從各地前來（北京）的人們，今年的春耕狀況如何？雨水狀況如何？知道後向我奏報。我即使是身在戰場，仍舊是時刻不忘掛心天下。此情此意，要到哪一天才會結束呢？

這封信件是在七日（三月二十九日）午後抵達。收到信件後，我隨即親自監督包裝要送給皇太后的物品，閱覽所有文件、批閱報告，埋頭寫起給你的信，直到點燈之後才書寫完畢，隨即送出。往後，可否在本文內寫上書信的送達日期與時刻呢？

我到山西、陝西等地去，為了不讓萬人批評議論，所以十分注意自己是否有愚蠢的行為舉止，每日謹慎自持，遵照前往南方巡幸時的前例而行動，絕對不能作出有辱顏面之事。幸好兩省軍民念在我長年的體恤之恩，聚集而來，沒有人特意遠避。自己無德，要是再有拘謹、狹隘的舉止，要如何避過萬人的耳目呢！皇太子不需為我擔心。我要是有像明武宗[169]的舉止，那就絕對沒臉回朝廷了。」

（三月二十九日，《宮中檔康熙朝奏摺》第八輯，八一六—八二八頁，記於皇太子奏摺上的硃批）

166 巡撫，統轄一省的行政長官。雖然官階次於統轄多省的總督，但是兩者各自直接隸屬於皇帝，並無上下從屬的關係，而是一同合作、從事統治工作。除了擁有行政、財政、司法權之外，還持有監察權和綠營的指揮權。

167 按察使，省級的司法長官。與身為財務長官的布政使並列，為次於巡撫的省級高階官員。在布政、按察兩使之下為道員（道台），其下的府則設有知府，州、縣則設有知州、知縣。

168 趙良棟（一六二一—一六九七年），出身寧夏的漢人武將，於清朝入主中國時加入清軍陣營。以寧夏提督、雲貴總督的身分，活躍於征討南明和鎮壓三藩之亂的軍事行動，在追討噶爾丹戰役中病逝。

169 武宗（一四九一—一五二一年），明朝的第十一代皇帝（在位期間一五〇五—一五二一年），荒廢政務，放任宦官在朝中跋扈橫行，自己耽於享樂，年紀輕輕就離開人世。自詡武將，以屢次前往長城之外，反覆進行不必要的「出陣」為人所知，康熙皇帝書信中所指的，便是此事。

◆沿著長城進軍

四月一日抵達榆林城的皇帝，在隔天離開長城，橫越鄂爾多斯的沙漠，六天後再次進入長城內，抵達安邊。前一天，皇太子的信件抵達皇帝位於通阿喇克湖畔的營區，信件內容詢問是否該將塞布騰巴爾珠爾送給皇太后以及宮內觀看之事、以及粗網眼的拖曳網已製作完成並發送，還有皇帝送來的哈密瓜乾，泡水後食用，極為甜美之事、最後是三阿哥的身體狀況尚未恢復，旅行之事應該無法成行等。對此，皇帝寫道：

「我身體安康，皇太子可好？

那個人（塞布騰巴爾珠爾）是即將要斬殺的賊崽子，怎麼能讓他進到宮內呢！讓宦官們出宮觀看即可。

十七日（四月八日），我進入安邊的長城，往赴寧夏。

命令押送塞布騰巴爾珠爾的三等侍衛克希圖，從宣化府騎乘驛馬，前來中衛迎接押送。讓這個人全程押送。其他兩名侍衛那爾呼岱、察爾夫達，都是發揮不了太大作用的人，只要命令他們陪同前往就好，不須遣回。皇太子不明白其中事情，要賞賜的話，就賞賜克希圖一人就好，其餘就不用了。

從大將軍伯爵費揚古之處送來的投降者，包括了噶爾丹部下厄魯特人一名、阿喇布坦部下厄魯特人一名，騎乘驛馬抵達，將這些人問話後的供詞抄寫後一併送去。

我要求送來的博洛特・寨桑・和碩齊，從副都統阿南達之處出發，在十三日（四月四日）抵達。這個人的供詞也在抄寫後送去。

離開榆林的長城後，地勢良好，路程也近。假如我沒有問出這條路來的話，要到寧夏就要歷經更多的艱苦。

四日（三月二十六日），從神木縣地送出信件，內容是關於噶爾丹之子塞布騰巴爾珠爾的事情，但到了十六日（四月七日）還沒送到，不知道為何會有所耽擱。直到未刻（下午兩點）才終於送到。

又，十五日（四月六日）早上，從京師送來的網到了。因為布沒有紮實的包裹好，漁網中間被馱繩壓壞，有一、兩個地方破了洞。我會在這裡修補後使用。無妨。我們這裡有各式各樣的漁網，卻沒有地方可以用，不用再送來了。況且我日理軍務，正想著該怎麼捕獲噶爾丹，好讓日後的邊界疆土得以安寧，哪有閒暇時間好去捕魚玩耍呢？」

（四月七日，《宮中檔康熙朝奏摺》第八輯，七一三—七一九頁，記於皇太子奏摺上的硃批）

從安邊進入長城的皇帝，又再次沿著長城內側往西北方前進，進入現今的寧夏回族自治區一帶。

「諭皇太子：恭請皇太后萬安。

十七日（四月八日），我進入安邊的長城過夜。根據馬齊先前視察的報告，當地有四口井，結果民眾聽聞我即將抵達的消息，紛紛獻上自己在城內外隱藏起來的二十多口井。在長城入口附近有兩座湖，營地以南有一座湖，水源豐富。這一天，從早晨開始便下起雨，至十八日（四月九日）的夜半時分，下了很多雨，所以在當地停留一天。

在定邊，根據馬齊的勘查報告有四口井。現在泉水湧出，匯流成小河。在長城外附近接連出現三座湖，水豐足。

在花馬池，馬齊寫道有九處水井，實際上有三十多口水井。長城之外約五里處還有一座大湖，水豐足。

在安定，新、舊水井有三十三口。水豐足。

十九日（四月十日），阿爾畢特胡帶著尼麻唐・呼圖克圖（西藏使者）抵達，其事由皆已全數奏報。同一天，大將軍伯爵費揚古報告，有兩位喇嘛從厄魯特前來投降，人還沒抵達，但因為這件事還不錯，所以抄寫送去。等到兩位喇嘛本人抵達後，再將詳細詢問後的供詞抄寫完送去。

我在三月四日（三月二十六日）見到塞布騰巴爾珠爾，隨即寫好信派人向你詢問。這封信件如果能夠在四天以內送達，那麼七日（三月二十九日）應該就會到京師。趕緊完成商議，在八日（三月三十日）送出的話，十一日（四月二日）就可以送到我的手中。我在當天批回的話，十六日（四月七日）左右就可以送達。塞布騰巴爾珠爾抵達京師，正好也是這個時候。然而，因為等待後來的報告，所以你們這邊的信在十一日（四月二日）寄出，直到十六日（四月七日）才終於送到我手上。因為我在同一天批回，所以應該會在二十一日（四月十二日）左右送達。此時，塞布騰巴爾珠爾已經到京師多日。

因為信件是在十六日（四月七日）送出，與前封信件相隔甚久，深怕皇太后會心想為何有所延遲，所以在二十一日（四月十二日）一早寫了這封信送出。把這封信給滿人大臣們過目。」

（四月十二日，《宮中檔康熙朝奏摺》第八輯，七八五—七八九頁，給皇太子的上諭）

◆清使見噶爾丹

四月十七日，皇帝抵達寧夏城。此處為黃河左岸，是肥沃的平原地帶，自十世紀至十三世紀為止，為党項人西夏王國的都城，現今仍是寧夏回族自治區地方政府的所在地，稱為銀川市。皇帝在寧夏停留了十八天的時間，但是抵達當地之後寫給皇太子的第一封信件，則是後悔地表示，經由南蒙古的路程較近，也較輕鬆：

「我身體安康，皇太子好嗎？

二十一日（四月十二日）在安定過夜。二十二日（四月十三日）在興武營過夜。水豐足。自從抵達榆林以來，我一直都率領當地的綠旗兵進行野兔的圍獵。每天野兔數量都很豐富，這一天特別多，比鄂爾多斯還要多上許多。我獵了兩隻長尾黃羊、野兔三百多隻。駐屯在長城沿線的綠旗兵，英勇之姿無懈可擊，隊伍井然有序，也熟練於圍獵活動。以前聽到的傳聞，真是一點也不假。

二十三日（四月十四日）在清水堡過夜，有河。二十四日（四月十五日）在橫城過夜。在黃河河畔紮營，二十五日（四月十六日）停止進軍一天，在我親自監督之下，讓眾兵士渡河，在日落前全軍渡河，二十六日（四月十七日）抵達寧夏。

寧夏這塊土地很好，物資豐富，士兵的軍紀也好，堪稱兵強馬壯。馬思喀率領來的軍隊，軍馬也都相當肥壯。我的座騎也都抵達了，很有精神。有的馬還保有八成的肉。大多數人的馬和駱駝，都是風塵僕僕地來到，其理由在於，途中並無牧地，塵埃又多，山野皆是沙土，在前進上十分艱辛勞苦；畢竟自古以來，這條道路便不是用來行軍的途徑。根據尚書馬齊報告從京師到寧夏的里程，為兩千七百二十里（一千二百二十四公里）。根據嚮導布達等人報告，從京師經由榆林、再從榆林出長城外、從安邊進入長城內抵達寧夏的里程，為兩千六百里（一千一百七十公里）。至於學士楊舒測量從京師經由榆林、再從榆林出長城外、從安邊進入長城內抵達寧夏的距離，則是兩千一百五十里（九百六十七點五公里）。扣除在各地停留歇息的六天，我們總共花費了四十四天抵達。如果測量從寧夏經庫庫和屯至京師的距離，絕對不會超過一千八百里（八百一十公里）。不只距離較近，在通行上也較為輕鬆。水和牧草也好。換言之，我們前來時候的路程，騎實是辛苦繞了遠路。

我到了寧夏後，隨即會派遣宦官潘良棟、張弘回去。

三月二十八日」

（四月十九日，《宮中檔康熙朝奏摺》第八輯，八八—九五頁，記於皇太子奏摺上的硃批）

皇帝抵達寧夏三天後，情勢出現了重大發展。派遣至薩克賽・圖胡魯克噶爾丹營地處的清廷使者歸來，為皇帝與噶爾丹之間睽違四個月的交涉，開啟了一道曙光：

「諭皇太子：三月二十九日（四月二十日）晚間，從大將軍費揚古伯爵處傳來消息，報告我方使者員外郎博席希等人歸來之事，以及問答的內容。（博席希）本人尚未抵達我所在的地方。等他到了以後詳細問完話，再通知你。京師的大臣們應該都引頸盼望著這邊的消息，所以我在抄寫完報告書之後，便立刻在閏三月一日（四月二十一日）辰刻（上午八點）送出。

派遣至策妄阿拉布坦處的司務英古回來了。所報告的內容和主事常明的話相同。藉這封信件，謹向皇太后請安。關於這件事，召集在朝的議政大臣商議後奏報。特諭。

在京城的日蝕是發生在幾時幾分？情況如何？清楚地寫下送來。」

（四月二十一日，《宮中檔康熙朝奏摺》第八輯，八四一—八四三頁，給皇太子的上諭）

信件中的最後一句話，是因為四月二十一日有日蝕現象的關係。

根據博席希的報告，二月二十日，清廷使節一行人在噶爾丹所在的薩克賽・圖胡魯克前方，距離約兩天路程之處被阻擋下來。翌日，格壘・沽英・杜喇爾前去向噶爾丹通報清廷使節到來的消息；兩天後，綽什希．巴圖爾前來，向清使表示：

「我們是噶爾丹汗派遣來的人。噶爾丹汗說：『我聽聞格壘．沽英．杜喇爾抵達後，皇帝陛下下旨，非常開心。今天是吉日，想來領取皇帝詔書，並再擇日會見員外郎等人。』而派遣我前來。」博席希授與詔書，綽什希．巴圖爾跪下，用兩手恭敬地接下詔書帶回。

十一天後的三月六日，綽什希．巴圖爾再度前來，表示噶爾丹要見清使。正使博席希只帶著一人，在當天正午出發，連夜趕路前行，在隔天（七日）的正午時分，抵達噶爾丹所在之處。噶爾丹方面表示『再稍等一下，馬上安排會見』，卻拖到日落之後，噶爾丹才現身野外，坐在一塊大石頭頂端。博席希被安排坐在稍遠的位置，旁邊有兩個人膝碰著膝對坐，防止博席希往前。他們給博席希一個大盤子，噶爾丹自己則是另一個大盤子，裡面裝滿了獸肉；雙方的談話是透過中間人傳話的方式進行。

博席希表示：「我是以使者的身分前來。想要到噶爾丹的身旁交談。」身旁的兩人一聽他這樣說，便立刻阻止博席希起身向前。博席希在座位上傳達完皇帝的意旨之後，噶爾丹說：「雖然我是在追討哲布尊丹巴和土謝圖汗，還是給皇帝陛下帶來了麻煩。如今聽聞皇帝陛下惠賜的親切言辭，我噶爾丹非常開心並信賴。現在，只要是皇帝惠賜的話語，我都會恭敬地遵從。我要說的話已經寫在書信之中。我的心意也已經傳達給派遣去的使者。使者抵達之後，將會以口頭奏

報。」（以上，《親征平定朔漠方略》卷三十九，康熙三十六年三月庚辰）

說完這些話後，噶爾丹便起身騎馬離去，博席希則回到住宿之處。

三月十六日，噶爾丹的手下大將丹濟拉派來部下，私下向清廷使者傳遞消息，表示自己有意向皇帝投降，並且已經向格壘・沽英・杜喇爾透露自己的意向。同一天，綽什希・巴圖爾帶著拉木扎卜等十人前來；他說，噶爾丹原本仍舊選定格壘・沽英・杜喇爾為派往皇帝之處的使者，但他卻帶著妻子逃亡離開了，因此改選拉木扎卜作為替代。翌日的十七日，清使一行人從薩克賽・圖胡魯克出發，踏上歸途。途中，在哈達圖・布拉克遇見格壘・沽英・杜喇爾。格壘帶著六十多個人、一百多匹馬、四十多隻駱駝從噶爾丹陣營逃出，打算在途中等待清廷使者會合之際，被噶爾丹手下的將領伊拉古克三・庫圖克圖[170]率領一百多人突襲，奪去全部的財產，格壘本人也因此受傷，只有妻小十三人獲救。其後，博席希等人便帶著格壘，於四月十三日回到清軍位於塔拉・布拉克的前線。

◆達賴喇嘛五世死訊的公諸於世

事實上，皇帝有一個秘密，至此皇太子仍不知情。皇帝在抵達寧夏的七天前，於定邊收到拉薩攝政桑結嘉措使者傳來的消息；對方表示，達賴喇嘛早在十六年前就已圓寂，十五歲的達賴喇嘛六世即將現身即位。皇帝保守這項秘密，是基於攝政的要求，但是這項消息卻從其他地方洩露出去，皇帝得知後勃然大怒，自此，整起事件開始呈現戲劇化的發展。皇帝自己所記下的文字如下：

「三月十九日（四月十日），尼麻唐．呼圖克圖、卓爾磨隆．堪布[171]前來通知，由於他們要求保密，我便沒有完全書寫下來。如今事情已經明朗，且十分詭異，想讓皇太子知情，因此不嫌麻煩，將事情的原委詳細書寫下來送去。你要好好閱讀。

尼麻唐．呼圖克圖抵達後，我念在達賴喇嘛向來恭敬謙順，所以同意順著他們希望保密的意向，讓尼麻唐．呼圖克圖和卓爾磨隆．堪布來到跟前，我身旁只留下頭等侍衛觀保、海青與三等

170 伊拉古克三．庫圖克圖（？—一六九七年），曾在呼和浩特、北京擔任藏傳佛教內部的重要職位，在噶爾丹進攻喀爾喀之時，以清廷使者的身分出面負責交涉事宜，但是並未交出成果，一六九二年逃亡至噶爾丹陣營，作為噶爾丹手下的將領展開活動。在噶爾丹死後，被策妄阿喇布坦引渡給清廷，於北京的黃寺被處決。

171 卓爾磨隆．堪布，與尼麻唐．呼圖克圖一同，由西藏攝政桑結嘉措派出的使者。被認為是西藏堆龍德慶縣內噶當派古寺覺摩隆寺（一一六九年創建）的僧侶。

侍衛喇錫，在場沒有其他人。結果，這兩人上奏表示：『老達賴喇嘛在戌年（一六八二年）已然圓寂。轉生的小達賴喇嘛，今年已十五歲。我們的存續，全都仰賴著達賴喇嘛。達賴喇嘛圓寂之時，我們雖然想立即上報，但卻害怕會有什麼變故，加上按達賴喇嘛的遺言，我們請示了哲蚌寺的乃崇，結果神諭表示，要等到年歲正確無誤相符之後，再向皇帝陛下與諸位施主們報告。因此，新任達賴喇嘛將於今年的十月二十五日（一六九七年十二月八日）出禪，接受眾人的禮拜。攝政王在派遣我們之時，命令我們在佛前發誓，要親自向陛下秘密傳達這件事情。至於其他地方，則是只告訴大家達賴喇嘛即將結束禪定，並未洩露實情。』聽了他們的上奏，我將他們的奏書，以及獻上的達賴喇嘛像，當著他們的面放回信封之內，並加上封印，告諭說：『這幾年來，我知道達賴喇嘛圓寂的事情已經很久了。假如達賴喇嘛還在世的話，那麼色木巴齊木布・呼圖克圖、甘丹寺的座主（噶爾丹・希勒圖）、齊齊克・塔賴・堪布、濟隆・呼圖克圖等人，絕對不會如此作為，而喀爾喀和厄魯特也不會走到關係不睦的地步；也正因如此，我才降旨嚴詞譴責。如今攝政帶著誠意，據實以告，向我秘密稟奏，我也就此保密，到十月上旬（十一月十四日—二十三日）再開封，向內外四十九旗（南蒙古）、喀爾喀的諸位札薩克們宣諭，要他們為已圓寂的達賴喇嘛誦經，送上供品，並須布旨意，派遣使者向小達賴喇嘛祝賀。』

這樣說完之後，我便寫下一份諭令：『諭掌瓦赤喇怛喇（金剛）達賴喇嘛教諭的弘宣佛法王布特達・阿布迪（桑結嘉措）：我統率天下，治理萬邦，宣揚仁德，嚴懲亂逆。對於誠心恭順者，必定會仁慈嘉獎。布特達・阿布迪，你先前與噶爾丹共謀，凡事偏袒厄魯特方面，並且固執地不將導致事態益發惡化的濟隆・呼圖克圖交予我方，當時我特別向你下了嚴厲的敕諭，表示若達賴喇嘛仍然在世的話，絕對不會讓事情發展到這種地步。如今，你誠摯懇求：「皇上須布嚴厲的敕諭，使我憂心忡忡。如今只能謹遵陛下敕諭，竭力而為。倘若皇上仍舊念及達賴喇嘛，還請須發溫情的諭旨。」既然你已經知錯謝罪，我也沒有道理不顧念長年以來與達賴喇嘛結下的友好之情。況且，假如我不眷顧、不保護你們西藏的人民，你們又怎麼能夠安居樂業呢！濟隆・呼圖

達賴喇嘛五世之畫像。

桑結嘉措之畫像。

克圖原本是達賴喇嘛特別派遣，要讓喀爾喀和厄魯特恢復和睦關係的人物，結果他不僅沒有讓喀爾喀、厄魯特和好，反而還引誘厄魯特進入國界內，與我軍交戰。他的罪狀極為可惡，務必送來。我將會如你所願，寬宥他的生命、身體與戒律。班禪・呼圖克圖赴京的年月日，讓你從容決定之後，再行上奏。另外，噶爾丹是與我為敵、被我軍大敗的凶惡逆賊，罪狀重大，絕不能讓他的女兒留在瑚瑚・腦兒。你一定要交出她，否則將降罪於你。假如噶爾丹前來認罪投降的話，到時候我自會另下旨意。如今尼麻唐・呼圖克圖來到，將你奏請的內容，向我秘密傳達，我也下了密旨。我原本就是希望各邦能夠和睦相處、共享安樂，所以絕不會去揭穿隱密之事，傷害他人家邦。往後，只要你恭敬從順，不違背我的意旨，我也會盡棄你的前罪，如同以往一樣嘉惠於你。如此一來，對你轄下的地方民眾來說，大有助益，你也可以永享名譽。特別派遣正使理藩院主事保柱、副使委主事薩哈連前往，依循頒布詔書的往例，賞緞六匹。』

二十八日（四月十九日），我召見（使者們），並令他們在二十九日（四月二十日）上午啟程。同一天晚上，派往策妄阿拉布坦之處的司務英古歸來，報告說：『我從博羅・塔拉回來的途中，因為（理藩）院要給策妄阿拉布坦的信件送達，我便中途折返，將那封信件送到策妄阿拉布坦處。策妄阿拉布坦非常開心，隨即遵旨領兵前往討伐噶爾丹。當我們抵達距離薩克賽・圖胡魯克約二十日路程之處時，有達賴喇嘛使者達爾漢・厄木齊前來說：「達賴喇嘛身故已有十六年。小達賴喇嘛已十五歲。你們就各自待在自已的土地上，不得發動戰爭。」策妄阿拉布坦便停止討伐，撤兵返回。我（英古）見他無法採取行動，於是也就返回。達賴喇嘛的事情，西北人們都已知曉。』

同一天，根據阿南達的報告，噶爾丹多爾濟（和碩特鄂齊爾圖・車臣汗的兒子）派人來說：『瑚瑚・腦兒的扎木巴稜・堪布送來信件，要我們整飭武器，出席瑚瑚・腦兒的會盟。我現在是皇帝陛下的臣子，並沒有參與瑚瑚・腦兒會盟的打算，所以絕對不會前去。謹此奏報。』

事已至此，我為達賴喇嘛保守秘密的作為也已是徒然，加上應當詢問的事情很多，於是便派人追回尼麻唐・呼圖克圖。當他在二日（四月二十二日）抵達後，我派遣大臣傳旨：『關於你們的秘密，我顧及達賴喇嘛的顏面為你們保守，並未讓他人知道。結果現在你們的使者達爾漢・厄木齊向眾人公開，大家都知道了，就我一個人保守秘密也無濟於事。你們現在就跟眾喇嘛一起開啟封印，讓人翻譯上奏文書，並觀看達賴喇嘛像。』接著尼麻唐・呼圖克圖就和我們這邊的喇嘛們一起，親自開封觀看用土做的達賴喇嘛像；結果泥像居然頭頸分離，掉落在旁。當時諸位喇嘛、大臣，以及所有聽聞此事的人都驚嘆道：『如果是在他們離開後才打開，或者是等到十月打開後才發現這件事，我們的顏面該往哪裡擺！天佑聖主，在尼麻唐・呼圖克圖尚未遠去前，就得到英古的情報，如今我們全都明白了這件事情的始末，也展現出陛下誠摯體恤達賴喇嘛的一面。這十六年來，（攝政桑結）打著達賴喇嘛的名字，施展種種誆騙之事，可說是昭然若揭。假如達賴喇嘛知道了，一定也會感激陛下，嚴厲責備攝政吧！由此可知，據說攝政與西藏人民不和，也是不言而喻之事了！』尼麻唐·呼圖克圖等人也都恐懼地說不出話來，只嘆息道：『這對我們來說是個凶兆。』

上奏文書的內容如下：

『謹奏統率天下之文殊師利皇帝蓮花寶座下：對眾生來說是件不幸的消息，第五世達賴喇嘛已於壬戌年（一六八二年）圓寂。自博格達汗（太宗皇帝皇太極）以來，我們雙方一直維持友好關係，癸巳年（一六五三年）（達賴喇嘛五世）赴京，政教關係更加和諧；法門中偉大的是達賴喇嘛，世間偉大的則是壽與天齊、宛如日月的大施主（皇帝）。故此，我們雖然很想將所有的事情上奏，但是掌管預言的護法——哲蚌寺的乃崇有令，除了召喚親近的心腹、達賴汗[172]、達賴巴圖魯[173]等前來，告知消息之外，其他各自親近的人士，至今年為止都不許洩漏消息。故此，儘管我等想要將這項消息上奏，但是基於達賴喇嘛的遺言，以及護法乃崇嚴禁消息外洩的緣故，無法上奏告知，這點還請陛下務必諒解。第六世的轉世靈童仍有些禁忌未除，至今還未進行坐床儀式，因此我們原本打算等到可以舉辦坐床儀式的年月日之時，向壽與天齊的高貴大施主報告之後，再向眾人宣告此事。護法乃崇表示，在神諭指示的時間之前，除了陛下以外，切勿讓他人知曉；因此我等才派遣尼麻唐・呼圖克圖以及卓爾磨隆・堪布等人，向陛下秘密奏報，還請皇帝明鑑，降頒訓旨。在送上奏書時，我們必須附帶提及一件事：原本為了造福眾生，我們應該要將達賴喇嘛的舍利子取出、清潔遺體、並加以埋葬，但現在必須避人耳目，所以只將遺體加以完整埋葬。然而，為了讓壽與天齊的大施主在祭祀上使用，所以我們混合安置遺體檯床內的鹽，製成一尊達賴喇嘛像；假如點上明燈，焚香擺上供品，虔誠祭祀，應該會出現祥瑞吉兆吧！喇嘛像、頂級寶玉念珠、毛織品等物，一併在七月一日吉日呈上。』

其他還有一本書籍，內容是有關達賴喇嘛的始末、生死遺言等，煩雜且冗長，在翻譯上需要花費許多時日，我身邊的喇嘛們也都沒辦法翻譯。這些內容並不怎麼重要，就等章嘉・呼圖克圖[174]來，譯完後再送過去。

172 達賴汗（？—一七〇一年），固始汗的孫子，以第三任西藏國王（在位期間一六六八—一七〇一年）的身分駐於拉薩。與祖父不同，影響力薄弱，在西藏是攝政桑結嘉措，在青海和碩特部則是由叔父達賴・巴圖魯、札西・巴圖爾掌握主導權。

173 達賴・巴圖魯（？—一六九〇年），固始汗的第六個兒子，名為多爾濟。為青海和碩特部族中最有勢力之人，從達賴喇嘛五世手中獲得達賴・琿台吉的稱號，駐拉薩，代替西藏國王統率青海和碩特部。

174 章嘉・呼圖克圖（一六四二—一七一四年），在青海格魯派名寺——佑寧寺接受坐床儀式的轉世高僧，名為阿旺・羅桑・卻丹。就法號傳承而言雖為十四世，實際上則是二世。接受康熙皇帝的邀請，於一六九三年進京，在達賴喇嘛六世的即位典禮上，以清朝方面的使者身分被派遣參加，深得康熙皇帝的信賴。而後任多倫・諾爾匯宗寺住持，成為在南蒙古、北京地區地位最高的格魯派活佛。

由此看來，這十六年間，我方所派遣的喇嘛們欺瞞我們至極，不可相信。大家都站在攝政那邊，沒有一句真話。尤其可惡的是，達木巴色爾吉保證他親眼看見了達賴喇嘛。在此命令皇太子率領理藩院大臣、軍官，將墨爾根・綽爾吉以下的喇嘛們召集在旃檀寺，告知緣由，並捉捕達木巴色爾吉及其弟子們，一同監禁在理藩院，查封這個人的兩處住宅，並派人看守監視。向墨爾根・綽爾吉及眾多喇嘛們說：『正月初一（一月二十三日），我親自問話，皇太子也在場，當時墨爾根・綽爾吉率先表示，達賴喇嘛仍在人世。如今實情敗露，他們又如何解釋？這樣看來，就算是養一條狗，都還會吠吼陌生人，派得上一點用場。我養你們這些喇嘛，卻一點用也沒有！』嚴厲譴責，讓他們感到羞愧，並追查這十六年間派往西藏的喇嘛們，逐一訊問取得供詞後送過來，讓我知道喇嘛們究竟是怎麼一回事。將這件事情的始末讓滿人大臣們看，並將概要以口頭方式向皇太后奏報。」

（四月二十二日，《宮中檔康熙朝奏摺》第八輯，八六三—八八三頁，給皇太子的上諭）

文中所提及的泥像，在藏文裡稱為薩擦（譯注：「tsha tsha」，又譯為擦擦），是混合製作木乃伊時滲出的汁液所捏製而成的物品。

達賴喇嘛五世圓寂的消息暴露後，對皇帝來說情勢更加有利。噶爾丹至此的行動，全都是假稱遵從達賴喇嘛的指令而展開，但如今得知，這些都是桑結嘉措利用乃崇的神諭所做出的行為，噶爾丹也就失去了原本的立場。攝政對此其實也心知肚明，但因為他判斷出噶爾丹的命運已經走到盡頭，所以才會決定公布達賴喇嘛五世的死訊。這也可以算是攝政表明他對噶爾丹見死不救的意圖。噶爾丹的死期，正一步步地逼近。

◆討伐作戰的結局

在這個時期，皇帝向皇太子闡述遠征的感想。

「諭皇太子：我到寧夏已經將近十天，每天都為了商議、籌措兵馬、糧食、經費的事情而忙，根本沒有閒暇的時間。在途中，晨披霧露，日冒塵沙，發號施令指揮，嘴都疲了，韁繩馬鞭也讓手磨出了繭來。千里迢迢地來到這數千里之外的地方，就只是為了噶爾丹這一介餘孽而已。倘若我現在人在京師，想必早晨便能眺望百花，午間則是坐在樹蔭下聆聽蟲鳴鳥叫，熱了就休息，涼了就工作，過著安逸的生活吧！但是，這一切都是為了成就大丈夫的大志。皇太子是極為孝順之人，恐怕每每看見花鳥魚獸，就會心疼我在不毛之地的邊境所受到的勞苦吧！不須為我擔憂，只求你不分晝夜為國事盡心，閒暇之時閱讀經史，學習歷史經驗所傳授的得失，這樣就足以慰藉我內心的愁悶了。特諭。

康熙三十六年閏三月五日」

（四月二十五日，《宮中檔康熙朝奏摺》第八輯，八三九—八四一頁，給皇太子的上諭）

皇帝在寧夏，埋首於討伐噶爾丹最後作戰的準備工作。費揚古大軍從南蒙古西部，阿南達大軍從甘肅省西部各自出擊，計畫越過戈壁沙漠，襲擊位於阿爾泰山脈東部的噶爾丹大本營。四月三十日，噶爾丹陣營的使者拉木扎卜抵達。他帶來的噶爾丹信件，內容十分簡單，詳細情節則是由使者以口頭奏報。拉木扎卜轉述噶爾丹的話語如下：

「奉皇上旨意，告諭我要是無法生存下去，就聚眾移住近處，前來投降。我已經無家可住、沒有牲畜可騎，也沒有糧食可吃。我的部下阿喇布坦、杜爾伯特[175]的車棱、袞贊之子車棱多爾濟，都因生計所迫，各自四散去獵捕野獸，無法召集他們，詢問他們的意向；請等待我召集他們詢問之後，再行上奏。由於皇上憐憫我，我的部下們投奔皇上的人非常多。若是皇上憐憫的話，可否將我的部下還給我呢？其他無法生存下去的人們，可否也請皇上施與恩惠，讓他們活下來呢？」（《親征平定朔漠方略》卷四十一，康熙三十六年閏三月壬辰）

即便是到這個時候，噶爾丹還是不改他強硬反抗的立場。不過，皇帝再次發出詔書勸噶爾丹投降的同時，也針對與噶爾丹分裂的丹濟拉、噶爾丹部下的群眾以及準噶爾本國的策妄阿拉布坦發布詔書，分別是要丹濟拉勸說噶爾丹投降，要部下群眾向清軍投降，並向策妄阿拉布坦發下通牒，表示清軍的征討行動正一步步地逼近：

「諭皇太子：七日（四月二十七日），派往噶爾丹處的員外郎博席希、前來投降的格壘・沽英・杜喇爾之子烏巴希、曾被丹濟拉派來，遣回後又再度前來的察罕岱等人抵達。至於格壘・沽英・杜喇爾、曼濟、噶爾丹派遣的拉木扎卜、丹濟拉派遣的羅卜藏等人則尚未抵達。於是我先一邊抄寫這些人的口供和噶爾丹的上奏文，一邊暫時等待。十日（四月三十日）早晨，曼濟、羅卜藏抵達。申刻（下午四點），派往丹津阿喇布坦、丹津鄂木布之處的黑色，以及策旺扎布王的長史馬尼圖等人抵達國境送來的報告書，還有大將軍伯爵費揚古的報告書也都來了。十日晚間，格壘・沽英・杜喇爾、拉木扎卜等人到了。將他們的供詞一同寫上送去。看噶爾

175 杜爾伯特，構成厄魯特聯合部族的一支遊牧民族，與準噶爾相同，為綽羅斯氏的部族。十七世紀初在達賴・台吉領導時期，以厄魯特盟主身分勢力高漲，後來因為和碩特、準噶爾勢力的抬頭而衰退。

丹的樣子，他和丹濟拉的關係不睦，應該是正確的消息。現在阿喇布坦和丹津鄂木布也聽從我的話，跟從我方。噶爾丹陷於饑餓和人心悖離的絕境之中，也是確實無誤的消息。如今，他還徙到額黑・阿拉爾，雖說是為了魚的緣故，但怎麼會有人跟隨而去呢！現在前來投降的人們接踵而至，情報也都接連入手。我會評估事態後再採取行動，絕對不會輕率而為，也不須著急。現在糧食和經費都已經籌劃完備，預備出征的軍力也都已經調度完成。接下來只需繼續等待情報，因此尚未決定確切的出擊時日。糧食、經費、牲畜飼料、後續的米粟、駱駝、騍馬、馬匹、口糧都還剩下很多，不會勞苦將兵與民眾。

寫到這裡，我派遣的前鋒侍衛齊薩穆等人，捉了一對厄魯特人夫妻回來。根據齊薩穆的報告：『我們遵旨，於三月十九日（四月十日）從寧夏出發，閏三月一日（四月二十一日）抵達古爾班・賽漢，捉了這兩個厄魯特人回來。』厄魯特人札木素的供詞，另外寫在別張信紙，想讓你知道，故諭。也讓滿人大臣們閱覽。

十一日（五月一日）早上，從將軍費揚古之處，送來阿喇布坦、丹津鄂木布的信件。我會令人翻譯後再送過去。

攝政所記述，關於達賴喇嘛的逝世與轉世的書籍，讓這邊的喇嘛們按照原文抄寫送去，委託京師的喇嘛和學者們翻譯完成後再送過來；我們這邊也會找人翻譯。根據喇嘛們的說法，他們也不太懂其中的意思。由此看來，是應該佩服那些精通西藏佛教教義的大喇嘛們。」

（五月一日，《宮中檔康熙朝奏摺》第八輯，七〇五－七一〇頁，給皇太子的上諭）

關於征討噶爾丹計畫的實際運作，皇帝最擔心的是背後青海和碩特的動向；不過就在此時，這項憂慮也已獲得了解決：

「諭皇太子：二月（三月）間，我為了陳述自己親抵寧夏、並有意招撫瑚瑚・腦兒等地之西方厄魯特部族一事，向台吉阿拉布坦、德木楚克、都統杜斯嘎爾、尚南多爾濟等人作出詳細的指示。先前因為還不清楚這件事能否成功，擔心或許反而會導致這些部族與我們為敵，所以就沒有告知你。如今觀看阿拉布坦等人的奏報，瑚瑚・腦兒的台吉們都聽從指令，願意前來向我朝覲。不用一兵一卒，就把西方的厄魯特全都收入掌心之內，這是一件天大的好事，所以趕緊告知你。策妄阿拉布坦也歸屬於我方。（丹津）阿喇布坦、丹津鄂木布的使者到來，也成為我方陣營的成員。事情至此，我的喜悅和得意完全無法用筆墨來形容。現在我日夜所等待的就是送來噶爾丹的屍體，或者是將噶爾丹生捉活逮，送來我面前。特諭。讓議政大臣們閱覽。也請上報皇太后，並讓宮中知道。

阿喇布坦等人的報告書，和自厄魯特阿拉布坦處前來之人的供詞，一同抄寫送去。」

（五月三日，《宮中檔康熙朝奏摺》第八輯，八九九—九〇一頁，給皇太子的上諭）

◆踏上歸途

然而，皇帝自北京出發以來，已經過了將近七十天的時間，而他的逗留，對貧窮的寧夏城鎮也造成很大的負擔。於是皇帝在五月五日，離開了停留十八天的寧夏，沿著黃河西岸向北前進，經南蒙古踏上歸途。

「諭皇太子：我處理完相關軍務，在十五日（五月五日）朝白塔的方向出發。我會把處理好的事項詳細寫下送過去。白塔位在黃河彎曲處、鄂爾多斯的都稜公所轄境內。這封信件抵達以後，奏報不要經由長城內部遞送，出殺虎口由長城外遞送的話，幾乎可以省下千里路程，通行也較為輕鬆。長城內道路險惡的狀況不可勝言；在下雨、酷熱的季節，行人倒臥、馬匹死去的事例一定很多。寧夏位於戈壁的正中心，非常不適合老年人和行動不便的人們。雖然沒有集體發病的狀況，但是一定常有人身體不適、衰弱、氣色不佳，只是我們完全沒有感覺到其存在罷了。

從寧夏到賀蘭山的長城有一百多里；牧地和用水的狀況佳，就不需多說了。跟著我一起來的大臣、侍衛、護軍、隨從的馬匹、御用馬匹、駱駝、羊、牛，都是在察罕・托輝之地放牧飼養；在這二十天之間，牠們都逐漸開始恢復精神。我們未從當地取一束草、一勺豆來飼養牲畜，米、豆、草的數量都有很多剩餘，因此不再從各地運來糧草，而是命令在運到之處就地保管。我這次遠行，特別是為了籌劃糧食、費用的調度，以及軍隊進退的機宜而來，怎麼能夠做出勞苦百姓、煩擾地方的事情呢！如今事務已經規劃完備，詳細寫下，特諭。讓議政大臣們閱覽。

康熙三十六年閏三月十五日」

（五月五日，《宮中檔康熙朝奏摺》第八輯，九〇六—九〇九頁，給皇太子的上諭）

在此之前，還停留在寧夏的皇帝，在皇太子送來的信件空白處，寫上「現在正好是黃雀飛過的季節。京城不知如何？我想知道狀況，請寄信來。」（《宮中檔康熙朝奏摺》第八輯，八三四—八三八頁，記於皇太子奏摺上的硃批）寄回。收到回信的皇太子，十分惶恐，在信件上寫道：見到皇上使用諸如「請寄」、「請送」之類的客氣字詞，渾身出汗、無地自容，懇請皇上今後停用這類用詞。對此，皇帝寫道：

「我身體安康。皇太子可好？以前，關於信件中的瑣碎雜事，總是會使用請寄來、請送來、請讓我開心觀覽等字眼；你去看看過往的信件就會發現，並不只是這一次。不僅如此，我寫給妃子們的信件，也是同樣使用這些字詞。其他像是『讓大臣們閱覽』、『上奏皇太后』等諭旨中，想必是沒有使用這些字詞吧！或許只是因為事務繁忙，無意寫下的也說不定。

我沿著黃河而行，看那裡土地豐美、草也相當繁盛。柴薪豐足，且有灼木[176]、三川柳、柳條、金桃皮[177]、山桃皮[178]等樹木。在黃河河道彎曲處的林間，有很多大隻的鹿和野豬，平曠處則有長尾黃羊。也有野雉和野兔，但是數量並不多。因為在行軍中，所以沒有進行圍獵活動，只有乘船到河中沙洲，以徒步的方式圍圈，展開小型的圍獵。糧食皆用船隻運送，在我的監督下，從各自所在的地方出發。每個人如果都像我一樣努力勤奮，事情應該就可以順利成功吧！抵達白塔之後，我會派宦官去向皇太后請安。這封信在二十三日（五月十三日）四更時分（凌晨兩點）收到，在同一天的酉刻（下午六點）送出。」

（五月十三日，《宮中檔康熙朝奏摺》第八輯，九〇九—九一三頁，記於皇太子奏摺上的硃批）

五月十六日，皇帝抵達白塔地方，在這裡為即將越過陰山山脈出擊的清軍送行：

「我身體安康。皇太子可好？二十九日（五月十九日），我在白塔前行二十五里處，親自監督前鋒士兵和黑龍江士兵啟程出發。一日（五月二十日），親自監督烏鎗兵和綠旗兵動身。米糧都是運用水路，順黃河而下運載而來；扣除途中食用的分量，我命令撥運從一日開始計算、足以供應四個月分量的米糧前來。馬和駱駝都養得十分肥壯，將兵們士氣高昂。從我所在的地方，測量到兩郎（狼）山——兩郎（狼）山為漢人所命名的名稱，蒙古人們稱之為哈爾哈納——為止的距離，這一百二十里之間，並沒有水可用。因此，我集合了手邊的駱駝，在于成龍到達以前，設法透過這段無水之路來運送物資；等到這些駱駝回來之後，我便會踏上歸途，在炎熱暑氣之下前行。從京師帶來的馬、以前送過來的馬都很肥壯，駱駝也是。

如果選擇水路，約八、九天可以抵達湖灘・河朔，然而馱負行李的馬和駱駝追趕不上；如果走陸路，則約要花費二十天。等到出發之際，會再告知。」

（五月二十日，《宮中檔康熙朝奏摺》第八輯，九七六—九八二頁，記於皇太子奏摺上的硃批）

---

176 灼木，藜亞科（莧科）梭梭屬的植物，學名為*Haloxylon ammodendron* Bunge。俄羅斯名為「薩克薩屋魯」（saksaul）。

177 金桃皮，豆科錦雞兒屬的植物，學名為*Caragana leucophloea* Pojac.。

178 山桃皮，豆科沙冬青屬的沙冬青（*Ammopiptanthus mongolicus* [Maxim ex Kom.] Cheng）。常綠灌木。

最後，皇帝在白塔附近停留了將近十天。五月二十六日，他乘船沿黃河而下，踏上歸途：

「我身體安康。皇太子可好？我該處理的事務都已處理完畢。運米去哈爾哈納的駱駝們都很有精神地返回，在五日（五月二十四日）抵達。六日（五月二十五日）休息一天，決定令馬和駱駝渡河，士兵們走陸路，我則從水路出發。

若是我真想吃水果，又何必讓人專門送到這麼荒遠的地方三次呢？今後別再讓人送來了（回覆皇太子送來櫻桃之事）。

七日（五月二十六日）出發。所以等了兩天，在出發的辰刻（上午八點）寄送。」

（五月二十六日，《宮中檔康熙朝奏摺》第八輯，九八四—九八八頁，記於皇太子奏摺上的硃批）

◆噶爾丹之死

事實上，在這個時候，噶爾丹已經不在人世了。當皇帝所乘坐的船，在六月三日抵達布古圖（現在的包頭市）時，噶爾丹死亡的首報便送達皇帝之處：

「諭皇太子：我原本決定在七日（五月二十六日）從水路出發，但是因為黃河河岸彎曲、泥濘，居民稀少，又無法取得驛馬，所以我命令所有的奏疏報告，都寄送到穆納・和邵去等待，我將在四天內抵達該處。至於眾人仍由陸路行進，並讓內大臣索額圖帶著二百名鳥鎗兵、一千四百多匹京師各旗的馬，以及我多帶來的八百石米，留在白塔這裡。我對他詳細做出指示，要他仿照去年尚書班第為了返回的兵士、馬夫、商人們所做的那樣去準備，之後我便動身出發。每一天都風強波高，比我預期來得更加險阻。十四日（六月二日）夜晚，位在我先前路過之處的額爾德尼・班第達・呼圖克圖[179]派人來告知：『今天傍晚，有一艘小船前來，表示有重大消息要緊急稟告陛下──噶爾丹死了，丹濟拉等人也前來投降！接獲這份重大且緊急的情報後，呼圖克圖想要趕緊向皇上呈報這個好消息，所以便派我們騎馬奔馳前來。』

因此，我趕緊令人連夜找馬，到河的兩岸去迎接，再派小船從水路迎接正式使者的到來；十五日（六月三日）辰刻（上午八點），散秩大臣[180]布克圖終於抵達。他表示：『皇上將這艘小船留

179 額爾德尼・班第達・呼圖克圖（一六三九－一七〇三年），與哲布尊丹巴同為代表喀爾喀活佛系譜的初代，名為羅桑・天津・格魯杰。為喀爾喀賽音諾顏部祖先圖蒙肯的孫子，同時也是哲布尊丹巴一世的弟子。

180 散秩大臣，八旗內侍衛系統的官職，次於領侍衛內大臣、內大臣（參見注56）的指揮官職。同時也是機動配屬性質的職位，經常是高層的旗人和王族成員被暫時任命的位置。

在內大臣索額圖之處，表示要是在皇上抵達穆納之前，有重要事項需要聯絡的話，因為是乘馬無法抵達之處，可以乘坐這艘小船，趕緊追上皇上的腳步。如今，沒有比這個好消息更為重要的報告，因此內大臣下令我們不分晝夜追趕，花了兩天兩夜的時間，終於來到此地。』布克圖同時也送來大將軍費揚古伯爵的報告書。我除了抄寫大將軍費揚古伯爵的報告送到你這裡之外，也命令盡快將噶爾丹的首級取來，拿到之後，再命人送到京師。

我之所以三度來到這個偏遠的邊境之地，都是因為一日也不能姑息這個賊子存在於人世的緣故；故此，如果不能親眼見到噶爾丹死亡，豈不是會成為貽笑後人之舉嗎？如今，托天地、祖先之福，厄魯特諸部皆已收服，蒙古諸國也沒有不來臣服者。現在，將噶爾丹的首級送到京師，召集諸王、貝勒、貝子、公、滿人與漢人大臣、官員們，詳細說明事情來龍去脈，商議後報告給我知道。我內心無比喜悅，拿著筆也難以成文。匆忙寄送。特諭。

四月十五巳時（上午十點）」

（六月三日，《宮中檔康熙朝奏摺》第八輯，一二四－一二八頁，給皇太子的上諭）

根據費揚古的報告，五月二十八日，當費揚古率兵抵達賽爾・巴爾哈孫地方之際，噶爾丹陣營將領丹濟拉的使者——齊奇爾・寨桑一行人前來，報告噶爾丹已於四月四日，在阿察・阿穆塔台地方死去；丹濟拉帶著噶爾丹的遺骨和噶爾丹的女兒鍾齊海，在巴雅・恩都爾地方等候皇上的旨意。費揚古進一步追問齊奇爾・寨桑，得知噶爾丹是在四月四日（農曆閏三月十三日）上午發病，當晚死亡，至於是什麼病因，並不知情。

三天後，齊奇爾・寨桑追趕上皇帝一行人的腳步。他當時的供稱，也是表示噶爾丹是在四月四日病逝，並在當晚隨即火葬。然而，皇帝不知為何，卻相當確信噶爾丹的死因為服毒自殺：

「我身體安康。皇太子可好？十八日（六月六日）經過穆納之後，齊奇爾・寨桑來了。除了將齊奇爾・寨桑的供詞寫下送去外，經過面對面的詳細問話之後，我非常確定噶爾丹之死是服毒自殺沒錯；至於究竟是眾人下毒還是自己服毒，就等車木布藏布來的時候，再從容地詢問答案即可。

此事大功告成，我的心情平穩舒適，每日與大臣、侍衛們談話，都很開心。但是，噶爾丹的屍體已經火化；就算留下全屍，也只能拿到一顆乾枯的頭顱罷了。以前，吳三桂的屍體也是火化，後來將遺骨拿到刑場搗碎後撒棄。已有鮮明的前例可循。」

（六月六日，《宮中檔康熙朝奏摺》第九輯，四〇—四三頁，記於皇太子奏摺上的硃批）

其後，皇帝乘船順著黃河而下，於六月十三日，抵達湖灘．河朔（托克托縣），從該處通過南蒙古，自張家口進入長城。七月四日，回到睽違一百二十九天的北京。

◆撒向風中的遺骨

儘管如此，事實卻不如皇帝所願，要獲得噶爾丹的遺骨，並不是件容易的事情。丹濟拉並未停留在巴雅．恩都爾地方，他捧著噶爾丹的遺骨，帶著鍾齊海，移動到天山山脈東側的吉木色，策妄阿拉布坦部下的陣營處。當他在那裡等待來自位於博羅．塔拉地方的策妄阿拉布坦的聯絡之時，清廷使者抵達吉木色地方，勸丹濟拉歸順清朝。丹濟拉大感心動，於是自吉木色動身出發，但不久便被策妄阿拉布坦派遣的準噶爾部隊襲擊，奪走噶爾丹的遺骨和鍾齊海。丹濟拉逃往哈密地方，從當地前往正停留在南蒙古東部的皇帝本營。皇帝在自己的帳篷內召見丹濟拉，讓其餘的人退下，兩人單獨談話了許久。丹濟拉大為感激，宣誓將忠誠於皇帝。皇帝於是封丹濟拉為散秩大臣，並將張家口外察哈爾正黃旗的領民交付給他。

另一方面，皇帝多次派遣使者到策妄阿拉布坦處，要求交出噶爾丹的遺骨和女兒，但是策妄阿拉布坦卻遲遲不肯答應。直到翌年亦即一六九八年的秋天，才勉強答應交出遺骨。被送往北京的遺骨，在城外的練兵場上，在滿洲兵、蒙古兵、中國兵列隊觀看的狀態下，撒散於風中，隨風而逝。關於噶爾丹的女兒鍾齊海，策妄阿拉布坦到了一七〇一年才答應交出；皇帝命令鍾齊海與塞布騰巴爾珠爾同住，並任命塞布騰巴爾珠爾為一等侍衛，讓鍾齊海與二等侍衛沙克都爾結婚。至於另一位噶爾丹的女兒，也就是青海博碩克圖・濟農的媳婦，最後以不問罪的形式作結。

就這樣，噶爾丹・博碩克圖汗於一六九七年四月四日死亡，享年五十四歲。不過，噶爾丹的死因，果真是如同皇帝所相信的自殺嗎？雖然說噶爾丹已經還俗，但他始終還是高僧轉世的尹咱・呼圖克圖四世，也就是活佛的身分。就算是自殺，也仍舊算是殺生的行為。一位活佛，會犯下這種破戒的行為嗎？

根據齊奇爾・寨桑的供稱，明言噶爾丹是病死。皇帝之所以堅持自殺的說法，應該是想要抹滅這位可恨之敵身為活佛的神聖性吧！

到此，草原英雄的戲劇拉下了終幕。喀爾喀人終於回到久違的北蒙古故鄉。在多倫・諾爾會議上接受喀爾喀人臣服禮的皇帝，成為擁有北蒙古主權的人；清帝國的領域向西延伸，與策妄阿拉布坦在阿爾泰山脈的準噶爾王國相鄰。

老年時期的康熙皇帝朝服全身像。

皇太子的悲劇

◆阿哥們的權力鬥爭

康熙皇帝在上面這些親筆信件中，投注無限關愛之情的對象──皇太子胤礽，其命運其實相當晦暗悲哀。康熙皇帝為了讓這位皇太子能夠鞏固地位、順利繼承紫禁城的寶座，即便其他阿哥們已經成年，也不分封爵位和領民，只讓他們在宮內擇處居住。但是，一六九六、一六九七年討伐噶爾丹的戰役中，年長的阿哥們跟隨皇帝親征，各自在指揮部隊行動的層面上大顯身手，因此皇帝也不能再像過去那樣，讓他們繼續維持住在宮內、無名無分的地位。於是就在噶爾丹逝世的翌年，大阿哥胤禔和三阿哥胤祉受封為郡王，等同於二等爵位；四阿哥胤禛、五阿哥胤祺、七阿哥胤祐、八阿哥胤禩受封為貝勒，等同於三等爵位，並在八旗中的上三旗，各自賦予領民。

所謂八旗，即是構成清朝武力骨幹的組織；大部分滿洲人都隸屬於八旗，其他像是已經滿洲化的蒙古人、漢人、朝鮮人，以及從黑龍江方面收攏而來的少數民族──新滿洲人等，也隸屬於八旗，總稱為「旗人」。這個組織之所以稱為「八旗」，是因為內部區分為八個軍隊式的集團，軍旗的顏色有黃、白、紅、藍，另外又各自區分為不鑲邊（正）和鑲邊（鑲）兩種。根據軍旗顏色和鑲邊有無的不同，分別稱為鑲黃旗、正黃旗、正白旗、鑲白旗、正紅旗、鑲紅旗、正藍旗、鑲藍旗。這就是八旗，特別是最前面的三個集團──鑲黃旗、正黃旗和正白旗屬於皇帝直接管轄，所以又稱為上三旗。若將八旗視為各自獨立的部族也無妨；事實上，對滿洲人和滿洲化的蒙古人、漢人來說，清朝的皇帝只不過是八旗聯合部族的主席，兼任中國皇帝罷了。從部族聯合的角度來看，在滿洲人的思維邏輯中，主席是每屆都應經由選舉來決定的職位，即使現任的主席預先指定後繼者，這項指名也不具備約束力。換句話說，就算皇帝在生前立下皇太子，也絕不保證皇太子在皇帝死後就能夠繼任帝位。

因此，當一六九八年六位阿哥一同受封爵位，並且各自擁有直屬於皇帝的上三旗領民時，皇太子就已經不再是繼承帝位的唯一候選者，各旗的滿洲人們紛紛追隨自己的新領主，也就是受封的諸位阿哥，展開激烈的黨派鬥爭，以陰謀詭計互相陷害。皇太子地位的不穩，其實是來自於沒有長子繼承制度的滿洲人傳統。

換言之，這個民族原本沒有生前指定後繼者的習慣，但康熙皇帝卻採取立太子的中國式制度，其他阿哥當然無法立刻接受。他們都認為，按照舊有習慣，所有阿哥在帝位繼承權上，應該都擁有同等的資格，而他們領旗內的滿洲人，當然更是抱持著這樣的想法。

之所以如此，是因為依照滿洲人的倫理規範，主從關係是絕對不變的事物；不管經過多少代，家臣子孫都必須要對主君的後代竭盡忠誠。就算是家臣步步高升，舊主勢力凋零，也不會改變。

不過，正如前文所述，對於滿洲人而言，自己的部族——也就是旗，就是一切，所以這種忠誠心，並不會跨越旗與旗之間的界線。對皇帝獻上絕對忠誠的，在上三旗之中也只有被稱為「包衣」（家人）[181]的直屬滿洲人，至於其他滿洲人則只對擔任自己領主的阿哥負有忠誠的義務，對於皇帝的所作所為，並不會直接留心關切。而八旗整體之所以能保持團結，也只是基於各旗領主與皇帝之間的個人聯繫罷了。

滿洲人社會結構上的這種弱點，並不會只限於八旗內部，而是必定會影響到漢人社會的官僚制度。既然各旗的實力派，為了讓自己旗內的人士獲得朝中要職，使盡渾身解數，那麼無論是否擁有野心，漢人官僚也必須為了榮華富貴和保身，展開拉幫結派的工作。

就這樣，滿洲人、以及被捲入鬥爭的漢人所組成的眾多黨派在朝廷中並立，垂直分布在帝國的所有機構當中，為了權力鬥爭，各自殺紅了眼。這種時候，被鎖定的並不只有中央政府的重要職位。

在中國的傳統制度中，即使是官階很高的大官，官俸仍舊微薄，因此地位本身，並不足以成為大量獲取資金的來源，能夠賺取錢財的，反而是地方官的職位。地方官的官俸形同無給，不管是被派到多麼窮鄉僻壤的地方，朝廷也不會支付一毛錢，補助地方官動身赴職。相反地，如果可以遵守規定，定期將定額的稅金上繳國庫的話，那剩餘的錢要如何使用，是地方官的自由；換句話說，就是一種徵稅承包制度。地方官所分得的錢財，並非只使用在自己身上，很大的一部分要送交給位在北京的派系領袖。派系領袖則會用這些錢財，來支撐手下黨羽的生活開支。在遷都北京後，八旗士兵參與戰鬥的機會變少，過去以從軍之際的戰利品和賞賜作為主要收入來源的滿洲大眾，生活也逐漸變得困苦；因此，派系領袖們自然也必須努力增加派系內的收入。

以上的狀況，就算是換成皇帝本身也並無不同。身為各派系最高領袖的康熙皇帝，當然也有許多手下，他們各自在收入豐厚的職位上，努力將錢財送到北京作為宮廷費用，其中一人就是江寧織造曹寅[182]。江寧即為南京，織造則是負責調度宮中御用絲綢的官員。曹寅是滿洲化的漢人，為直屬於康熙皇帝的包衣。織造在職務上擁有許多技術人員，獨佔品質最優秀絲綢的生產權力，其收益甚巨的程度可想而知，而曹家的富裕狀況，更是超乎想像。康熙皇帝為了視察黃河、淮河的治水事業，自一六八四年至一七〇七年為止共前往南方出巡六次，其中的五次是停留在曹寅位於南京的家中。要讓中國皇帝一行人得以宿泊，需要多氣派的房舍和費用，就算不去計算，也可

181 包衣，指的是八旗各旗內隸屬家務部門的旗人。幹部層級雖是高等旗人，但是負責雜務的包衣則地位相當低下，被編入八旗的漢人大多屬於包衣。

182 曹寅（一六五八—一七一二年），隸屬於正白旗包衣的漢人，深受康熙皇帝的信賴，歷任蘇州、江寧織造等內務府管轄下的重要職位。在任職的江南地區建造豪華宅邸，享盡榮華富貴，但死後因為雍正皇帝的處罰，家產慘遭充公。

以清楚想見。

曹寅的孫子曹霑（雪芹），是堪稱世界文學名著之一的《紅樓夢》[183]作者，作為書中舞台的榮國府，可說是完全按照曹家超乎規格的絢爛豪華日常生活實際情況去描寫，而曹霑本身也以主角賈寶玉之姿，在《紅樓夢》中登場。

就在這樣的背景下，六位阿哥被分封到各旗，至此為止的黨派鬥爭，又加上了爭奪帝位的新要素。滿洲人們各自為了讓自己的領主成為下一任皇帝，使盡各種陰險的手段，檯面下的鬥爭，可說是暗濤洶湧。

◆皇太子失勢

在這種局面下，地位最為脆弱的，就是被大家鎖定的皇太子。看看毛澤東生前指名的後繼者——劉少奇、林彪、江青等人後來的命運就可以知道，沒有比皇太子更加危險的位置了。況且，和毛澤東一樣，康熙皇帝不僅長壽，在位期間長達六十一年，也是歷史上罕見的例子。因此，皇太子必須無限期承受來自兄弟們懷有惡意的眼光，而且為了避免失去父皇的信賴，任何事情都必須默默地忍氣吞聲，他的辛勞與苦楚，可說是難以想像。

對皇太子而言，最早的凶兆出現在一七〇三年。皇太子的母親，為輔政四大臣之一索尼的孫女。前文已經提及，這位皇后在生下皇太子後便因產褥熱而逝世，因此皇太子年少時最大的後盾，就是索尼的第三個兒子——領侍衛內大臣索額圖。索額圖曾被康熙皇帝派遣，與俄羅斯人締結尼布楚條約，在烏蘭布通戰役中，則是跟隨裕親王福全參與戰鬥。康熙皇帝親征北蒙古之時，他負責指揮前鋒兵；遠征寧夏之時，又負責黃河的水路運輸任務。

然而，一七〇三年的夏天，康熙皇帝卻突然逮捕索額圖，將他監禁，理由是索額圖結黨議論國事，因此將他的派系成員全都加以放逐。不久後，索額圖在監禁中逝世。因為大舅的失勢和死去，皇太子在政治上陷入孤立。被逼到走投無路的皇太子變得自暴自棄，開始做出相當異於常態的舉動。自然而然，父子之間的關係也布滿了猜忌的烏雲，漸漸地，康熙皇帝開始認為皇太子有意加害於自己。

一七〇八年的秋天，康熙皇帝帶著皇太子和大阿哥等人，前往南蒙古東部進行圍獵。這時，康熙皇帝突然召集了諸王、大臣、侍衛、文武百官到行宮前，令皇太子跪下，淚流滿面地說道：

183《紅樓夢》，十八世紀下半葉寫成，以貴族家庭為舞台的長篇小說。曹寅的孫兒曹霑（雪芹，一七二四？—一七六七年？）的作品。雖然在曹霑這一代，曹家已經沒落，但他還是以自己家族過往的榮華為原型，書寫成文。

「我承繼太祖（努爾哈赤）、太宗（皇太極）、世祖（順治皇帝）所留下的偉業，至今已經四十八年了。在這段期間中，我兢兢業業地愛護臣子、惠養百姓，為了讓天下維持安樂而努力。現在看見胤礽，不學習先祖的德行，不遵從我的教誨，作惡虐民，暴戾和胡作非為的程度，過分到讓人說不出口。我已經包容了二十年之久，但是胤礽的惡行卻變本加厲，藐視朝廷諸王、貝勒、大臣、官吏，依權仗勢，糾集黨羽在我身邊窺伺，就連我日常生活上的一舉手與一投足都不放過。在我想來，國家只有一位君主；既然如此，那胤礽又怎麼能夠恣意妄為地凌虐、毆打諸王、貝勒、大臣和官吏呢！平郡王訥爾蘇[184]、貝勒海善[185]、鎮國公普奇[186]等人都被毆打，大臣、官吏甚至是兵士、馬夫，很少人沒有受到荼毒。我之所以知道這些事情，是因為眾臣裡有人論及胤礽的行事作風，結果這些人卻遭到胤礽的敵視，甚至被胤礽恣意鞭打。因此，關於胤礽至今的作為，我從來沒有叫諸臣來問話。

我巡幸陝西、江南、浙江等地之時，借住廬舍、搭船航行，從未逕自外出一步，做出任何一件擾民的事情。然而，胤礽和他的下屬卻為非作歹、恣意妄為，簡直就讓我羞愧到難以啟齒。此外，他還派遣使者，在途中攔截從蒙古前來獻馬給我的人，擅自取走馬匹，引起蒙古人的不滿。種種惡形惡狀，難以勝數。即便如此，我內心還是期待著他會悔悟，改過自新，因此一直隱忍包容到現在。

我深知胤礽天性奢侈，於是讓他乳母的丈夫凌普擔任內務府總管，方便他取用想要的東西。殊不知凌普這個人更為貪婪，招致包衣下人（皇帝的奴隸）的怨恨。我在胤礽年幼之時便諄諄教誨說，我們使用的所有物品，都是來自民脂民膏，不可不節儉。但是，他並未聽從我的教誨，極盡奢侈之能事，逞凶作惡的作為更加荒唐，簡直就像是要將我的其他兒子從世上徹底剷除掉一般。在十八阿哥患病之時，眾人都顧慮我年事已高，沒有人不為我擔心；但胤礽雖然是十八阿哥的皇兄，卻毫無友愛之情。被我斥責之後，反而憤而發怒。更詭異的是，他每天晚上都會悄悄靠近我的帳篷，從縫隙中窺伺。

以前，索額圖曾經偷偷協助他，圖謀大事；我知道這些事情，於是將索額圖處死。如今，胤礽則是想為索額圖報仇，結成黨羽，導致我現在日夜不得安寧，擔心今日是否會被下毒，明日是否會被暗殺。先祖的弘大偉業，怎麼能夠託付給這種人呢！加上胤礽生來剋母，這在過去的人的

184 平郡王訥爾蘇（一六九〇—一七四〇年），清朝宗室。努爾哈赤的次子代善，其長子岳托被封為鑲紅旗克勤郡王，岳托的玄孫即為平郡王訥爾蘇。平郡王訥爾蘇跟隨撫遠大將軍十四阿哥胤禵（參見注191），前往青海、西藏遠征，但是在雍正皇帝即位後，與胤禵一同被問罪而失勢。

185 貝勒海善（一六七六—一七四三年），清宗室中，正藍旗旗主恭親王常寧（參見注54）之子。承繼父親，被封為貝勒。

186 鎮國公普奇（一六七二—一七二三年），清宗室中，努爾哈赤長子褚英的玄孫。鑲紅旗旗主之一，因為依附皇太子胤礽而失勢。

說法，即為不孝。我自即位以來，諸事節儉，身披敝褥，足履布襪，胤礽所用的物品，全都遠遠勝過於我。即便如此，他還是覺得不夠，擅自取用國庫的財物，干涉政治。這種人最後一定會敗壞我國，荼毒萬民。要是讓如此不仁不孝的人當上君王，祖業會變成什麼樣子呢！」（《大清聖祖仁皇帝實錄》卷二三四，康熙四十七年九月丁丑）

說完，康熙皇帝撲地放聲大哭。

皇太子被逮捕，康熙皇帝則因悲痛過度而失眠。他連續六個晚上夜不成眠，喚來眾臣，一邊說話一邊啜泣。此外，他也說了以下這些話：「看胤礽近來的舉止，感覺不像普通人會有的樣子；白天大多昏睡不起，到夜半才在進食，喝酒的話就算喝上數十大杯的酒，也不會醉。在神明面前焦躁不安，沒辦法好好地行禮膜拜，遇上下雨、打雷之時，更是渾身顫抖，不知如何是好。生活作息紊亂，說話也是顛三倒四，似乎是精神病的樣子，是不是被什麼鬼怪纏身了呢！」

康熙皇帝回到北京後，正式發表廢黜皇太子的聲明，將被廢位的皇太子幽禁在咸安宮[187]。迄今為止，反皇太子陰謀的核心人物一直是八阿哥胤禩，然而在皇太子被廢後，大阿哥胤禔便立刻推薦胤禩作為皇太子的繼任人選，胤禩在私底下策劃陰謀的樣貌因此浮出檯面，康熙皇帝於是憤而剝奪胤禩的貝勒爵位。同一時期，三阿哥胤祉告發胤禔請求喇嘛對廢太了下詛咒。康熙皇帝命令侍衛搜索廢太子的宅邸，果真找到用來詛咒的十多個物品，於是胤禔也被剝奪郡王的爵位，並被監禁。後來康熙皇帝前往南苑[188]狩獵，順道召喚廢太子前來見面。廢太子彷彿是換了個人似的冷靜沉穩，完全忘卻過去事情的樣子。康熙皇帝見狀，放下了心中的大石，十分歡喜，更加確信廢太子過去是被施法下咒的想法。

翌年、也就是一七〇九年的春天，胤礽再次回到皇太子的位置，但是這對曾經受到傷害的皇太子而言，在精神上無疑是比過去還要折磨人的每一日。一七一一年，康熙皇帝聽聞大臣們結成皇太子黨、召開酒宴。於是處死步軍統領[189]托合齊等人。翌年（一七一二年），胤礽再次被廢黜，幽禁於咸安宮。自此之後，因為後繼者問題痛嘗教訓的康熙皇帝，終其一生都沒有再次興起立皇太子的念頭。當時康熙皇帝五十九歲，廢太子三十八歲。後來只要有大臣諫言立太子之必要性時，據說老皇帝必定會勃然大怒。

187 咸安宮，位於紫禁城南半部外城西南方的角落，廢太子胤礽被幽禁在此處。雍正年間，在此設置咸安宮官學，作為上三旗子弟的教育機構。

188 南苑，位於北京南郊的離宮，有狩獵場等，佔地廣闊。早從順治皇帝的時候就整飭完善，作為狩獵和休息之地，是歷代皇帝屢次出巡的場所。

189 步軍統領，八旗官職之一，為步兵部隊最高的指揮官。同時也統轄北京城門的警備和巡邏隊，是能夠一手掌握首都警察權的重要職位。

◆康熙皇帝的突然逝世和雍正皇帝的即位

一七二二年正月，康熙皇帝迎來六十九歲的春天；他的在位期間長達六十一年，在中國史上創下空前絕後的紀錄。以此為機會，大學士們召集了十五位高齡大臣，這十五位長者的年齡加算起來正好是一千歲，由他們聯名向皇帝獻上祝賀之意。皇帝也在宮中召開了名為「千叟宴」的大型慶賀會，招待六十歲以上、八十歲以下的高官七十人、文武官員及鄰近縣內的平民六百六十人出席，讓參加者作詩祝賀，並命人將盛況繪製成畫，作為紀念。宴會之後，皇帝邀請老大臣們進入私人房間，歡喜地追懷往事：

「我即位剛過十年的時候，沒有想過會在位長達二十年的時間；到了在位二十年的時候，沒有想到竟然會繼續迎接三十年、四十年、五十年；到了五十年的時候，更是完全沒有預料到竟然可以迎來六十年的那一天。如今，我的在位時間已經來到六十一年，追溯歷史，能活到七十歲以上的帝王只有三位，由此可知，上天真是多麼眷顧我啊！我以寬恕對待臣子，特別留意保全諸位大臣，所以你們才能活到這個歲數，過著幸福的生活，同時還飽享名譽。像我們這樣君臣面對面，一同走到髮鬢花白的年歲，也堪稱人生一大樂事，不是嗎？」（《永憲錄》卷一，康熙六十一年正月辛卯）

接著，皇帝回顧自己最為得意的戰事，以及六次巡幸南方之事，表現出非常滿意的模樣。

然而，死亡卻突如其來地降臨。同年的十一月八日，暫居在北京西北郊外暢春園離宮的皇帝，因受風寒而發燒，大量盜汗。不過，這時候不管是皇帝本人還是周遭的人，都不認為皇帝當下的身體狀況需要特別擔心。因此，在短短六天後的十四日，晚間八點皇帝駕崩之時，皇帝枕邊竟沒有任何一位阿哥在場，只有身為步軍統領，一手掌握北京和離宮警察權的隆科多[190]隨侍在側。

此時，深受康熙皇帝喜愛、咸認相當有力的皇位候選人，是以撫遠大將軍的身分駐紮在甘肅省甘州，負責指揮防衛準噶爾王國軍事行動的十四阿哥胤禵[191]。但是，隆科多屬於四阿哥胤禛的派系，為了讓胤禛能夠登上皇位，於是立刻採取行動。

隆科多將康熙皇帝的遺體放上轎子，在夜半時分全速趕回北京，把轎子抬入宮內；同時他下令，紫禁城的宮門全數關閉，衛兵也進入非常警戒的狀態，沒有他的許可，不能讓任何一個人進

190 隆科多（？—一七二八年），佟國維（於烏蘭布通戰役中戰死的佟國綱〔參見注57〕的弟弟）之子，同時也是康熙皇帝第三任皇后孝懿仁皇后的弟弟，姓佟佳氏。繼承父親的公爵之位，歷任重要職務，在康熙皇帝逝世時擔任步軍統領。在雍正皇帝鞏固政權之時，名列輔佐皇帝的總理事務王大臣之列，但在政權步上軌道後，便被摒棄而失勢。

191 胤禵（一六八八—一七五五年），康熙皇帝的第十四個兒子，雍正皇帝的同母弟。在康熙皇帝晚年時，以撫遠大將軍的身分指揮青海、西藏方面的軍務，曾被視為帝位後繼者的有力人選，但是在雍正皇帝即位之後，便遭問罪幽禁。於乾隆皇帝時代被釋放，受封恂郡王。

到紫禁城內。另一方面，隆科多也緊急派遣使者到胤禛的住處。胤禛於是急忙趕來，而其他阿哥們都無法進宮。

翌日、亦即十五日的正午時分，發表康熙皇帝的遺囑，而這番遺言，據說只有（隨侍在康熙皇帝身旁的）隆科多一人聽見。

「四阿哥人品高尚，對我孝順，也有政治上的才能，適合繼承帝位。」（《大清聖祖仁皇帝實錄》卷三〇〇，康熙六十一年十一月甲午）

到了二十日，戒嚴令終於解除，阿哥們陸續進入宮中，在亡父靈前行禮跪拜。翌日、也就是二十一日，胤禛舉行了登基大典；他就是雍正皇帝，當時四十四歲。

北蒙古喀爾喀部的哲布尊丹巴・呼圖克圖，從多倫・諾爾會議之際首次與康熙皇帝見面後，兩人便成為相互傾慕的至交；之後，他幾乎每年都會前往北京和熱河的離宮，與康熙皇帝相見。一七二一年哲布尊丹巴來訪之時，康熙皇帝曾言：

「癸卯之年（一七二三年），我七十歲，你九十歲，是應該大肆慶祝一番的年份，你到時候一定要來，絕對不能毀約喔！」

哲布尊丹巴信守諾言，來到北京康熙皇帝的靈柩之前，就在北京發病，一七二三年二月十九日，以八十九歲的高齡圓寂。雍正皇帝表示：自己的父皇駕崩之日為甲午，呼圖克圖圓寂之日也是甲午；（呼圖克圖）不是一位普通的僧侶，我想親自前去奉獻哈達（絲巾）和供茶，表達我的心意。說完之後，他便不顧喀爾喀土謝圖汗等人的婉拒，親自前往靈前致意，並且讓皇族和大臣護送哲布尊丹巴的遺體回北蒙古。（A. M. Pozdneyev, *Mongolia and the Mongols*, Indiana University Publications, Uralic & Altaic Series, vol. 61, publication data of original 1896, p. 338.）

當哲布尊丹巴臨終臥床之際，喀爾喀的汗王詢問：「接下來您要轉世到哪裡呢？」哲布尊丹巴回答：「喀爾喀的兩位汗，請好好照顧在申年或酉年出生的女孩。」

哲布尊丹巴的兄長察琿多爾濟．土謝圖汗，他的孫兒敦多布多爾濟[192]，雖然已經和康熙皇帝的第四位公主——恪靖公主[193]結婚，但是聽聞哲布尊丹巴遺言的公主，立刻讓丈夫趕往北蒙古。敦多布多爾濟和阿勒坦汗家族的成員——和托輝特部族[194]達西．台吉（音譯）之女察甘．塔拉（音

---

192 敦多布多爾濟（？—一七四三年），喀爾喀部土謝圖汗察琿多爾濟（參見注45）長子——噶爾丹多爾濟的兒子，繼承早逝父親的郡王爵位；一六九七年，康熙皇帝將女兒恪靖公主下嫁給敦多布多爾濟。在祖父逝世後繼承汗位，但是後來被解職，降回亡父的郡王爵位。

193 恪靖公主（一六七九—一七三五年），康熙皇帝的第六位女兒，為貴人郭絡羅氏（五阿哥胤祺生母的妹妹）所生。嫁給察琿多爾濟的孫子敦多布多爾濟，受封固倫公主，為公主中位階最高的身分。

194 和托輝特部，過去曾君臨全瓦剌的喀爾喀右翼阿勒坦汗家族（參見注44）的後裔。位於喀爾喀西北方，北與俄羅斯，西與瓦剌諸部族相鄰。

雍正皇帝朝服全身像。

喀爾喀的第一代活佛，哲布尊丹巴一世畫像。

譯）結婚，於翌年亦即一七二四年，生下哲布尊丹巴二世。[195]（Charles R. Bawden, *The Jebtsundamba Khutukhtus of Urga*, text, translation and Notes, Asiatische Forschungen Band 9, Otto Harrassowitz, Wiesbaden, 1961, p. 67.）

哲布尊丹巴二世的誕生，實現了喀爾喀左翼土謝圖汗家與喀爾喀右翼阿勒坦汗家的融合。

一年後的一七二五年一月二十七日，廢太子胤礽在被幽禁於咸安宮的狀況下，默默地離開人世，享年五十一歲。

195 哲布尊丹巴二世（一七二四—一七五七年），喀爾喀左翼的土謝圖汗家族敦多布多爾濟，和右翼阿勒坦汗家族後裔達西・台吉女兒之間所生，被認定為哲布尊丹巴一世的轉世。但是，當時還有許多聲稱是轉世靈童的候選者，情況混亂，加上準噶爾的策妄阿拉布坦之子噶爾丹策零入侵北蒙古，因此哲布尊丹巴二世在喀爾喀樹立起權威的時期，要等到一七四〇年代以後。其後，哲布尊丹巴二世就在準噶爾滅亡，以及隨之而起的阿睦爾撒納之亂、青袞咱卜之亂等一連串的動盪情勢中，載浮載沉逝世。

初版後記

敝人和好友神田信夫（明治大學教授）、松村潤（日本大學教授）兩人一起，首次造訪中華民國台灣，是在一九六二年的秋季，距今已是十七年前的遙遠過往。我們三人因研究《滿文老檔》，而在一九五七年榮獲「日本學士院賞」；前往台灣，也是為了調查滿文文獻資料。

台灣和滿文聽起來像是奇妙的組合，實際上卻是大有緣由。滿文是自一六四四年至一九一二年統治中國的政府——清朝的首要官方用語，最重要的公文文書，幾乎都是用這種語言所書寫。清朝滅亡，中華民國成立之後，滿文事實上已經成為一種死語；然而，以滿文書寫而成的清朝官方文件，仍然有為數龐大的量，被保存在北京的紫禁城內。一九二四年，以退位的清朝最後一位皇帝溥儀（宣統皇帝）被馮玉祥逐出紫禁城，紫禁城改為故宮博物院，這些用滿文寫成的公文，也和美術品一起，歸入故宮博物院的管轄範圍。

但在一九三一年，爆發了九一八事變（滿洲事變），北京在日軍的威脅下岌岌可危，於是中華民國政府為了故宮國寶的安全，決定將它們南遷。一九三三年，中華民國政府將近兩萬箱的文物運往上海。一九三六年，故宮博物院在南京建立分院，再次將文物從上海轉移過來。然而在不久後的翌年，便爆發了盧溝橋事件，戰火波及上海，南京也危在旦夕，於是中華民國政府又將故宮的國寶移轉到更為內地的四川省、貴州省的三個處所，在抗日戰爭時期進行保管。

一九四五年日本投降後，故宮的國寶一度聚集在重慶，並一九四七年歸返南京。但是在翌年的一九四八年冬天，共軍南下，這次則是避難到台灣，以海軍軍艦等方式，分三次從南京運送到基隆港。故宮國寶中最為重要、約佔全體四分之一的文物，在一九四九年二月為止搬運結束。在台灣，台中是最為乾燥的地方，因此中華民國政府在一九五〇年，於台中市外的霧峰建造倉庫，保管國寶。當我們首次造訪台灣的一九六二年時，故宮的寶物還保存在霧峰。回憶往昔，當時我們從台中車站坐上笨重的公車搖搖晃晃，在塵埃飛揚的霧峰下車後，懶散地走在田間小路，抵達位於吉豐村北溝的倉庫。那裡沒有任何的展覽和設備。就只是喝著茶，三個人擠在只能乘載兩人的三輪車後座，一邊看著車伕汗流浹背的模樣，一邊踏上回家的旅程。

為什麼要特地造訪那樣的地方呢？因為那裡與我們對《滿文老檔》的研究有所關係。所謂《滿文老檔》是在十八世紀，清朝乾隆皇帝令人基於古老記錄編纂而成，有關清朝建國時代（一六〇七—一六三七年）的編年紀，而作為其依據的古老文件史料則總稱為「原檔」。至一九三三年為止，這些原檔都一直存放在北京的故宮博物院之中；問題是，它們是否有被運到台灣呢？如果能夠看見「原檔」，那麼許多未能解決的問題，應該都能找到答案。這就是我們當初造訪台灣的目的。結果，因為我們抓不到要領，所以沒能找到「原檔」；但是實際上，當地（譯注：台灣）的學者已經知道「原檔」是存放在霧峰。

後來到了一九六五年，在台北市北郊、靠近蔣介石總統官邸附近的外雙溪之地，美輪美奐的宮殿建築——現在的故宮博物院開館，由蔣復璁先生就任院長。在關於滿洲文獻的利用上，故宮向我們展現出無比的善意，其中特別值得一提的是，他們將「原檔」題為《舊滿洲檔》，於一九六九年影印成稿。從這時候開始，我們幾乎每年都會造訪台北，在故宮博物院研究滿洲文獻。一九七四年夏天，當我們前往院內的時候，突然看見像經書一樣折疊起來的文件，堆成一座小山，裡頭並不是用墨水書寫，而是以硃砂寫的滿洲文，有草書的潦草字跡，也有楷書的端正筆跡。詢問後得知，那些全部都是清朝康熙皇帝的親筆筆跡，現正準備翻譯成中文。這就是我和「康熙皇帝的書信」的初次邂逅。

我試著閱讀一下內容，發現這些都是在康熙皇帝在一六九六、一六九七年征討噶爾丹之際的軍中書信，詳細寫下每天發生的事情，是從其他已經出版發行的史料中，無法窺知的內容，諸多微妙事件和局勢的推移，彷彿歷歷在目。我們為中譯文提供了些許建議，並且期盼這些文本能夠早日公開出版。

從台灣回來以後，這些康熙皇帝的親筆書信，還是在我腦海中揮之不去。在那之後，我在偶然的機會下與中公新書的永倉愛子總編輯見面，提到康熙皇帝親筆書信之事，對方展現出非常高度的興趣，表示請務必讓中公新書出版。然而，在故宮博物院尚未刊行信件內容以前，我們也無法有任何行動。就這樣經過了許多年月，雖不能說是替代，但當時敝人決定書寫有興趣的日本古代史，於是在一九七七年十月，由中公新書出版了《倭國》一書。

實際上，在這個時候，故宮博物院已經刊行了康熙皇帝的書信；這些信件是以照相版本的形式，收錄在以《宮中檔康熙朝奏摺》為題的史料集第八輯與第九輯當中，我也在同年秋天收到這本史料集。過了兩年，總算讓《康熙皇帝的書信》（中譯）一書順利問世，這一切都要感謝永倉總編輯持續不懈的激勵。在此，謹向永倉氏以及負責本書編輯的青田吉正先生，獻上誠摯的謝意。

除此之外，將這部稀有史料公開發行，並對我們的研究提供許多協助的故宮博物院眾人，在學問上也賜給我們非常多的恩惠。在此也謹向蔣復璁院長、昌彼得圖書文獻處處長、張葳滿蒙藏文股長等諸多人士，致上深摯的謝意。

本書的完成時間之所以有所遷延，多少是有些緣由存在；畢竟，要理解十七世紀的東亞史，不只是中國的史料，還必須要利用以滿洲、蒙古、西藏等語言所書寫而成的史料，做出綜合性的判斷。至今成為公認說法的內容，大多是毫無批判地依據中文史料，而非洞察實情後所形成，因此湧出了難以計數的疑問。光是〈中國的名君和草原的英雄〉此章，我就重新書寫了好幾次。幸好獲得清俄外交史權威吉田金一、專研西藏史的大師山口瑞鳳以及其他眾多師友的建議，敝人深信這一個章節，將能超越過往概說史書籍的水準。特此記述，再次致上誠摯的謝意。

一九七九年十月

岡田英弘

增補內容

（二〇一三年版）

壹、親征蒙古時的聖祖滿文書簡[1]

清聖祖康熙皇帝在康熙三十五年二月三十日（一六九六年四月一日），親自指揮三萬七千人的中路軍，從北京出發，越過戈壁沙漠，襲擊位在克魯倫河上游巴顏．烏蘭地方，準噶爾部噶爾丹．博碩克圖汗所駐紮的營地。但這項行動已經被敵方察覺，於是噶爾丹搶先一步拔營西走；結果當他來到土拉河上游昭莫多地方時，遭遇到撫遠大將軍、領侍衛內大臣、伯爵費揚古所帶領的西路軍，慘遭大敗。聖祖在歸途中接獲此一捷報，於六月九日（七月七日）回到北京，前後共計九十八日。此為第一次親征。

在昭莫多之役被擊敗的噶爾丹，將據點轉移到阿爾泰山脈的東側，準備伺機逃往西藏。對此，聖祖為了指揮作戰，於康熙三十五年九月十九日（一六九六年十月十四日）再次從北京出發，往歸化城的方向前進。在歸化城停留了十一天之後，聖祖渡過黃河進入鄂爾多斯之地，在那裡展開二十六天的遊獵生活，於十二月二十日（一六九七年一月十二日）回到北京，前後共計九十一日。此為第二次親征。

之後，為了指揮夾擊噶爾丹的作戰，聖祖於康熙三十六年二月六日（一六九七年二月二十六日），第三度從北京出發，原本計畫往山西右衛方向前進，途中卻改變行程，轉往寧夏的方向，沿著陝西的長城抵達寧夏地方。噶爾丹在這段期間內的三月十三日（四月四日），於阿察·阿穆塔台地方病逝。不過，無法馬上得知這項消息的聖祖，在寧夏地方停留了十八天之後，搭船順黃河而下，踏上歸途；當他抵達布古圖地方時，聞知噶爾丹的死訊，接著途經南蒙古，於五月十六日（七月四日）抵達北京，前後共計一百二十九日。此為第三次親征。

關於聖祖針對噶爾丹發動三次親征蒙古的前後經緯，在為數四十八卷的《親征平定朔漠方略》（滿語拼音：*Beye dailame wargi amargi babe necihiyeme toktobuha bodogon-i bithe*）中，有詳細的記錄。在《親征平定朔漠方略》中，聖祖的「御製序」內有「康熙四十七年七月初九日」的日期，在《大清聖祖仁皇帝實錄》卷二三三、康熙四十七年七月癸未的記錄中，也放上了「御製親征平定沙漠方略序」的全文，證實這本書是在一七〇八年完成。不過，編纂的計畫，則是早在第一次親征之後就已經展開了。《大清聖祖仁皇帝實錄》卷一七四，康熙三十五年七月丙辰的條目中，有這樣的記載：

皇上召集議政大臣、滿漢大學士、尚書、侍郎、學士等人，面授北征的機宜。諸位大臣們恭敬聆聽後奏曰：「噶爾丹是窮荒之地的巨寇，煽動群心。皇上為了中外百姓著想，親自統率六師，遠渡荒漠，運籌帷幄，百日之內，凱旋而歸。自盤古開天以來，沒有人能夠像皇上一般，如此算無遺策、計日奏功。」翰林院掌院學士常書、張英奏曰：「皇上神機妙算，功德崇高，難以用文字書寫殆盡。拜讀御製之序文，前後順序極為完備周詳，皆為經典之文。懇請皇上將記載之文賜予臣等，臣等將謹慎編纂成冊，成就億萬年之盛事。」皇上應允。

接下來，在兩日後的記錄中又寫到：

戊午，命內閣、翰林院纂修《平定朔漠方略》。

由此可知，《親征平定朔漠方略》是以聖祖自撰第一次親征的記述為核心，發展而成的書冊。此處提到的「北征機宜」，就是現今刊載於《親征平定朔漠方略》卷首的〈御製親征朔漠紀略〉，漢文本有四十頁，為約一萬字的大作。

不過，《親征平定朔漠方略》主要的材料，則是三次親征的過程中，皇帝大本營與前線、後方之間所交換的大量指令、報告等文件。這些文件當中很大一部分，現在都還保存在台北的故宮博物院，其中就有聖祖出兵時，與留守在北京的皇太子胤礽之間魚雁往返的書信。

一九七四年的夏天，我、神田信夫和松村潤三人造訪故宮博物院，在圖書文獻處看見當時正在整理中的往來書信原稿，其中也包含了聖祖親筆書寫的信件。這些內容全都是滿文，與其他康熙時代的滿文文件，一同被收錄在《宮中檔康熙朝奏摺》第八、九輯之內，於一九七七年六月，由國立故宮博物院刊行。

收錄在《宮中檔康熙朝奏摺》第八、九輯中的滿文文件共計七百四十一件，其中的一—十五（自康熙十年至二十一年）、二一九—六九二（自康熙四十五年至六十一年）的內容，與康熙三十五、三十六年的親征無關。問題是六九三—七四一的「無年月（年月不明）」文件裡，有許多內容都和親征息息相關。

比方說七二九的內容：「世祖皇帝之時，一位總兵之子送來一塊黃寶石，奏書上表示，當他父親佩戴這塊黃寶石之際，總是戰無不勝、所向披靡。在內庫中找一下這塊寶石，有的話就送過來。」這段文字乍看之下與親征無關，但是在二〇（康熙三十五年三月十八日奏）的內容中，皇太子表示：「奉皇上之命，尋找內庫中所收藏的黃寶石，找到黃且扁平（譯注：漢文本為「黃且圓」。）者一塊、黃寶石一塊。但是無法辨識皇上所說的是哪一塊。因此將以前所寫下的記錄，一併恭敬地送上。」由此可見，七二九是第一次親征時期的信件。

七三〇—七三二，在信件的開頭各自寫著「初七日抵達」；七三〇為噶爾丹的奏書，七三一為噶爾丹使者格壘．沽英．杜喇爾之子烏巴希的供詞，七三二為派往噶爾丹處的使者察罕岱之供詞，加上七三一、七三二的內容中有「康熙三十六年閏三月初七日」的日期，因此必定是聖祖在第三次親征期間，停留在寧夏時的信件。

七三三、七三四亦同，信件開頭有「十日上午抵達」；七三五、七三六有「十日傍晚抵達」；七三九有「十一日早晨抵達」等文字，從內容來看，應該也是康熙三十六年閏三月、亦即第三次親征期間的信件。

七四〇是將一首押頭韻的蒙古詩譯成滿文，從內容中歌頌昭莫多之役戰勝，以及尚未提及噶爾丹之死的情況來看，一定是康熙三十五年第一次親征或是其後不久的文件。

七四一是報告尚書圖納患病的消息，根據聖祖的硃批，可以知道報告人是皇太子。從信件內容中「三月初五日」、「同月二十三日」的日期來推測，應是康熙三十五年第一次親征，又或者是康熙三十六年第三次親征時期的文件。

如此一來，收錄在《宮中檔康熙朝奏摺》第八、九輯內的七百四十一件滿文文件中，十六－二一八、七二九－七四一，共計二百一十六件，為有關康熙三十五、三十六年聖祖親征蒙古的文件。

當然，在第一次親征後不久，由聖祖親自寫成的《御製親征朔漠方略》，史料價值很高，不過史料價值更高的，則是聖祖在親征途中，親自執筆書寫，與皇太子之間的往來書信。其中有許多部分雖然是以在皇太子奏章加上硃批的形式寫成，但因為是私信的性質，所以有許多平常在官方文件上上不會記錄下來的自然觀察，以及皇帝本人感情的流露等，都在這些信件中詳盡地一一道出。正因如此，這些信件除了戰況的描述之外，更是一份適合窺見這位非凡賢君性格的第一手史料。

只是，在《宮中檔康熙朝奏摺》第八、九輯之中，這些重要滿文史料的排列順序，除了七二九－七四一的「無年月」之外，還存在相當多的問題。故宮博物院的編輯者們，是根據原文開頭寫下的漢字日期，來決定康熙三十五、三十六年親征關係文件的排序。例如十六是「康熙三十五年三月初五日奏（片一）」，十七則是其附片。十八為「康熙三十五年三月十一日奏」，十九為「康熙三十五年三月十一日」，二〇為「康熙三十五年三月十八日奏（片一）」，二十一為其附片，二二為「康熙三十五年三月二十一日到」。

以下省略；正如舉例中所看到的，以漢字標注的日期，有「奏」、「到」，也有只標注年月日這三種類型，各自所代表的意義不同。

舉十六的「康熙三十五年三月初五日奏（片一）」為例，在皇太子上奏的本文中提及：「大軍於五日出發完畢。裕親王、簡王、恭王於六日出發」，「三月初五日」代表的是皇太子送出這封書信的日期。對此，聖祖在後方加入的硃批為：

我的身體安康。在本月十日抵達獨石，並將會在十一日離開長城。跟隨我的部隊，不論士兵或坐騎都井然有序。雖然我沒看到後續部隊，但據說狀況也十分良好。只是我部隊後方跟隨的馬匹，只有上駟院一千匹、兵部一千匹。相對於此，費揚古伯爵的部隊則擁有七千匹馬、三千頭駱駝。商議後，我命令他準備壯馬三千，派人前往領取。除此之外，沒有其他事情。

這是第一次親征中，聖祖首次寫給皇太子的回信。從字面上來看，三月十日是寫下硃批的日期。根據《實錄》，聖祖在三月十日丙寅駐蹕在獨石口城內，隔天的十一日丁卯，抵達齊倫巴爾哈孫。換句話說，第十六號文件開頭的「康熙三十五年三月初五日奏」，為皇太子寄送上奏書信的日期，比起聖祖收到信件、並加上硃批的三月十日還要早五天的時間。

這封第十六號文件的硃批，在第十八號文書皇太子的上奏文中也被簡略地加以引用。根據上奏文的內容，除了第十六號文書的書信往返之外，皇帝也另外派遣太監張鴻緒前來北京，以口頭傳諭聖旨。皇太子在這篇書信中說：「由於張鴻緒急著離開，因此未能來得及將打算上奏的四件事謄寫完畢，僅以底稿的狀態上奏。」而第十九號文件中也正好記述了四件事情，可見

十八、十九號文件應為一組。如此一來，第十八號文件的日期「康熙三十五年三月十一日」就有問題了。照這個日期所示，三月十日寫下硃批的第十六號文件，很快地在翌日（十一日），就回到位於北京的皇太子手中；第十六號文件從北京送到獨石口，就需要五天的時間，第十八號文件從獨石口到北京卻只花了一日，未免也太迅速。先略過這個問題不談，在第十八號文件，也有聖祖的硃批：

此次自出發以來，萬事順心如意，喜不自勝，我的身體康健，氣色甚好。又因地形好、水源佳，無事煩心，心情實為舒暢。唯一由衷祈求的，就只是希望上天能保佑這次出征。

這封信件書寫於十四日。我們在十五日清晨出發，行至半路，突然吹起東南風，落下傾盆大雨，接接著大雪紛飛，非常寒冷，令人感到驚恐。當天晚上便直接駐紮該地，十六日早晨前往查看，牲畜皆安然無恙。所幸此次裝備周全，並未嚴重拖延行進之計畫；皇太子只要知道這點就夠了。

從這段硃批來看，聖祖在三月十四日收到第十八號文件後，並未直接回寄，而是到了十六日，和硃批一同寄出。根據《實錄》，聖祖在三月十四日庚午駐蹕於博洛和屯，十五、十六日駐蹕滾諾爾。由此看來，從北京到博洛和屯，需要三天的時間。

接下來的第二十號文件，也是皇太子的上奏文，開頭寫著「康熙三十五年三月十八日奏（片一）」，信件後方聖祖寫上硃批如下：

我的身體安康，皇太子可好？諸位阿哥都好，大臣、將領、士兵們也都好。雨雪雖然不怎麼礙事，但卻接連不斷，因為這樣，讓我多少有點擔心。當地的蒙古人十分欣喜，表示該地年年乾旱，牧草不生，導致人民落入貧困的深淵，然而皇上一駕臨，便開始降雨和落雪，牧草也欣欣向榮。旅行之人與定居之人，在看法與思維上竟然會有如此大的差異。

觀看牧草，足以羊群飽腹。馬匹雖然連同沙土中的舊草也一起吃下肚，但還不到吃飽的程度。牧草狀態好，用水也豐足。我所經過的地方，不管走多遠，大軍都能和我一同行動，並不曾誤事耽擱。柴薪豐足。雖然不知往後的狀況如何。

這份硃批內容幾乎原封不動地收錄在《親征平定朔漠方略》卷二十一，「康熙三十五年三月二十二日戊寅」這條當中，這似乎是第二十號文件寄送到聖祖手中的日期。這一天，聖祖駐蹕在胡什木克。它於十八日從北京寄出，到此地花費了三天的時間。第二十一號是第二十號的附片。

以上，第十六至二十一號文件中漢字的日期，皆能解釋為從北京寄出信件的日期。但是，第二十二號文件中的「康熙三十五年三月二十一日到」，卻有不同的意思。這是聖祖給皇太子的上諭，全文如下：

我這次遠行，巡視蒙古地方，發現親眼所見的景象，與過往所聽聞的大不相同。水源、牧地都很好，燃料也十分充足。牲畜的糞便雖濕，但小葉錦雞兒、沙蒿、芨芨草、萬年蒿、榆、柳條等各種草木，都可以拿來焚燒。在國境之內沒有可以掘土取水的地方。雖然有大批的軍隊同行，但是牧地、用水和柴薪等資源，還不至於到匱乏的狀態。唯一擔心的是天候多變不定，最怕的就是天氣在不知不覺中惡化，如果剛好遇到晴天，那就是天大的幸運。離開長城一線之後，雖然經歷過幾次雨雪摻雜的天氣，不過都沒造成什麼大問題。春天的青草可供羊群吃飽，馬匹則是會連同枯草一起吃。但願上天庇佑，假如不遭遇到雨雪，我們應該可以迅速完成此次的任務。

在此向皇太后請安。我與諸位阿哥、王、大臣、官員以及將士兵卒們都安好，皇太子身體可好？索倫的圖克圖鼐如果已經到京師，可以命他帶著貢馬過來。

這則上諭，也幾乎是原封不動地收錄在《方略》卷二十一，「康熙三十五年三月十九日乙亥」這條內。三月十九日，在揆宿布喇克駐蹕的聖祖寄出這封信，並在兩天後的二十一日，抵達位於北京的皇太子手上。故此，這裡的「三月二十一日到」，應是指皇太子這邊看見或收到文件的日期。這點也可以從第二十四號文件中，皇太子在上奏內容裡引用這則上諭時，提及「二十一日早晨抵達的上諭」，獲得佐證。

那麼，這些漢字標示的日期，是留守在北京的皇太子，其身邊的人在每回寄送、收件的時候加上的文字嗎？但證諸實際，似乎也不是這麼一回事；因為在這當中，也有出現犯下天大錯誤的狀況。

比方說在第二十六號文件的開頭，有漢字標示「康熙三十五年二月二十八日」。然而，皇太子在上奏文的開頭就寫到「在三月二十一日四更抵達的上諭中」，引用了第一百五十二號文件的硃批。第一百五十二號文件是康熙三十六年三月十一日皇太子的上奏文，硃批中有「當時為三月十六日」的文字。如此一來，第二十六號文件的漢字日期，便有落差「一年」的錯誤。故此，不管怎麼想，漢字日期應該都不是在收發文件時便被加上的標記。

第三十二號文件為聖祖給皇太子的上諭，開頭有漢字「康熙三十五年四月十五日」。在這篇滿文上諭的最後，聖祖親筆寫下「四月十五日巳時」的日期；雖然可以知道開頭的漢字日期是依據此處的文字，但年份並非是康熙三十五年，而是三十六年。在內文中，聖祖在搭船順黃河而下的途中，於十四日晚間，收到有關噶爾丹死訊的報告，這件事是發生在康熙三十六年四月。除了開頭的日期有一年的誤差之外，「四月十五日」是聖祖發送上諭的日期，而不是皇太子收到上諭的日期。

第一百一十八號文件為「康熙三十五年（無月日）」，是因為在皇太子上奏文的最後，有「日落」之硃批。不過在內文中，提及「十月初二卯刻，張鴻緒帶來的上諭中」，引用了第七十三號文件（「康熙三十五年十月初二日到」），並寫上「另外，我已下令帶籠鷹五隻、窩雛鷹二隻、秋黃鷹七隻，於初三日出發」。這是這封信最清楚提到的日期；因為還提到預計在初五辦筵席之事，所以可以確定皇太子寫下的日期，應是康熙三十五年十月三日。這時候聖祖正在第二次親征的途中，人在南蒙古。在第一百一十八號文件後方寫上的上諭裡，聖祖則表示：「因為張鴻緒於初六日晚間抵達，寫了一同送去。」換句話說，這封信是花了三天的時間，在十月六日送抵位於巴倫．郭爾地方的聖祖手中。

第一百一十九號文件也是「康熙三十五年（無月日）」，其內容是青海和碩特的噶爾丹多爾濟上奏聖祖的滿文譯文。第一百二十號文件也是「康熙三十五年（無月日）」，內容則是噶爾丹．博碩克圖汗送給西藏達賴喇嘛等人的十四封書信滿文譯文。關於此事，在第一百零六號文件（「康熙三十五年十一月二十三日到」）的聖祖上諭中也有提及。

諭皇太子：十九日（十二月十三日）送出信件的同時，我收到御前侍衛阿南達的報告。噶爾丹派遣心腹索諾木・喇錫喇嘛等人，前往達賴喇嘛、瑚瑚・腦兒（青海）等地，在我先前下令埋伏的地方，被一舉捕捉。我會將報告書的抄本送過去。

這一行人全部有一百六十個人、八十多匹馬、一百多隻駱駝。駱駝和馬匹瘦弱，沒有東西吃。據說他們是從噶爾丹所在的地方出發，走了一個月，在索爾河被捕。我想等噶爾丹送往西藏的這十四封信件悉數翻譯、大致了解一下箇中狀況後再通知你，因此並沒有馬上送過來。十九日、二十日（十二月十四日）這兩天翻譯結束。在信件內容中，噶爾丹徹底隱瞞了他的失敗和困窘，實在是丟臉又無恥至極，簡直就像是掩耳盜鈴一般。他並不知道自己的狀況在達賴喇嘛和瑚瑚・腦兒那邊，都已經傳了開來。這十四封信件雖然沒有太大助益，還是抄寫送去。將這些記下來向皇太后稟告，也告知宮中，讓滿人大臣們閱覽。十四封信件，不需要讓宮中閱覽。特諭。

二十日晚間，在紮營的地方，阿南達再次派遣鄂齊爾圖・車臣汗之孫噶爾丹多爾濟的使者阿攸・寨桑前來遞送奏書。我將奏書抄寫下來送去。關於事情的來龍去脈，如果皇太子想知道的話，問阿爾尼即可，他知道內情。

由此可知，第一百一十九、一百二十號文件，都是在康熙三十五年十一月二十日，從位於鄂爾多斯地方哲固斯台的聖祖所發送；至於抵達北京的時間，應該與第一百零六號文件一樣，是十一月二十三日。

第一百二十一號文件，同樣是「康熙三十五年（無月日）」，內容是太子少保、靖海將軍、靖海侯、兼管福建水師提督施琅的遺表中，有請求第八個兒子施世范承襲爵位的內容，聖祖在硃批中表示：「須布優旨，要比張勇、楊捷等人更加盛大表彰。為表達我的感謝之意，所奏請之事應當全數應允施行。（施琅之死）實在可惜，實在可嘆！」在《實錄》卷一百七十三，「康熙三十五年五月九日甲子」這條，也有寫到「故靖海侯施琅之子施世范承襲三等侯」這件事。這天，聖祖正指揮中路軍沿克魯倫河而上，追擊噶爾丹。

第二百一十六號文件，開頭是以漢字標明「康熙三十六年五月初九日」，這是從信件末尾的滿文日期「五月初九日」而來，但是年份應該是康熙三十五年。內容是聖祖給皇太子的上諭，開頭是「告知關於噶爾丹逃走一事」，為第一次親征時期所發生的事情。因此正確的日期是康熙三十五年五月初九日，在克魯倫河上游書寫的信件。

緊接著的第二百一十七號文件，漢字日期為「康熙三十六年五月十六日」，這也是從信件尾端的「書寫於十六日清晨五更」而來。文件的內容，是聖祖向皇太子傳達昭莫多之戰勝利消息的上諭，果然還是出現一年的誤差。正確的日期應是康熙三十五年五月十六日，寫於顧圖爾・布喇克。

不只如此，即便如同以上這樣，比對查定「無年月」、「無月日」的日期，訂正年份錯誤之處，也還是無法將其他的漢字日期標示，全部都視為是正確的日時。例如第五十七號文件：

諭皇太子：在我率兵前進期間，可謂是一心不亂。當下噶爾丹敗逃，我親眼目睹他的窘境，並出兵追擊；如今可喜的踏上歸途，不禁思念起你來。現在正值天氣變熱，把你穿的棉紗、棉葛布袍四件、褂四件送來；務必送來舊的衣服，我在想念你的時候，想穿上你的衣服。我在這裡除了羊肉以外，沒有別的東西可吃。十二日，看見皇太子送來的幾樣東西（油炸松花江的鱒魚），非常開心地吃了。皇太子可派內務府幹練的人員一位、男丁一名，將肥鵝、雞、豬、小豬用三台車裝乘，馳馬送來上都的牧場。如果我打算繼續前進，一定不會提出這些要求。看噶爾丹的狀況，應該是不會停下腳步。偏偏費揚古伯爵的軍隊，至今還沒有消息。假如費揚古伯爵的軍隊趕來，那噶爾丹就到此為止了。就算萬一被他逃脫，往後也是無法東山再起。無論如何，他已經完了。

我從拖訥山眺望巴顏・烏蘭，毫無要衝之地。綜觀天上地下，沒有任何一個地方是像喀爾喀這塊土地；除了草以外，完全沒有好的地方。真是陰山背後。

這號文書的開頭有「康熙三十五年五月二十六日到」之漢字，但另一方面，在第四十九號文件（「康熙三十五年五月十八日奏」）中，皇太子寫到「五月十八日申刻抵達的上諭」時，引用了第五十七號文件，表示「得知父皇殲滅賊敵，歡喜返回之外，還獲得這番話語，兒臣絕不敢傷心，而是被話語中的溫情感動，不禁流下淚來」。這麼一來，第五十七號文件的開頭，就不該是「康熙三十五年五月二十六日到」，而是「康熙三十五年五月十八日到」才對。

正如以上所述，在故宮博物院編輯《宮中檔康熙朝奏摺》之時，應是按照康熙三十五、三十六年親征時期滿文諭奏書信開頭的日期，決定年月日的排列順序；但是這些漢字的日期，有時含有非常明顯的謬誤。從這種狀況看來，這些漢字日期應當不是在文件寄送、領收當時所記下的標示，而是在三次親征結束，經過一段時間後，直至康熙四十七年《親征平定朔漠方略》完成前為止，方略館員們在整理史料階段中，所添加上的日期。當然，不可能所有的漢字日期都是胡亂編寫，其中的許多應該是北京的皇太子這邊，根據文件的信封或是抄本而寫下。若是這樣，那麼這些漢字日期，應該大多是從留守在北京的皇太子角度出發，加以排列而成。故此，若是從三次親征的中心人物——聖祖角度出發，便難免會出現文件順序前後顛倒，不便理解的現象。

現在，我試著根據在奏摺中寫下硃批的皇帝通信日期，而不是皇太子的發送日期，將皇太子的奏摺重新排列。第一欄為中國曆法的月日，第二欄為干支，第三欄為西曆的日期，第四欄為當日聖祖的駐蹕地點，第五欄為確認聖祖在當天發送出文件的編號。不過，駐蹕地點是根據《大清聖祖仁皇帝實錄》，文件則是出自聖祖的上諭、硃批，以及其他史料佐證和《親征平定朔漠方略》中的引用內容，能夠確定或是推測出的日期有其限度。根據這個順序來閱讀收錄在《宮中檔康熙朝奏摺》第八、九輯的文件，相信對於三次親征真相的詳細情況，應該會有更明確的認識。

◆第一次親征——康熙三十五年二月三十日至六月九日

農曆日期（陰曆）	干支	西元日期（陽曆）	駐蹕地點	文件編號
二月三十日	丙辰	一六九六年 四月 一日	沙河	
三月 一日	丁巳	二日	南口	
二日	戊午	三日	榆林	
三日	己未	四日	懷來縣	
四日	庚申	五日	石河	
五日	辛酉	六日	真武廟	
六日	壬戌	七日	鵰鶚堡	
七日	癸亥	八日		

八日	甲子	九日	赤城縣	
九日	乙丑	十日	毛兒峪	
十日	丙寅	十一日	獨石口城內	一六
十一日	丁卯	十二日	齊倫巴爾哈孫	
十二日	戊辰	十三日	諾海和朔	
十三日	己巳	十四日	博洛和屯	
十四日	庚午	十五日		
十五日	辛未	十六日	滾諾爾	一八
十六日	壬申	十七日		
十七日	癸酉	十八日	揆宿布喇克	
十八日	甲戌	十九日		
十九日	乙亥	二十日		二二
二十日	丙子	二十一日	和爾博	
二十一日	丁丑	二十二日	昂幾爾圖	
二十二日	戊寅	二十三日	胡什木克	二〇
二十三日	己卯	二十四日		
二十四日	庚辰	二十五日	噶爾圖	
二十五日	辛巳	二十六日		
二十六日	壬午	二十七日	滾諾爾	

農曆日期（陰曆）	干支	西元日期（陽曆）	駐蹕地點	文件編號
二十七日	癸未	二十八日	郭和蘇台察罕諾爾	
二十八日	甲申	二十九日	瑚魯蘇台	
二十九日	乙酉	三十日		
四月 一日	丙戌	五月 一日		
二日	丁亥	二日	蘇勒圖	
三日	戊子	三日		
四日	己丑	四日	哈必爾漢	
五日	庚寅	五日	和爾和	
六日	辛卯	六日	格德爾庫	二八
七日	壬辰	七日	塔爾奇喇	
八日	癸巳	八日		
九日	甲午	九日	僧色	
十日	乙未	十日	科圖	
十一日	丙申	十一日		
十二日	丁酉	十二日		
十三日	戊戌	十三日	蘇德圖	三三
十四日	己亥	十四日	瑚魯蘇台察罕諾爾	二九、三〇
十五日	庚子	十五日		

十六日	辛丑	十六日	喀喇芒鼐哈必爾漢	
十七日	壬寅	十七日		
十八日	癸卯	十八日	席喇布里圖	
十九日	甲辰	十九日		
二十日	乙巳	二十日		
二十一日	丙午	二十一日	西巴爾台	三五
二十二日	丁未	二十二日		
二十三日	戊申	二十三日		三四
二十四日	己酉	二十四日	察罕布喇克	
二十五日	庚戌	二十五日		
二十六日	辛亥	二十六日		
二十七日	壬子	二十七日		三七
二十八日	癸丑	二十八日		
二十九日	甲寅	二十九日		
三十日	乙卯	三十日		
五月一日	丙辰	三十一日	拖陵布喇克	
二日	丁巳	六月一日		四二
三日	戊午	二日		
四日	己未	三日		

農曆日期（陰曆）	干支	西元日期（陽曆）	駐蹕地點	文件編號
五日	庚申	四日	阿敦齊陸阿魯布喇克	
六日	辛酉	五日	枯庫車爾	四八
七日	壬戌	六日	西巴爾台	
八日	癸亥	七日	克魯倫布隆	四三
九日	甲子	八日	距克魯倫布隆十八里	二一六
十日	乙丑	九日	扎克寨	
十一日	丙寅	十日	克勒河朔	四四
十二日	丁卯	十一日	拖訥阿林	五七
十三日	戊辰	十二日	克勒河朔	
十四日	己巳	十三日	塔爾渾柴達木	二一八
十五日	庚午	十四日	顧圖爾布喇克	
十六日	辛未	十五日		五二、二一七
十七日	壬申	十六日	西拖陵	
十八日	癸酉	十七日	中拖陵	五三
十九日	甲戌	十八日	察罕布喇克	
二十日	乙亥	十九日	西巴爾台	
二十一日	丙子	二十日	席喇布里圖	四七
二十二日	丁丑	二十一日	烏喇爾幾	四九

	二十三日	戊寅
	二十四日	己卯
	二十五日	庚辰
	二十六日	辛巳
	二十七日	壬午
	二十八日	癸未
	二十九日	甲申
六月	一日	乙酉
	二日	丙戌
	三日	丁亥
	四日	戊子
	五日	己丑
	六日	庚寅
	七日	辛卯
	八日	壬辰
	九日	癸巳

	二十二日	蘇德圖	
	二十三日	科圖	
	二十四日	塔爾奇喇	
	二十五日	和爾和	
	二十六日	蘇勒圖	
	二十七日	察罕諾爾	
	二十八日	噶爾圖	五九
	二十九日	昂幾爾圖	
	三十日	揆宿布喇克	五八
七月	一日	滾諾爾	
	二日	諾海河朔	
	三日	獨石口	
	四日	鵰鶚堡	
	五日	懷來縣	
	六日	清河	
	七日	回宮	

◆第二次親征——康熙三十五年九月十九日至十二月二十日

農曆日期（陰曆）	干支	西元日期（陽曆）	駐蹕地點	文件編號
九月十九日	壬申	一六九六年 十月十四日	昌平州	
二十日	癸酉	十五日	南口	
二十一日	甲戌	十六日	岔道	
二十二日	乙亥	十七日	懷來縣城西	
二十三日	丙子	十八日	沙城堡	
二十四日	丁丑	十九日	下花園	
二十五日	戊寅	二十日	宣化府	
二十六日	己卯	二十一日	下堡	
二十七日	庚辰	二十二日		六七
二十八日	辛巳	二十三日	察罕拖羅海	六三、七〇、七一
二十九日	壬午	二十四日	喀喇巴爾哈孫	
三十日	癸未	二十五日	海柳圖	
十月 一日	甲申	二十六日	鄂羅音布喇克	
二日	乙酉	二十七日	胡虎額爾奇	
三日	丙戌	二十八日		
四日	丁亥	二十九日	昭哈	

五日	戊子	三十日	河約爾諾爾	
六日	己丑	三十一日	巴倫郭爾	一一八
七日	庚寅	十一月一日	瑚魯蘇台	
八日	辛卯	二日	磨海圖	
九日	壬辰	三日	喀喇烏蘇	
十日	癸巳	四日	察罕布喇克	
十一日	甲午	五日	喀喇河朔	
十二日	乙未	六日	白塔	
十三日	丙申	七日	歸化城	七七
十四日	丁酉	八日		
十五日	戊戌	九日		
十六日	己亥	十日		
十七日	庚子	十一日		
十八日	辛丑	十二日		
十九日	壬寅	十三日		
二十日	癸卯	十四日		
二十一日	甲辰	十五日		八一
二十二日	乙巳	十六日		
二十三日	丙午	十七日		

農曆日期（陰曆）	干支	西元日期（陽曆）	駐蹕地點	文件編號
二十四日	丁未	十八日	衣赫圖爾根郭爾之南	
二十五日	戊申	十九日		
二十六日	己酉	二十日	達爾漢拜商	八四
二十七日	庚戌	二十一日	麗蘇	八五
二十八日	辛亥	二十二日	湖灘河朔	
二十九日	壬子	二十三日		
三十日	癸丑	二十四日		
十一月 一日	甲寅	二十五日		
二日	乙卯	二十六日		
三日	丙辰	二十七日		八九
四日	丁巳	二十八日		八八、九三
五日	戊午	二十九日	喀林拖會	
六日	己未	三十日	東斯垓	
七日	庚申	十二月 一日		
八日	辛酉	二日		
九日	壬戌	三日	察罕布拉克	
十日	癸亥	四日	瑚斯台	
十一日	甲子	五日		九六、九七

十二日	乙丑	六日	夸拖羅海	
十三日	丙寅	七日		
十四日	丁卯	八日		
十五日	戊辰	九日		
十六日	己巳	十日	哲固斯台	九四
十七日	庚午	十一日		一〇二
十八日	辛未	十二日		
十九日	壬申	十三日		一〇三
二十日	癸酉	十四日		一〇六
二十一日	甲戌	十五日		一〇五
二十二日	乙亥	十六日		
二十三日	丙子	十七日	瑚斯台	一〇四
二十四日	丁丑	十八日		
二十五日	戊寅	十九日	東斯垓	一〇七
二十六日	己卯	二十日		
二十七日	庚辰	二十一日	黃河西界薩爾虎拖會	
二十八日	辛巳	二十二日		
二十九日	壬午	二十三日		
十二月一日	癸未	二十四日		

農曆日期（陰曆）	干支	西元日期（陽曆）	駐蹕地點	文件編號
二日	甲申	二十五日		
三日	乙酉	二十六日	湖灘河朔之南	
四日	丙戌	二十七日	秋倫鄂洛木	一一二
五日	丁亥	二十八日	哈當河朔之西	
六日	戊子	二十九日	西尼拜星	
七日	己丑	三十日	殺虎口城內	
八日	庚寅	三十一日	右衛城內	
九日	辛卯	一六九七年 一月 一日		
十日	壬辰	二日	左衛城內	
十一日	癸巳	三日	高山城東	
十二日	甲午	四日	大同府城內	
十三日	乙未	五日	望鬫屯	一一六
十四日	丙申	六日	天城	
十五日	丁酉	七日	北舊場	
十六日	戊戌	八日	宣化府城內	
十七日	己亥	九日	舊保安城內	
十八日	庚子	十日	懷來縣	
十九日	辛丑	十一日	昌平州城內	

二十日	壬寅	十二日	回宮	

◆第三次親征——康熙三十六年二月六日至五月十六日

農曆日期（陰曆）	干支	西元日期（陽曆）	駐蹕地點	文件編號
二月 六日	丁亥	一六九七年 二月二十六日	昌平州	
七日	戊子	二十七日	岔道	
八日	己丑	二十八日	懷來縣城西	一二七
九日	庚寅	三月 一日	沙城堡	一二九
十日	辛卯	二日	上花園東	一二六
十一日	壬辰	三日	宣化府	一二八、一三〇
十二日	癸巳	四日	左衛南	一三二
十三日	甲午	五日	懷安縣	
十四日	乙未	六日	天城	
十五日	丙申	七日	陽和城	
十六日	丁酉	八日	聚樂城	
十七日	戊戌	九日	大同	一三五
十八日	己亥	十日		一三四

農曆日期（陰曆）	干支	西元日期（陽曆）	駐蹕地點	文件編號
十九日	庚子	十一日	懷仁縣	一三六
二十日	辛丑	十二日	鄭家莊東	
二十一日	壬寅	十三日	榆林村前桑乾河崖	
二十二日	癸卯	十四日	朔州城	一三八
二十三日	甲辰	十五日	大水溝	
二十四日	乙巳	十六日	義井	
二十五日	丙午	十七日	三坌堡	
二十六日	丁未	十八日	李家溝	
二十七日	戊申	十九日	輦鄢村	
二十八日	己酉	二十日	保德州	一四四
二十九日	庚戌	二十一日	府谷縣城南	一四七
三十日	辛亥	二十二日		
三月　一日	壬子	二十三日		
二日	癸丑	二十四日	孤山堡西	
三日	甲寅	二十五日	卞家水口	
四日	乙卯	二十六日	神木縣	一五一
五日	丙辰	二十七日	屈野河	
六日	丁巳	二十八日	柏林堡西南	

七日	戊午
八日	己未
九日	庚申
十日	辛酉
十一日	壬戌
十二日	癸亥
十三日	甲子
十四日	乙丑
十五日	丙寅
十六日	丁卯
十七日	戊辰
十八日	己巳
十九日	庚午
二十日	辛未
二十一日	壬申
二十二日	癸酉
二十三日	甲戌
二十四日	乙亥
二十五日	丙子

二十九日	高家堡南	一七二
三十日	建安堡東	
三十一日	王關澗	
四月一日	榆林	
二日	他喇布喇克	
三日	哈留圖郭爾	
四日	庫爾奇喇	
五日	扎罕布拉克	
六日		
七日	通阿拉克	一五二、一五七
八日	安邊城東	
九日		
十日	定邊城	
十一日	花馬池	
十二日	安定堡	一六五
十三日	興武營西	
十四日	清水營	
十五日	橫城	
十六日	河崖	

農曆日期（陰曆）	干支	西元日期（陽曆）	駐蹕地點	文件編號
二十六日	丁丑	十七日	寧夏	
二十七日	戊寅	十八日		
二十八日	己卯	十九日		二六
二十九日	庚辰	二十日		
閏三月一日	辛巳	二十一日		一七六
二日	壬午	二十二日		一八一
三日	癸未	二十三日		一六六
四日	甲申	二十四日		
五日	乙酉	二十五日		一七五
六日	丙戌	二十六日		
七日	丁亥	二十七日		
八日	戊子	二十八日		
九日	己丑	二十九日		
十日	庚寅	三十日		
十一日	辛卯	五月一日		一五〇
十二日	壬辰	二日		
十三日	癸巳	三日		一八八
十四日	甲午	四日		

十五日	乙未	五日	堯甫堡	一九〇
十六日	丙申	六日	流穆河西岸	
十七日	丁酉	七日	哨馬營西南隅之峽河西岸	
十八日	戊戌	八日	哨馬營	
十九日	己亥	九日	石嘴子西南隅黃河西岸	
二十日	庚子	十日		
二十一日	辛丑	十一日	石台西北隅黃河西岸	
二十二日	壬寅	十二日	黃河西岸環洞	
二十三日	癸卯	十三日	黃河西岸黃差頭灣	一九一
二十四日	甲辰	十四日	黃河西岸双阿堡	
二十五日	乙巳	十五日	黃河西岸沙棗樹	
二十六日	丙午	十六日	黃河西岸白塔	
二十七日	丁未	十七日		
二十八日	戊申	十八日		
二十九日	己酉	十九日	黃河西岸船站	
四月一日	庚戌	二十日		一九八、一九九
二日	辛亥	二十一日	黃河西岸船站	
三日	壬子	二十二日		
四日	癸丑	二十三日	黃河西岸歐德	

農曆日期（陰曆）	干支	西元日期（陽曆）	駐蹕地點	文件編號
五日	甲寅	二十四日	黃河西岸達希圖海	
六日	乙卯	二十五日		
七日	丙辰	二十六日	海喇圖	二〇一
八日	丁巳	二十七日	薩爾奇喇	
九日	戊午	二十八日	崇奇克	
十日	己未	二十九日	庫克布里圖	
十一日	庚申	三十日	阿拉克莫里圖	
十二日	辛酉	三十一日	布祿爾拖惠	
十三日	壬戌	六月一日	鄂爾綳阿木	
十四日	癸亥	二日	達拉布隆	
十五日	甲子	三日	布古圖	三二
十六日	乙丑	四日	薩察莫墩	二〇四
十七日	丙寅	五日	都惠哈拉烏蘇	
十八日	丁卯	六日	都勒	二〇七
十九日	戊辰	七日	烏闌拖羅海	
二十日	己巳	八日	特木爾吳爾虎	二〇九
二十一日	庚午	九日	烏闌腦爾	
二十二日	辛未	十日	濟特庫	

二十三日	壬申	十一日	哈喇烏蘇	
二十四日	癸酉	十二日	鼐珠爾	
二十五日	甲戌	十三日	黃河西岸喀喇蘇巴克	
二十六日	乙亥	十四日	喀喇蘇巴克	二一〇
二十七日	丙子	十五日	鄂爾紀庫布拉克	
二十八日	丁丑	十六日	烏闌巴兒哈孫	
二十九日	戊寅	十七日	席納拜星	
三十日	己卯	十八日	呼呼烏蘇	二一四
五月 一日	庚辰	十九日	諾木渾畢喇	二一二
二日	辛巳	二十日	阿祿十八里台	二一五
三日	壬午	二十一日		
四日	癸未	二十二日	格爾齊老	
五日	甲申	二十三日	色德勒黑	二一三
六日	乙酉	二十四日	察木喀	
七日	丙戌	二十五日	齊齊爾哈納	
八日	丁亥	二十六日	魁吞布拉克	
九日	戊子	二十七日	布爾哈思台	
十日	己丑	二十八日	三坌	
十一日	庚寅	二十九日	宣化府城內	

農曆日期（陰曆）	干支	西元日期（陽曆）	駐蹕地點	文件編號
十二日	辛卯	三十日	新保安城內	
十三日	壬辰	七月 一日	懷來縣城外黃寺	
十四日	癸巳	二日	昌平州城內	
十五日	甲午	三日	清河	
十六日	乙未	四日	回宮	

【注釋】

① 初次出處為岡田英弘〈親征蒙古時的聖祖滿文書簡〉，《內陸亞洲・西亞的社會與文化（内陸アジア・西アジアの社会と文化）》（護雅夫編，山川出版社），第三〇三—三二一頁，一九八三年六月三十日。原論文中，由農曆換算後的日期誤差一天，已修正。

貳、噶爾丹是在何時、又是如何死去？①

◆一、噶爾丹的死訊

康熙三十六年四月十四日（一六九七年六月三日），清朝康熙皇帝從邊境的寧夏地方返回北京的途中，在黃河岸邊的布古圖（Buγutu，現今的包頭）過夜。前一年，準噶爾（Jüün γar）的噶爾丹・博碩克圖汗（Galdan bošoγtu qaγan）在土拉河沿岸的昭莫多（Jaγun modu）之地②敗給清軍，蒙受重大的損失，和殘餘的黨羽一同逃進阿爾泰山脈東部。康熙皇帝為了指揮、監督兵分兩路的征討作戰，於是動身前往寧夏地區。這一晚在布古圖，皇帝收到噶爾丹的死訊，情緒激動不已，立刻著手寫信給留守在北京，總攬政務的皇太子胤礽。隔天早上，這封信件被送出，內容如下：

諭皇太子：我原本決定在七日（五月二十六日）從水路出發，但是因為黃河河岸彎曲、泥濘，居民稀少，又無法取得驛馬，所以我命令所有的奏疏報告，都寄送到穆納・和邵去等待，我將在四天內抵達該處。至於眾人仍由陸路行進，並讓內大臣索額圖帶著二百名鳥鎗兵、一千四百多匹京師各旗的馬，以及我多帶來的八百石米，留在白塔這裡。我對他詳細做出指示，要他仿照去年尚書班第為了返回的兵士、馬夫、商人們所做的那樣去準備，之後我便動身出發。每一天都風強波高，比我預期來得更加險阻。十四日（六月二日）夜晚，位在我先前路過之處的額爾德尼・班第達・呼圖克圖派人來告知：『今天傍晚，有一艘小船前來，表示有重大消息要緊急稟告陛下——噶爾丹死了，丹濟拉等人也前來投降！接獲這份重大且緊急的情報後，呼圖克圖想要趕緊向皇上呈報這個好消息，所以便派我們騎馬奔馳前來。』

因此，我趕緊令人連夜找馬，到河的兩岸去迎接，再派小船從水路迎接正式使者的到來；十五日（六月三日）辰刻（上午八點），散秩大臣布克圖終於抵達。他表示：『皇上將這艘小船留在內大臣索額圖之處，表示要是在皇上抵達穆納之前，有重要事項需要聯絡的話，因為是乘馬無法抵達之處，可以乘坐這艘小船，趕緊追上皇上的腳步。如今，沒有比這個好消息更為重要的報告，因此內大臣下令我們不分晝夜追趕，花了兩天兩夜的時間，終於來到此地。』布克圖同時也送來大將軍費揚古伯爵的報告書。我除了抄寫大將軍費揚古伯爵的報告送到你這裡之外，也命令盡快將噶爾丹的首級取來，拿到之後，再命人送到京師。

我之所以三度來到這個偏遠的邊境之地，都是因為一日也不能姑息這個賊子存在於人世的緣故；故此，如果不能親眼見到噶爾丹死亡，豈不是會成為貽笑後人之舉嗎？如今，托天地、祖先之福，厄魯特諸部皆已收服，蒙古諸國也沒有不來臣服者。現在，將噶爾丹的首級送到京師，召集諸王、貝勒、貝子、公、滿人與漢人大臣、官員們，詳細說明事情來龍去脈，商議後報告給我知道。我內心無比喜悅，拿著筆也難以成文。匆忙寄送。特諭。

四月十五巳時（上午十點）③」

費揚古為討伐噶爾丹作戰計畫的總司令官，從南蒙古的西北角，率軍往阿爾泰山脈東部前進，另一路軍隊則是由甘肅往同一方向行進，準備夾擊噶爾丹。這位滿洲人司令官上奏表示：

撫遠大將軍‧領侍衛內大臣‧伯爵費揚古謹奏：急速奏報噶爾丹的死訊，以及丹濟拉等人投降之事。臣等於康熙三十六年四月九日（一六九七年五月二十九日）抵達賽爾‧巴爾哈孫地方之後，厄魯特的丹濟拉派遣齊奇爾‧寨桑等九人前來報告：「我們是厄魯特丹濟拉所派遣來的使者。三月十三日，噶爾丹在阿察‧阿穆塔台地方逝世。如今，丹濟拉帶著諾顏‧噶隆、丹濟拉的女婿拉思倫、噶爾丹的屍骸、噶爾丹的女兒鍾齊海等三百戶，前來投降陛下，正停留在巴雅‧恩都爾地方，等待降旨。無論陛下做出何種指示，都會恭敬遵旨……。」我詢問齊奇爾‧寨桑等人：「噶爾丹是怎麼死的？丹濟拉又為何不馬上過來這裡，而要停留在巴雅‧恩都爾地方侯旨？」他們回答說：「噶爾丹在三月十三日早晨患病，當晚就死去。不知道是患了什麼病……。」④

四月十八日，齊奇爾・寨桑自己也在都勒地方追上皇帝一行人的腳步。在皇帝的詢問下，他做出了這樣的供述：

噶爾丹在三月十三日病逝。當晚我們火化遺體，帶著他的女兒鍾齊海、諾顏・噶隆、拉思倫、成貝・藏布、尼爾巴・噶布楚、辰伯爾等人，在十六日從阿察・阿穆塔台地方出發，經過十個晚上後抵達巴雅・恩都爾。雖然我們很想過來這裡，但我們的夥伴沒有馬匹，也沒有糧食，一旦這樣進入戈壁，大家都會餓死，所以暫時停留在巴雅・恩都爾，等候皇上的聖旨。如何指示，都將恭敬地遵循。……我是在閏三月十四日從巴雅・恩都爾地方前來，……。⑤

正如上文，所有的一手史料都一致地顯示出，噶爾丹是在康熙三十六年三月十三日（一六九七年四月四日）病逝。然而，皇帝卻基於某些獨特的理由，堅信噶爾丹是服毒自殺：

我身體安康。皇太子可好？十八日（六月六日）經過穆納之後，齊奇爾・塞桑來了。除了將齊奇爾・塞桑的供詞寫下來送去外，經過面對面的詳細問話之後，我非常確定噶爾丹之死是服毒自殺沒錯；至於究竟是眾人下毒還是自己服毒，就等車木布藏布來的時候，再從容地詢問答案即可。

此事大功告成，我的心情平穩舒適，每日與大臣、侍衛們談話，都很開心。但是，噶爾丹的屍體已經火化；就算留下全屍，也只能拿到一顆乾枯的頭顱罷了。以前，吳三桂的屍體也是火化，後來將遺骨拿到刑場搗碎後撒棄，（因此關於如何處置）已有鮮明的前例可循。[6]

皇帝究竟是如何得到這個結論，目前並不可知。相對於上述的證詞，可以想見皇帝對齊奇爾・塞桑施加了很大的壓力，意圖從他口中得出自己想要的敘述。對皇帝而言，比起病死，想要讓自己內心最憎惡的敵人以自殺的形式死去，是有理由的——原因就是，噶爾丹具有活佛轉世的神聖性。

二、高僧轉世身分的噶爾丹

噶爾丹，藏語名為甘丹（Dga 'ldan），為準噶爾君主巴圖爾·琿台吉之子，生於一六四四年。他被認為是前一年年底，在西藏西部的後藏（Gtsang）扎什倫布寺（Bkra shis lhun po）因感染天花而逝世的高僧——尹咱·呼圖克圖·羅卜藏丹津扎木措（Dben sa sprul sku Blo bzang 'dzin rgya mtsho）的轉世。

尹咱·呼圖克圖為西藏西部重要的活佛傳承系統，初代可以上溯至桑傑伊西（Sangs rgyas ye shes），其轉世者為伊西札木措（Ye shes rgya mtsho，一五九二—一六〇四年），至於第三代尹咱·呼圖克圖則是在一六〇五年出生。因此，噶爾丹被認定為這個傳承體系的第四代。

噶爾丹在一六五六年十三歲的時候，首次前往西藏，在拉薩拜謁達賴喇嘛五世，並從拉薩前往扎什倫布寺，作為班禪喇嘛一世的弟子，接受教育。一六六二年，班禪喇嘛圓寂。當時噶爾丹十九歲，轉往拉薩，在達賴喇嘛的門下繼續勤勉學習。一六六六年，噶爾丹的哥哥僧格的妃子哲汪佳茉（音譯，Tshe dbang rgyal mo）前來拉薩巡禮，將噶爾丹帶回。在離開拉薩之際，二十三歲的噶爾丹前去拜謁達賴喇嘛，商量究竟該如何為佛教利益作出貢獻之事。換言之，噶爾丹以轉世靈童的身分，在西藏生活了超過十年的時間。一六七〇年，僧格被同父異母的兄弟殺害，噶爾丹決定起兵報仇。翌年，他擊敗並殺死部落領袖之爭的主要對手，同時也是他的堂兄弟巴哈．班第。達賴喇嘛五世承認噶爾丹的新地位，授與「皇太子」（即琿台吉〔qong tayji〕）的稱號⑦。

正如上述，噶爾丹是地位極高的轉世靈童，也是班禪喇嘛一世和達賴喇嘛五世的弟子，而他的前世尹咱．呼圖克圖．羅卜藏丹津扎木措，在西藏—蒙古關係的歷史上，也是極為重要的人物。

一六三九年，認可喀爾喀的袞布．土謝圖汗三歲的兒子為哲布尊丹巴．呼圖克圖⑧，並在翌年參與瓦剌和喀爾喀的集會，令人編寫蒙古—瓦剌法典的人，就是這位尹咱．呼圖克圖⑨。因此，噶爾丹的前世為哲布尊丹巴一世的師父，而這位哲布尊丹巴，也在後來成為康熙皇帝最激賞的人。樹立哲布尊丹巴在宗教上的權威，阻擋達賴喇嘛在蒙古延伸影響力，可以說是康熙皇帝的意向，但是噶爾丹身為第四代尹咱．呼圖克圖的地位，卻是這項計畫最大的障礙。

菩薩投胎的轉世靈童，真的會選擇自殺嗎？一路以來確信著自己的神聖性被撫養長大的人物，會對人世間感到絕望，選擇將自己的死期提前嗎？基於這些緣故，皇帝主張噶爾丹是服毒自殺之事，聽起來就像是帶有政治性目的的中傷。換句話說，噶爾丹自殺了，所以證明他不是轉世靈童。

有趣的是，在現今《大清聖祖仁皇帝實錄》的抄本中，費揚古的報告書和齊奇爾．寨桑的證詞被竄改，轉為符合康熙皇帝說詞的方向。在費揚古的報告中，滿文的原文為「ilan biyai juwan ilan de, g'aldan aca amatatai gebungge bade isinafi bucehe」（三月的十三日，噶爾丹到阿察・阿穆塔台地方死去），在漢文實錄中，則是改為「閏三月十三日，噶爾丹至阿察阿穆塔台地方，飲藥自盡」[10]；齊奇爾・寨桑的證詞「g'aldan ilan biyai juwan ilan de nimeme bucehe」（噶爾丹在三月的十三日病逝），原文的「病」字也被去除，改寫為「噶爾丹閏三月十三日身死」[11]。

噶爾丹死亡的日期，為何會從原本的康熙三十六年三月十三日，改為康熙三十六年閏三月十三日，向後延遲一個月的時間，其理由可想而知。根據齊奇爾・寨桑在康熙三十六年四月十八日的供詞，丹濟拉一行人在噶爾丹逝世的三天後，也就是康熙三十六年三月十六日從阿察・阿穆塔台地方出發，經過十天的轉徙，抵達巴雅・恩都爾。不只如此，齊奇爾・寨桑在閏三月十四日之時，已經從巴雅・恩都爾地方出發，朝清朝領土方向前進。由此可知，噶爾丹的死，毋庸置疑，並非是閏三月十三日，而是三月十三日。

可以想像得到，撰寫實錄的史官將日期向後延遲一個月的原因，是為了保全皇帝的顏面。當時，皇帝並不知曉敵人已經不在人世的事實，而準備向位於東阿爾泰山脈的噶爾丹據點展開最後的攻勢，還動員了大批人馬。皇帝在康熙三十六年二月六日離開北京，打算到長城殺虎口附近的山西省右衛縣監督作戰。然而，當皇帝在二月十七日抵達大同之後，卻改變計畫，決定前往距離阿爾泰更近的寧夏地方。追隨皇帝的大部分軍隊，都通過長城外的南蒙古前往寧夏，至於皇帝本人，則從山西省的台地往西南方向前行，在保德州渡過黃河，進入陝西省的府谷縣，由此沿長城內側前進，在三月十日抵達榆林。由於道路狀況非常惡劣，皇帝在從榆林至安邊這段路程上，不得不選擇經過長城外鄂爾多斯部族土地的近路。皇帝在寫給皇太子的信件中，有著這樣的陳述：

> 從神木縣前往榆林的途中皆是大型沙丘，路況非常險惡，完全不是軍隊應當行經的地方。由此觀之，古人擴張領土、用兵、築長城，耗盡天下民脂民膏於西北，並不為過。這些都不是現在的人能夠做得到的事情，更不是仁者所應為。跟隨我來的大臣、侍衛、護軍、侍僕也不過才四百人，就已經歷盡萬分勞苦艱辛，要是率領數萬人的軍隊，是要如何前行呢？因為溝壑頗多，加上沙又深，所以我打算從榆林離開長城，經鄂爾多斯之地前往寧夏。⑫

皇帝從安邊進入長城內側，在橫城地方渡過黃河，於三月二十六日抵達寧夏，停留至閏三月十五日，共十八天。

皇帝後悔選擇陝西路徑之事，在寫給皇太子的書信明白顯現出來：

馬思喀率領來的軍隊，軍馬也都相當肥壯。我的座騎也都抵達了，很有精神。有的馬還保有八成的肉。大多數人的馬和駱駝，都是風塵僕僕地來到，其理由在於，途中並無牧地，塵埃又多，山野皆是沙土，在前進上十分艱辛勞苦；畢竟自古以來，這條道路便不是用來行軍的途徑。根據尚書馬齊報告從京師到寧夏的里程，為兩千七百二十里（一千二百二十四公里）。根據嚮導布達等人報告，從京師經由榆林、再從榆林出長城外、從安邊進入長城內抵達寧夏的里程，為兩千六百里（一千一百七十公里）。至於學士楊舒測量從京師經由榆林、再從榆林出長城外、從安邊進入長城內抵達寧夏的距離，則是二千一百五十里（九百六十七點五公里）。扣除在各地停留歇息的六天，我們總共花費了四十四天抵達。如果測量從寧夏經庫庫和屯至京師的距離，絕對不會超過一千八百里（八百一十公里）。不只距離較近，在通行上也較為輕鬆。水和牧草也好。我們前來時候的路程，辛苦地繞了遠路。⑬

接著，結束從兩個方向夾擊噶爾丹作戰的準備工作後，皇帝便離開寧夏，沿黃河而下，結果在朝京師方向的回程途中，接獲噶爾丹早在先前就已經死去的報告。

噶爾丹既然早在先前就已經死去，如此一來不難想像，對皇帝而言，自己如此全力投入的作戰計畫，居然是完全沒有必要的作為，實在是有損顏面。噶爾丹的死亡，是在皇帝從榆林出長城，再從安邊進長城之間所發生之事。因此，在那之後，一直到抵達寧夏地方所經歷的困難旅程，也是完全沒有必要採取的行動，只會讓皇帝的行為看起來滑稽可笑。但是，如果將噶爾丹的死亡向後延遲一個月，當時正好是皇帝停留在寧夏地方，忙於準備對噶爾丹的阿爾泰作戰之時。基於這個緣故，實錄的史官應該正是為了挽回這位傑出明君的顏面，而更改噶爾丹死亡的日期吧！

總合上述，噶爾丹之死，應是在康熙三十六年三月十三日（一六九七年四月四日）病逝。

【注釋】

① Hidehiro Okada, "Galdan's Death: When and How," *Memoirs of the Research Department of the Toyo Bunko*, pp. 91-97. 1979的日文翻譯。

② 「昭莫多」在蒙古語中為「百棵樹」之意，指稱的是在少雨，多草原的蒙古，罕見有眾多樹木場所的地名。在現今的蒙古國，首都烏蘭巴托南南東方二十五公里處為昭莫多市，但當地並非是清軍與噶爾丹軍隊對戰的戰場。正如本書中所述，當時身處清朝西路軍行伍中的寧夏總兵官殷化行在《西征紀略》中，曾詳細描寫出決戰場所的地形；與其相吻合的場所，是在烏蘭巴托市東方

三十公里處，哈斯台・特勒吉國家公園入口處的橋樑一帶。一九九四年夏天，我曾與妻子宮脇淳子一同前往當地勘查，確認了這點。

③《宮中檔康熙朝奏摺》第八輯（國立故宮博物院，台北，一九七七年）三十二，第一二四－一二八頁。

④《宮中檔康熙朝奏摺》第九輯（國立故宮博物院，台北，一九七七年）二〇六，第三十五－三十九頁。

⑤同上，二〇八，第四十四－四十六頁。

⑥同上，二〇七，第四十二－四十三頁。

⑦關於噶爾丹的藏語史料，有達賴喇嘛五世的自傳與班禪喇嘛一世的傳記，這些全都是山口瑞鳳（東京大學名譽教授）在一九七九年五月五日的信件中，提供給筆者岡田英弘之資料。在此謹轉載這長達兩頁的筆記文章：

一六五六年一月十二日，dBen sa sprul sku dang thor god mgon po yel deng（尹咱・呼圖克圖〔噶爾丹〕與耶爾甸〔土爾扈特王〕）等人前來覲見，呈上贈物（達賴喇嘛五世傳Vol. Ka, f.245b. ll.3-4）。

一六五六年三月，gZims khang gong ma（哲蚌寺活佛）與 dBen sa sprul sku（尹咱・呼圖克圖）抵

達札什倫布寺（班禪喇嘛一世傳）。

一六六一年dBen sa sprul sku的母親於札什倫布寺，進行供茶祈願（班禪喇嘛一世傳）。

一六六二年四月二十三日（班禪喇嘛一世於三月圓寂）傳予dBen sa sprul sku文殊法及其他三個隨許法，以及關於班禪喇嘛一世著作的lung（朗讀傳誦）（達賴喇嘛五世傳）。

一六六五年八月底，dBen sa sprul sku負責在（哲蚌寺的納姆耶爾）學堂，率少數僧侶進行「五群茶吉尼之送迎頌」儀式（達賴喇嘛五世傳第二卷）。

一六六六年八月十六日瓦剌左翼Seng ge（僧格）的妃子Tshe dbang rgyal mo與Shu ge ja'i sang等約兩百人抵達，與（五世）會面（達賴喇嘛五世傳Vol. Kha, f. 19b. l.3）。

一六六六年十一月十二日 Tshe dbang rgyal mo獻上金製的……等物（達賴喇嘛五世傳Vol. Kha, f. 26a. l.4）。

一六六六年十一月二十三日（達賴喇嘛五世的）禪定結束，為dBen sa sprul sku加持Grub rgyal流派的長壽法，以bla chas'jam phrug（衣裳僧衣）為首，贈與各式各樣應該贈與之物，並給予有助於監督佛教政策（bstan gzhung）的指示，在出發前親手贈與珍珠佛珠等物之際，詳細說明為了有助於佛教政策，究竟該如何行動，以及有關當前和將來的利害關係。（他）曾經舉辦法會，經常派遣人員贈送物品，（這一次）則是捐贈新建於札什倫布的涼殿，看起來十分滿足。（五世）贈送了……等贈物給Tshe dbang rgyal mo（達賴喇嘛五世傳Vol. Kha, f. 26b. l.6-f.27a l.2）。」

「其後，在五世傳中，直到dBen sa sprul sku 告知自己鎮服Ba khan ban de的消息為止，沒有關於dBen sa sprul sku的記錄。可能是和Seng ge的妃子一同回國。上方的文章就算是用保守的角度來看，也只不過是一篇送別的記錄。傳達Seng ge死訊的文章是一六七〇年十一月，到了十二月前後，也都沒有dBen sa sprul sku出發的記錄。以藏文書寫的蒙古史中，雖然明示出Seng ge死後，dBen sa sprul sku還俗趕來的文字，但是似乎並非史實。在一六七〇年三月五日的條目中，達賴為了調解Seng ge與Cho khur o pa shi的不睦，派遣Gangs can mkhan po，勸諫首長們，卻未能見效（Vol. Kha, f94a-b），也沒有dGa'ldan出發的記述。dGa'ldan以僧侶的身分，在西藏本土停留了十年以上。rJe btsun dam pa雖曾兩次前往西藏本土，都只停留了幾個月的時間。」

關於瓦剌的Cod dar內亂，在dBen sa sprul sku傳達壓制Ba khan ban de的消息之後，隨即在（一六七一年）二月十一日，Cho khur o pa shi從'Dam（騰格里淖爾的南岸）返回，以（西藏）代表的身分，詢問是否要推出甘丹寺的座首等，但無人贊同；眾人比喻說，「若一語無法成事，那麼就算說了百句話也是無濟於事」。（dGa'ldan等）等人，也表示沒有接到mkhan po說可以去的話，就不能隨便派座首前往。然而，雖然似乎沒有必要和可能性，不過為了首長的認定，最後還是派遣mgron gnyer的Dar dar前去（達賴喇嘛五世傳Vol. Kha, f. 107b. ll.5-6）。（上記文中的「為了首長的認定」（spon po'i mgo gzung byed du），被認為是讓dBen sa sprul sku能夠被 dGa'ldan hung ta'i ji所認定之意。）

四月初，dBen sa sprul sku派遣Ting skyes tshogs gsog pa，送上信件和非常多的贈物（其中也包含Seng ge從 Go dkar所獲的稅收，預計贈送給五世的物品）（達賴喇嘛五世傳Vol. Kha, f. 110a ll.3-4）。

從其後的文章（一六七二年六月）起，可以看見，噶爾丹不是以dBen sa sprul sku之名，而是改用dGa'ldan hung ta'ji的名字。此時，他派出使者，贈送印與衣裳（達賴喇嘛五世傳Vol. Kha, f. 147a l.3, b.l.4）。

⑧ C. R. Bawden, *The Jebtsundamba Khutukhtus of Urga, text, translation and notes.* Asiatische Forschungen Band 9, Otto Harrasowitz, Wiesbaden, 1961, 請參照（日文版原文）第四十四頁。這裡的尹咱・呼圖克圖之名，為bürilegüü' wangsiu bürilegü之訛傳。

⑨ 在《蒙古・瓦剌法典》之中，他的名字是sakyayin toyin ecige inzan rinboce。

⑩ 《大清聖祖仁皇帝實錄》卷一百八十三，第七頁下。

⑪ 同上，第九頁下。

⑫ 《宮中檔康熙朝奏摺》第八輯，一七二，第八二二—八二三頁。

⑬ 同上，二六，第九二—九五頁。

參、藏蒙文哲布尊丹巴傳記資料五種①

一六九七年的夏天，當時康熙皇帝在南蒙古，針對他的仇敵——準噶爾的噶爾丹．博碩克圖汗（當時正潛伏在阿爾泰山脈東端），組織清軍的進攻計畫，並因此暫時停駐在寧夏地區。當他籌畫完成，正準備回北京、乘船沿黃河而下的途中，接獲噶爾丹在阿察．阿穆塔台地方病死的消息，不由得鬆了一大口氣。五月五日（六月二十三日），皇帝在色德勒黑地方，與喀爾喀．蒙古的察琿多爾濟．土謝圖汗，以及其弟弟哲布尊丹巴．呼圖克圖會面後，寫信給留在北京的皇太子胤礽：

向皇太后稟報。我原本想將第四公主許配給喀爾喀土謝圖汗之孫敦多布．多爾濟王，但因噶爾丹還沒滅亡，因而一直忍耐到現在。如今，哲布尊丹巴．呼圖克圖和土謝圖汗都來了，究竟該下旨讓公主下嫁、還是就此終止此事，我覺得自己不應擅自決定，因此恭謹地向皇太后請求懿旨。就這樣以口頭向皇太后奏報。②

這封信件是直接關係到在喀爾喀蒙古地位最高貴的譜系，其最早的轉世靈童，以及其繼承者——哲布尊丹巴二世之父的資料。哲布尊丹巴這一譜系中，最廣為人知者是最後的轉世靈童——哲布尊丹巴八世。八世原名為阿旺・垂濟尼瑪・丹彬・旺舒克（Ngag dbang chos kyi nyi ma bstan 'dzin dbang phyug），是名來自西藏的僧侶，後來成為一九一一年北蒙古脫離清朝獨立運動的中心人物；其後，他自立為蒙古皇帝，但在一九二一年落入蒙古人民革命黨的手中，成為傀儡；一九二四年死去，社會主義政府立即宣言，哲布尊丹巴的轉世至此告終。

喀爾喀的哲布尊丹巴・呼圖克圖在政治上的重要性，可以說是史家的常識。然而，在漢文的史料中，卻幾乎看不到有關他們的傳記，就連他們的名字，也沒有被認真的記錄下來。因此，在我們調查清代北蒙古的歷史之時，必須去尋找其他的史料。

幸運的是，在哲布尊丹巴的譜系上，有以西藏文或蒙古文記錄的以下五種史料：

◆一、羅桑清列的哲布尊丹巴一世傳（藏文）

咱雅・班第達・洛桑赤列是哲布尊丹巴一世的弟子，他寫下師父的傳記，收錄在他的全集（Sh kya'i btsun pa blo bzang 'phrin las kyi zab pa dang rgya che ba'i dam pa'i chos kyi thob yig gsal ba'i me long）第四卷（fs. 62v-78v）之中③。根據葉見塔木科（音譯，Ye shes thabs mkhas）所述，洛桑赤列於

一六四二年，誕生於杭愛山中；他從哲布尊丹巴一世那裡獲得諾彥・呼圖克圖（Noyan qutuɣtu）的稱號，十九歲時前往西藏，在當地停留十八年的時間，又從達賴喇嘛五世獲得咱雅・班第達的稱號，回到蒙古後，便致力於僧院的建設④。

根據他所寫的哲布尊丹巴一世傳記內容，主角是成吉思汗的子孫。成吉思汗的第二十七世孫，是巴圖蒙克・達延汗（Pa thu mong kho ta yan rgyal po）。達延汗的十一個兒子中，排行第十的是札賚爾・琿台吉（Tsa la'ir hong tha'i ji）。札賚爾・琿台吉的七個兒子中，排行第三的是維楨・諾顏（音譯，U'i tsen no yon）。維楨・諾顏的六個兒子中，長子為阿巴岱汗（A pu tha'i zhes bya ba rgyal po），從達賴喇嘛三世索南嘉措處獲得斡齊賴汗（Rdo rje rgyal po）的稱號。阿巴岱的兒子是額列克・墨爾根汗（Rdo rje thu she ye thu rgyal po）。額列克的兒子是瓦齊爾・土謝圖汗（音譯，Rdo rje thu she ye thu rgyal po），也就是哲布尊丹巴的父親。哲布尊丹巴的母親是堪多佳木佐（音譯，Mkha''gro rgya mtsho），為阿巴岱的外孫女。哲布尊丹巴一世生於乙亥年（一六三五年）九月二十五日。

善巴・額爾克・岱青（Byamba erke dayicing）的《阿薩喇克齊史》（*Asaraγci neretü reüke*）寫於一六七七年，為喀爾喀最早的編年史書。根據這項資料，格哷森扎扎賚爾・琿台吉（Gresenje Jayaγatu Jalayir-un qong tayiji，一五一三－一五四八年）是巴圖蒙克・達延汗（Batu möngke dayan qaγan'，一四六四—一五二四年）的第十一個兒子。格哷森扎的第三個兒子是諾諾和（Noγonoqu üijeng noyan’，一五三四—？年）。諾諾和的長子為阿巴岱・賽因汗（Abadai sayin qaγan’，一五五四—一五八八年）。阿巴岱的次子是額列克・墨爾根汗（Eriyekei mergen qaγan’，一五七四—？年）。額列克的長子是袞布・土謝圖汗（Gömbü tüsiyetü qaγan’，一五九四—一六五五年）。袞布的長子是蘇就克・庫純・帖古斯枯先・瓦齊爾・土謝圖汗（音譯，Süjüg kücün tegüsügen vacir tüsiyetü qaγan’，即察琿多爾濟，？—一六九九年），第三個兒子是哲布尊丹巴・羅桑・丹貝・堅贊・貝爾桑波（Blo bzang bstan pa’I rgyal mtshan dpal bzang po’，一六三五—一七二三年）⑤。

讓我們回到洛桑赤列所寫的哲布尊丹巴一世傳記內容。哲布尊丹巴一世四歲時，在諾門汗寺（Byams pa gling nom-un qaγan）成為優婆塞（dge snyen）。五歲時首次坐床，從尹咱（Dben sa）的化身科多布・桑結・葉謝（音譯，Mkhas grub sangs rgyas ye shes’，即羅卜藏・丹津・札木措〔Blo bzang bstan ‘dzin rgya mtsho〕）處接受出家戒，獲得羅桑・丹貝・堅贊的法名。根據洛桑赤列的記述，後來眾人詢問這對身為勝利者的父子，得知他被認定為哲布尊丹巴的轉世（de nas rgyal ba yab sras kyi sku gzhogs su zhus par rie btsun dam pa’I sprul skur ngos ‘dzin gnang）。

此處所說的哲布尊丹巴，指的是著名的《印度佛教史》的作者——尊者多羅那他・貢噶寧波（Rje btsun Tāranāths Kun dga’ snying po）。但是，喀爾喀的哲布尊丹巴一世，卻是被格魯派兩位最高領導人——班禪喇嘛一世羅桑・卻吉・堅贊（Blo bzang chos kyi rgyal mtshan）和達賴喇嘛五世阿旺・羅桑・嘉措（Ngag dbang blo bzang rgya mtsho）認定為覺囊派多羅那他的轉世靈童，此事極為怪異。

根據圖齊（Giuseppe Tucci）的記述，多羅那他生於一五七五年，父親名叫南傑平措（Rnam rgyal phun tshogs），母親名叫多傑布噶拉姆（Jo mo kha rag），出生地是在衛（前藏）和藏（後藏）交界處的喀熱瓊尊地方（Kha rag khyung btsun），出身名門，祖先是有名的嘉（音譯，Rgya）羅札瓦（音譯，lo tsā ba）。他屬於覺囊派，覺囊派之名，是取自位於雅魯藏布江左岸的修道院和大寺院。此處雖然是覺囊派的重要據點，但是隨著覺囊派的衰退，逐漸成為格魯派的地盤。覺囊派，特別是多羅那他，與噶舉派有密切的關係。他頻繁地和達隆寺（Stag lung）接觸，並與該處的師父們交換意見。他的《印度佛教史》（一般稱為Rgya gar chs ‘byung），書寫於一六〇八年。他在覺囊的古崩（Sku ‘bum）附近建造大型僧院，今日此處成為格魯派寺院，被稱為彭措林（Phun tshogs gling）。多羅那他身為藏北地區（Byang）第巴（sde pa）的庇護者，後來雖然接受了桑珠孜（Bsam ‘grub rtse）君主的好意，但他們的野心是想將全西藏地區都置於權力之下，為此，他們與衛的敵手之間展開了鬥爭。⑥

也因為如此，在藏的噶舉派勢力威脅下，將根據地放在衛的格魯派，照理說應該不會認定哲布尊丹巴一世為多羅那他的轉世靈童，從而讓敵方宗派的勢力，得以與當時強大的北蒙古王公們構成合作關係才對。洛桑赤列對於羅桑・丹貝・堅贊究竟是從何時開始被冠上哲布尊丹巴的稱號之事，雖然說詞曖昧，但可以確認是在一六四七年或是更早之前，這點可以從《大清世祖章皇帝實錄》卷三十二，順治四年五月己酉的條目中的「土謝圖汗下澤卜尊丹巴胡土克圖」之文字獲得佐證⑦。

根據洛桑赤列的說法，哲布尊丹巴一世是在己丑之年（一六四九年）十五歲之時，首次前往西藏訪問。他巡禮了各個寺院，如古崩、夏瓊寺（Bya khyung dgon）、強拉丹寺（音譯，Byang ra sgreng）、林傑丹克寺（音譯，Rin chen brag）、康薩甘丹曲果寺（Thang sga dga' idan chos 'khor）、達隆寺、色拉寺（Se ra）、哲蚌寺（'Bras spungs）、甘丹寺（Dga' Idan）、扎什倫布寺（Bkra shis lhun po）等。據說他是從班禪喇嘛本人接受沙彌（dge tshul）戒。洛桑赤列表示，其後，哲布尊丹巴一世在辛卯之年（一六五一年）四月二十五日會見達賴喇嘛五世，兩人進行了長時間的談話；接著，班禪喇嘛保證，這位客人無疑是多羅那他的轉世者。然而，實在是很難想像，這兩位格魯派高僧，會像洛桑赤列所說的那樣，熱誠地歡迎一位從北蒙古來的訪問者。會這樣說，是因為在班禪喇嘛一世和達賴喇嘛五世兩人的自傳中，關於訪問之事，都只以「文殊師利的化身」之詞記述，顯示出哲布尊丹巴的稱號，無論怎麼看，都不會是這兩位高僧給予這位喀爾喀蒙古僧侶的封號⑧。

洛桑赤列接著記述，哲布尊丹巴在同一年的冬天回到蒙古，翌年亦即壬辰之年（一六五二年），在七旗的庫里爾台大會上，被推舉為喀爾喀三汗及大、小王公的精神領袖。

洛桑赤列的哲布尊丹巴一世傳記，自此之後描述每年發生的大事，直到康熙皇帝的女兒（公主），於丁丑之年（一六九七年）冬季，與「神聖的哲布尊丹巴姪孫——敦多布．額福（即敦多布多爾濟）結婚為止」（sku tsha don grub e phu la gong ma chen po'I sras mo kong jo gnang）。洛桑赤列記錄的最後一年為壬午之年（一七〇二年），當時洛桑赤列六十一歲。洛桑赤列並未能像他的師父哲布尊丹巴一世那樣長壽，一七〇二年是他寫完師父傳記的年份，幾乎是可以確定的事情。就像這樣，洛桑赤列是首位寫下哲布尊丹巴一世傳記的作者，後世所有的傳記，都是以他的記錄作為書寫的基礎。

同樣的傳記，還有藏文和蒙文兩種語言的版本。藏文版題為《Rje btsun dam pa blo bzang btsan pa'I rgyal mtshan dpal bzang po'I thun mong ba'I rnam thar bsdus pa bzhugso》（此為原書藏文拼音），本文和木刻版本幾乎相同，只是在開頭加上一句na mo gu ru，並省略最後的十四行，於最後加上「本文取自洛桑赤列的著作」文字。這個版本似乎不是取自木刻版本，有時閱讀感較木刻版本來得更流暢。另外，在行與行之間也有蒙文版本，是從藏文翻譯過來的內容，對於理解藏文，提供了很好的幫助。⑨

◆二、卡基萬波的哲布尊丹巴一世傳（藏文）

這本傳記有手寫版本和木刻版本兩種，題名為《Khya bdag 'khor lo'ì mgon po rje btsun dam pa blo bzang bstan pa'ì rgyal mtshan gyi rnam thar bzang dad pa'ì shing rta zhes bya ba bshugs so》（此為原書藏文拼音）⑩。文章最後，作者表示自己名為卡基萬波，是世代隨侍哲布尊丹巴轉世者的家系（skyab mgon dam pa du ma'I zhabs rdul spyi bos bsten pa'I rmong rtul gyi na pa ser gzugs ngag gi dbang po zhes bya ba），以及這本傳記書寫於己亥之年。這一年是道光十九年（一八三九年），可以從傳記最後日期是第十四繞迴（一八〇七—一八六六年）的己巳之年（一八〇九年）獲得佐證。這部傳記，是書寫於哲布尊丹巴五世羅布藏・楚都木・濟克默特（Blo bzang tshul khrims 'jig med btsan pa'I rgyal mtshan dpal bzang po'，一八一五—一八四一年）的時代。

這本傳記的內文雖然就像作者在末尾所寫的一般，大部分是根據洛桑赤列，但是也大大增補了許多新的神秘細節。這部傳記，講述哲布尊丹巴一世從一六三五年的誕生，到後來每年的故事，但是到了一七〇二年，卻突然飛躍至壬寅之年（一七二二年），主角因為康熙皇帝的逝世而前往北京旅行，並在翌年的癸卯之年（一七二三年）一月十四日，以八十九歲的年紀在北京圓寂。從洛桑赤列傳記記述的結束之處，至哲布尊丹巴一世圓寂為止的二十年空白，顯示出卡基萬波的書寫，大多是基於最初書寫哲布尊丹巴一世傳記作者——咱雅・班第達・洛桑赤列。

◆三、嘎爾旦的《寶貝念珠》（蒙文）

在卡基萬波編纂哲布尊丹巴一世傳的兩年後，喀爾喀蒙古的編年史《寶貝念珠》（藏文拼音：Erdeni-yin erike）出現了。根據本書的卷末記載，作者是喀爾喀的土謝圖汗部（Tüsiyetü qan ayimay）達來鎮國公巴拉達日道日吉（Dalai tüsiye güng Baaldandorji）旗的協理台吉（tusalayci taiji）戈拉登（Galdan），寫於道光二十一年（一八四一年）。達來鎮國公旗是土謝圖汗部的左翼後旗，這個旗的首任王公，是一六九三年被任命的里塔爾（音譯，Liar）。

根據《阿薩喇克齊史》一書，格呼森扎扎賚爾的第三個兒子是諾諾和；諾諾和的次子是阿布琥・梅爾根・諾顏（Abuqu mergen noyan）；阿布琥的次子是喇瑚里・達賴・諾顏（Raqula dalai noyan）。喇瑚里的第五個兒子是塞爾濟・達來・代青（音譯，Serji dalai dayicing）；塞爾濟的次子是諾爾布・額爾克・阿海（音譯，Norbu erke aqai）。諾爾布的次子是里塔爾[11]。

將釋迦牟尼佛直傳弟子視為第一世的話，《寶貝念珠》一書的記錄，包含了直至第十五世的多羅那他，也就是哲布尊丹巴一世的前世名字。大致上來說，這是一部喀爾喀蒙古的政治史，但是其中還記錄下每年關於歷代哲布尊丹巴在宗教上的大事，包含卡基萬波在哲布尊丹巴一世傳中所欠缺的二十年。

◆四、卡基萬波的六代哲布尊丹巴傳（藏文）

哲布尊丹巴五世於一八四一年圓寂，也就是《寶貝念珠》一書完成的半年後。哲布尊丹巴六世羅桑・巴勒墊・丹拜・佳木粲・貝爾・桑波（Blo bzang dpal ldan bstan pa'I rgyal mtshan dpal bzang po），於癸卯之年（一八四三年）生於西藏的衛（Dbus），在六歲時前往烏爾嘎（大庫倫，今日的烏蘭巴托）旅行，於戊申之年（一八四八年）九月七日抵達，圓寂於同年的十月十九日。卡基萬波為哲布尊丹巴從一世至六世做出六代的簡短傳記，簡單記錄下他們的生涯事實。這篇傳記題為《Skyabs mgon rje btsun dam pa rin po che'i skye 'phreng rim byon rnam thar mdo tsam bkod pa pad dkar 'phreng mdzes zhes bya ba bshugs so》（此為原書藏文拼音），文後沒有寫上任何年代，但是並未記錄下一位呼圖克圖在一八五〇年的誕生，以及在一八五一年被認定為是哲布尊丹巴的轉世者之事，想必是在六世圓寂後便書寫下的內容。雖然非常簡略，但是卻傳達了其他資料中未記錄下的，關於哲布尊丹巴一世繼承者們的事情。⑫

◆五、無名氏的七代哲布尊丹巴傳（蒙文）

有一本蒙文的傳記，是記錄從哲布尊丹巴一世到七世這七代的事蹟，由查爾斯．鮑登（Charles R. Bawden）譯為英文出版[13]雖然詳細傳達哲布尊丹巴一世、二世、三世的事情，卻多少有些神祕性。關於四世、五世、六世、七世，則是只有傳達誕生和坐床的日期。文章最後沒有記錄著作題名和作者的文字，不過有明記書寫的年份是咸豐九年的己未之年（一八五九年）。換言之，是在哲布尊丹巴七世凱珠．布丹桑（Ngag dbang chos dbang phyug chos rgya mtsho）的時代。在哲布尊丹巴二世及三世的研究上，能夠發揮作用。

關於這五種喀爾喀的哲布尊丹巴．呼圖克圖傳記（藏文、蒙文），雖然至今幾乎未被利用，但是對於清朝時代的蒙古史而言，是非常重要的資料，希望這篇介紹文，能夠多少有些助益，如此一來實為幸甚。

【注釋】

① 岡田英弘，〈藏蒙文哲布尊丹巴傳記資料五種〉，《國立政治大學邊政所年報》十六，頁

二五五－二三四，一九八五年。

② 《宮中檔康熙朝奏摺》第九輯，第六八－六九頁。關於這封信件的日期，請見補〈親征蒙古時的聖祖滿文書簡〉。

③ *Collected Work of Jaya-Pandita Blo-Bzan-hphrin-las*, Volume 4, Lokesh Chandra, New Delhi, 1981, pp.124-156.

④ Lokesh Chandra, *Eminent Tibetan Polymaths of Mongolia*. Raghu Vira, New Delhi, 1961, pp.18-19.

⑤ Byamba, *Asarayci neretü-yin teüke*. Erdem shinjilgeenii khevlekh üiledver, Ulaanbaatar, 1960, pp. 72-79.

⑥ Giuseppe Tucci, *Tibetan Painted Scrolls*. La Libreria dello Stato, Roma, 1949. Vol. I, pp.128, 163-164.

⑦ Junko Miyawaki, "The Qalqa Mongols and the Oyirad in the seventeenth century."*Journal of Asian History*, Vol. 18, No.2. Otto Harrassowitz, Wiesbaden, 1984, pp. 149-150.

⑧ Op. cit., loc. cit.

⑨ *Life and Works of Jibcundampa I*. Lokesh Chandra, New Delhi, 1982. pp. 411-549.

⑩ Op. cit., pp. 28-266, 267-409.

⑪ Byamba, p.80.

⑫ *Life and Works of Jibcundampa I*, pp.1-27.

⑬ Charles R. Bawden, *The Jebtsundampa Khutukhtus of Urga*, Otto Hasrrassowitz, Wiesbaden, 1961.

肆、從康熙皇帝的滿文書簡看耶穌會士的影響[1]

一、日蝕

一六九七年四月二十一日，清朝的康熙皇帝在帝國西北邊境的寧夏城觀測日蝕。皇帝的強敵——準噶爾·瓦剌的噶爾丹·博碩克圖汗潛伏在阿爾泰山脈東側，窺視著逃亡西藏的機會，對此，皇帝為了監督最後的征討作戰，而前往寧夏當地。但實際上，噶爾丹在這個時候已經死去，只是皇帝無從得知這項消息。[2]

因為觀測日蝕之事，皇帝以滿文寫信給留守在北京、在他離開期間總攬政務的皇太子胤礽，信件內容如下：

我們到這裡以後，用儀器測量，發現北極星比京師低了一度二十分。東西之間相距兩千一百五十里。委託安多按照他的方式計算，得知日蝕的時間為九分四十六秒。這一天（閏三月一日）天晴明亮。觀測起來，日蝕為九分三十幾秒。變得昏暗，沒有出現星星。從寧夏看，京師在正東偏北之處。初三下起了雨。只是想讓你知道，所以寫下送去。也告訴滿人大臣們。③

這封信件，是皇帝本人唯一一次提及在他宮中服務的耶穌會士。信件中的「安多」，是安東尼．湯瑪士（Antoine Thomas）的中文名字。④安多於一六四四年一月二十五日生於比利時的那慕爾，父親是律師菲利浦．托馬（音譯），母親是菲利浦的妻子瑪麗．德爾黑（音譯）。安多在那慕爾新開的耶穌會學校內學習，於一六六〇年九月二十四日進入圖爾奈的耶穌會修練院（noviciado）（譯注：天主教教會修道會員的養成機關）。他精通數學、地理、天文學的計算，於是不斷向當時的總會長奧利佛神父請願，希望能夠允許他前往遠東傳教。一六七七年，他終於獲得最後的許可，以葡萄牙為目標，從西班牙的布哥斯出發，一六七八年三月進入科英布拉，在大學中學習數學。一六八〇年四月三日，他從里斯本出發，朝著日本的方向前進，九月二十六日抵達果阿。一六八一年五月十三日，他又從果阿出發，前往暹羅，九月一日抵達暹羅的首都大城府（阿瑜陀耶府），在當地結識康斯坦丁．華爾康（Constantine Phaulkon）。康斯坦丁．華爾康身為那萊王的首相，在當地擁有很大的勢力。

華爾康是出生在凱法利尼亞島拉．庫斯托德（音譯）地區的威尼斯人，母親是希臘人。他在英格蘭時加入英國國教，最後來到暹羅。安多神父停留在大城府期間，成功地讓華爾康改信，接受洗禮。據說後來的華爾康，至死都是天主教傳教士和信者的熱誠保護者。不過，從華爾康投機主義的性格來看，這樣的說法有很大的疑問。不管如何，康斯坦丁・華爾康最後在一六八八年年四十一歲之時，因內亂而被殺害，他的妻子是出生於日本的高貴天主教徒。

一六八二年五月二十日，安多神父從大城府出發，七月四日抵達澳門。這個時候，北京的南懷仁（Ferdinand Verbiest）神父已屆高齡，正在尋找宮廷職務的後繼者。開明我（Claudio Filippo Grimaldi）神父的健康狀況也有些堪憂。南懷仁神父於是找康熙皇帝商量，想將安多神父帶來宮中。在皇帝的許可下，開明我神父與禮部的兩位官員一同被派遣前往葡萄牙的殖民地，帶回安多。一六八五年八月十九日，一行人乘船從澳門出發，航行內陸，經過贛州、南昌、南京、通州之後，在十一月八日抵達北京。後來，安多神父負責在宮廷中，教授皇帝使用儀器、地理學以及簡單的算術。

一六九一年，安多神父與張誠（Jean-François Gerbillon）神父跟隨皇帝一同前往蒙古，參與了有名的多倫・諾爾會盟；當時準噶爾／瓦剌的噶爾丹・博碩克圖汗正率軍劫掠北蒙古的領地，喀爾喀領主們紛紛逃往南蒙古；在這場會盟中，康熙皇帝獲得了這些領主正式臣服順從的宣誓。

一六九六年，徐日昇（Tomás Pereira）神父、張誠神父與安多神父再次跟隨著皇帝從北京出發，遠征噶爾丹在克魯倫河地方的據點。這是康熙皇帝第一次遠征蒙古；清軍在土拉河的昭莫多地方大破噶爾丹，獲得了決定性的勝利。

同年九月，神父們跟隨皇帝前往第二次遠征蒙古，一六九七年一月，抵達黃河沿岸的鄂爾多斯部族土地。

皇帝的第三次遠征蒙古是在一六九七年二月展開，於同年七月結束。皇帝在歸途中，得知噶爾丹的死訊，於是準噶爾問題對大清帝國的影響，算是一時獲得解決。此時，安多神父預言到一六九七年四月二十一日的日蝕，警告士兵，不要因為日蝕現象而感到驚慌。

安多神父向巴黎科學院報告日蝕，表示在寧夏地方與張誠神父一同觀測。這份報告書保存在巴黎的天文台檔案室（Archives de L'Observatoire, AA 4°36）的一百三十四頁，正是皇帝在滿文書簡中所提及的日蝕。

一七〇二年，皇帝命令安多神父測量地球子午線一度的長度，這項工作耗費一個月以上的時間，在三阿哥的協助之下完成。這也成為繪製帝國完整地圖——著名的《皇輿全覽圖》的基礎。然而安多神父未能親眼看見地圖的完成，在一七〇九年七月二十八日，於北京逝世，享年六十五歲。

二、地理

布韋神父在一六九七年獻給法國國王路易十四的《康熙皇帝傳》之中，表示康熙皇帝對天文學的儀器很有興趣，無論到哪裡都會帶著走，並借助耶穌會傳教士的知識，自行操作儀器。這項事實，也可以從皇帝的滿文書簡中窺見。

在一六九六年的第一次親征蒙古期間，皇帝在南北蒙古的交界，正準備越過戈壁沙漠。四月十三日（五月十四日），皇帝寫給皇太子的信件內容如下。

根據丈量，從獨石城至國界處，長八百里（三百六十公里）。比起先行部隊的丈量結果，每日（譯注：丈量的距離）較短。從京師至獨石，看起來距離應該不太遠，大概不到四百二十三里（一百九十公里）。皇太子可以派出一人丈量看看。

在國界處，使用觀測儀器測量北極星的高度，比京師高出了五度。由此計算出里數，為一千二百五十里（五百六十二點五公里）。⑤

誠如前文所述，皇帝此次的遠征，有安多神父、徐日昇神父和張誠神父隨行。由此看來，皇帝根據北極星的高度，測量北京與南北蒙古交界的距離，無疑是在安多神父的協助之下，所得出的成果。

◆三、醫藥

康熙皇帝和他的軍隊，在一六九六年六月一日（五月二日），停留在北蒙古的拖陵・布喇克，準備襲擊位在克魯倫河的噶爾丹陣營。在對敵營展開最後攻擊之前，皇帝寫信給皇太子，傳達一些零星事項，其中一項內容如下：

將在養心殿（皇上的宮殿）中調製的如勒伯・伯喇爾都（zuleneneraldu）西洋御用藥十兩、上等生薑四斤小心封裝後，按這封信件的指示一併寄來。⑥。

對此，皇太子答道：

另外，皇上命令送來的新薑五斤、西洋藥如勒伯・伯喇爾都，我小心包好，將宮中所有的一斤十五兩全數送上。會按照先前製作的方式，命人繼續補充製造。⑦

這種西洋藥品，在皇帝第二次遠征蒙古，一六九六年十二月停留在南蒙古的瑚斯台之際，也曾經提及：

將軍薩布素生病，於是我將自己手邊有的西洋藥露如勒伯・伯喇爾都全數送去。前天從京師來的副都統巴林，病懨懨非常衰弱的樣子，想賜藥給他，卻已經沒有藥了。這些藥多少要準備一些放在身邊才行。這封信件送達後，你幫我分裝在幾個小玻璃瓶裡送來。⑧

養心殿是北京紫禁城內皇帝私人宮殿的名稱。關於這種提供皇帝私人使用的歐洲藥露名稱，看起來則像是一種糖漿（julep）藥水。julep有時也會以拉丁化的形式，被稱為朱拉皮烏姆（zulapium），不過這種稱呼法則是從阿拉伯語中的朱拉普（julab）而來，其起源又可以上溯至希臘文的古魯・阿普（gul ab），為「玫瑰露」之意。糖漿是口感好的藥露，是由許多種心臟的刺激藥劑、威士忌、砂糖、薄荷、水混合製成。⑨

這種糖漿，在十七世紀的歐洲是否被拿來作為藥物使用，還未有定論，但可以確定的是，康熙皇帝在日常藥品中使用歐洲藥露之事，是基於耶穌會士在醫藥上的知識所致。⑩

以上是從康熙皇帝的滿文書簡中所看到耶穌會士的影響。

【注釋】

① Hidehiro Okada, "Jesuit influence in Emperor K'ang-hsi's Manchu letters". *Proceedings of the XXVIII Permanent International Altaistic Conference, Venice 8-14 July 1985*, ed. Giovanni Stary, Otto Harrassowitz, Wiesbaden, pp. 165-171, 1989.原書將之翻譯為日文。

② 康熙皇帝三次遠征蒙古所寫下的滿文書信，複印版本收錄於《宮中檔康熙朝奏摺》第八輯、第九輯（台北，國立故宮博物院，一九七七年）；日文翻譯版可見本書的一九七九年版之《康熙皇帝的書信》；英文翻譯版請見H. Okada, "Outer Mongolia through the eyes of Emperor K'ang-hsi"(Journal of Asian and African Studies, No.18, 1979.)以及H. Okada, "Galdan's death: When and how"(Memoirs of the Research Department of the Toyo Bunko, No. 37, 1979.)

③ 《宮中檔康熙朝奏摺》第八輯，第七九三—七九四頁。meni ubade isinjihai, i ki de kemneme tuwaci ging hecen ci hadaha usiha, emu du orin fun fangkala, dergi wargi goro juwe minggan emu tanggu susai ba, ere be an do de afbufi fa i kooli songkoi bodobufi, sun jeterengge uyun fun dehi ninggun miyoo jembi sehe bihe, ere inenggi getuken galga, kemneme tuwaci uyun fun gusin udu miyoo jeke, umai farhun oho, usiha tucike ba aku, ning hiya ci ging hecen be tob dergi ci majige amasi tuwambi, ice ilan de agaha, erebe bai sakini seme jasiha, manju ambasa de ala.

④ 關於安多的傳記，可參考Louis Pfister, *Notices Biogaphiques et Bibliographiques sur les Jésuitsnde l'Ancienne Missions de Chine 1552-1773*, Imprimerie de la Mission Catholique, 1932, Tome I, Chang-hai, 第四〇四—四一〇頁。亦可參考Yves de Thomaz de Bossierre, Un Belge Mandarin á la Cour de Chine aux XVIIe et XVIIIe Siècles, Les Belles Lettres, Paris, 1977。

⑤ 《宮中檔康熙朝奏摺》第八輯，第一三〇—一三一頁。du si hoton ci karun de isibume futalaci jakun tanggu ba bi: neneme yabuha ursei futa i ton ci inenggidari ekiyehun: ging hecen ci du si de isibume tuwaci ba umesi cinggiya, ainci duin tanggu orin ilan ba aku, huwang taidz emu niyalma tucibufi futalabume tuwa: karun i bade i ki i hadaha usiha be kemneci ging hecen ci sunje du den, ede teherebume ba i ton be baicaci emu minggan juwe tanggu susai ba;

⑥ 《宮中檔康熙朝奏摺》第八輯，第一八九頁。yang sin diyan de weilehe si yang i zulebeberaldu sere dele baitalara okto be gingguleme fempilefi Juwan yan: eshun sain giyang duin gin be ere bithei isinahai baita suwaliyame boo de unggi

⑦ 《宮中檔康熙朝奏摺》第八輯，第一七八頁。jai dergici unggi sehe ice giyang sunja gin, si yang ni zulebe beraldu be giggulеme fempilefi boode bisire uheri emu gin tofohon yan be yooni unggihe, neneme weiehe songkoi belheme niyeceme weilebumbi:

⑧《宮中檔康熙朝奏摺》第八輯，第四五一－四五二頁。jiyanggiyun sabsu nimeme ofi mini jakade bihe, zulebeberaldu sere lu be wacihiyame bufi unggihe, cananggi ging hecen ci jihe meiren janggin balin umesi yadalinggu nimembi, tede buki seci wajihabi, erebe majige belheraku oci ojiraku: ere bithe isinaha manggi, emu udu ajige boli tamsu de tebufi unggi.

⑨ 有關醫藥用語糖漿的情報，是根據著名的日本藥理學家兼日本學士院會員岡田正弘（作者岡田英弘之父）所得。

⑩ 此次，出版清朝史叢書第一卷《康熙皇帝的書信》增補改訂版之際，我從學友渡邊純成氏獲得許多關於自然科學與醫藥相關的知識。關於渡邊氏所提供「如勒伯．伯喇爾都」的知識，在此原封不動地轉載。

「在北京故宮博物院內，有《西洋藥書》的滿文抄本，為十七世紀西歐醫藥品的使用手冊。當中對瘧疾患者開處奎寧樹皮藥方的方法有詳細的說明，推測是由康熙宮廷內的耶穌會法國會士所製成。影本收錄在《故宮珍本叢刊》（海南出版社，二〇〇〇年）第七二九冊第二八九－四四二頁，其中的三二一－三二二頁中，有關於如勒伯．伯喇爾都（zulebeberladu）這種藥品的使用方法。其全文翻譯如下：

蒸餾淡水珍珠以及寶石等讓身體強壯的東西製造而成。名為如勒伯・伯喇爾都之藥露。

這種藥可以使用在所有種類的心臟病，同時，也可以在完全失去意識昏厥、精氣耗弱等種類的疾病上使用。

這種藥物，具有淨化黑膽所產生的惡性精氣，趕走憂悶煩躁，讓心情快活，增加基本體液，強壯精氣，舒緩內部，使身體狀態安適的功能。

所有種類的疾病都可以使用這種藥，大致上就是能夠保護心臟，防止有毒之氣侵害身體。

其次，夏季暑熱由內部散發出來之時，可以混合水或茶之類的東西一起飲用，同時，身體康健的人，不管是哪一個季節都可以服用。

如果是要與能夠滋養補身的肉湯等類一起服用的話，取一錢混合。如果是加在水或茶之中的話，取兩錢以上，五錢以下的份量混合。冷熱不拘。

「黑膽所產生的惡性精氣」，指的是前近代西洋醫學中四種基本體液之一——黑膽汁變質過後的產物。珍珠神奇的力量，被期待能夠趕走黑膽汁所帶來的憂鬱等。在《西洋藥書》中，還介紹了其他用寶石製造的高貴藥物，像是「延年益壽的長生不老藥（elixir）」（第二九五—二九八頁）、「蒸餾寶石的蒸露劑」（第二九九—三〇〇頁）、「蒸餾珍珠的蒸露劑」（第三〇〇頁）。

在康熙的宮廷內，有一段時間，如勒伯・伯喇爾都被視為是萬能的藥物。在關雪玲《清代宮廷醫學與醫學文物》（紫禁城出版社，二〇〇八年）的第二一五—二一六頁，以及二一九—二二〇頁中有簡短的歸納。這似乎也反映出當時西歐的狀況。使用珍珠的糖漿藥露，直到英國查理二世臨終前，仍被期待有起死回生的效果，而被當成處方開給國王服用。

在康熙皇帝的書信以及其他文書中看到的「如勒伯・伯喇爾都」，是因為原文在滿文的音韻體系中略為不自然，因而訛傳所致。檢證《西洋藥書》中起源於歐洲語彙的表記方法，雖然不得不考慮滿洲文字的b和d對應無聲無氣音的[p]和[t]之可能性，不過，在此則是遵循學界的習慣，暫時將滿洲文字的羅馬字轉寫，以羅馬字方式來閱讀。開頭的音節[zu]，為法文中頻繁出現的子音[ro]，而不是現代日文中會出現的子音[dro]。

正如岡田英弘在本論文中所指出的一般，zulebe-是糖漿藥露（julep）的滿洲文字表記。因為是蒸餾淡水珍珠後所得到的藥品，-berla-是法語形容詞perlé（珍珠的），因此，將zulebeberla-歸結為julep perlé（英語：pearl julep）的滿洲文字表記，應為適當。Zulebeberladu是何種法文單字的滿洲文字表記，現今則是未能斷定。有可能是對應julep perlé doux，卻無確切的證據。julep perlé若是譯為義大利文，則是giulebbe perlato，雖然發音相近，但是最初的子音與最後的母音不一致，一七〇〇年前後的法國人特地去使用義大利文，也是不自然的解釋。由拉丁文而來的可能性低。」

伍、康熙皇帝與天文學①

清朝的康熙皇帝在一六九七年四月二十一日（康熙三十六年閏三月一日），於遠征所在地寧夏城（現今的寧夏回族自治區銀川市）觀測日蝕。皇帝早在前一年，花費了九十八天的時間，親自指揮跨越戈壁沙漠的作戰，在北蒙古中部的土拉河上游，現今烏蘭巴托市東方三十公里處，特勒吉國家公園入口附近的昭莫多（「百棵樹」）地方，大敗準噶爾英雄噶爾丹．博碩克圖汗的軍隊；之後，皇帝計畫對潛伏在阿爾泰山脈東部，打算伺機逃往西藏的噶爾丹，發動最後的總攻擊，因此前往這座邊境城市，親自指揮作戰。

根據台北國立故宮博物院發行的《宮中檔康熙朝奏摺》第八輯（七百九十三—七百九十四頁）所收錄的內容，此時康熙皇帝從寧夏，以滿文寫信給留守在北京的皇太子，其內容如下：

我們到這裡以後，用儀器測量，發現北極星比京師低了一度二十分。東西之間相距兩千一百五十里。委託安多按照他的方式計算，得知日蝕的時間為九分四十六秒。這一天（閏三月一日）天晴明亮。觀測起來，日蝕為九分三十幾秒。變得昏暗，沒有出現星星。從寧夏看，京師在正東偏北之處。初三下起了雨。只是想讓你知道，所以寫下送去。也告訴滿人大臣們。

康熙皇帝在前一年的遠征中，於南北蒙古交界處的達利甘加（Dariganga）地區觀測北極星的高度，從高出北京五度的現象來看，計算出兩地距離有一千兩百五十里。這些天文學知識，是康熙皇帝從耶穌會傳教士那裡學習到的。根據其中之一的布韋神父的記述，康熙皇帝對西洋的天文學感興趣的時期，是從耶穌會士南懷仁與擁護中國曆法的楊光先展開御前對決，並由南懷仁勝出開始；此後，皇帝便熱心地向耶穌會士們學習數學、天文學等西洋學術知識，並熱衷於蒐集、操縱觀測與測量的儀器設備。

儘管如此，康熙皇帝在寧夏地方，親自表示是將日蝕的計算委託給安多，也就是耶穌會士安東尼・湯瑪士（Antoine Thomas）。

布韋寫道：

康熙皇帝……，自從那時候開始，便對數學研究懷抱著興趣。……皇帝在完成其他既定事務後，將剩餘的時間，幾乎都奉獻給數學研究，並且在研究上獲得無比樂趣；接下來的兩年間，他始終埋首砥礪著數學方面的技巧。

南懷仁老師在這兩年間，針對主要的天文儀器、數學器械的使用方法，以及幾何學、靜力學、天文學中，最新、最容易理解的內容進行說明。關於最容易理解的知識內容，還特地編纂成教科書。

（後藤末雄譯《康熙皇帝傳》）

一六八八年，南懷仁於北京逝世，其後在康熙皇帝宮廷中服務的耶穌會士有四人，其中一人便是安多。四位耶穌會士在教授康熙皇帝知識之際，有人使用中文，有人使用滿文。不過，像是數學這種需要嚴密邏輯的學問，在用語上若是使用中文，則不夠明確清晰也難以學習。因此，康熙皇帝為了要讓張誠與布韋講授西洋科學，命令他們學習滿文。滿文就像是日文、韓文、蒙文一般，在語尾上有豐富變化的特性，適合用來深究邏輯。

當時，安多老師以中文說明主要天文儀器的使用方式、幾何學以及算數的演練。這些學習課程，以前是由南懷仁老師所教授。

（同前）

換言之，安多是同為比利時人的南懷仁之繼任者，也是負責教授康熙皇帝數學與天文學的顧問。後藤末雄先生在《康熙皇帝傳》的注釋中，補充安多「被任命為欽天監監副，在開明我老師不在時，代理監正的職務。一六九六年，跟隨康熙皇帝出巡韃靼地方」，指的是親征漠北之事。

無論如何，在康熙皇帝親筆寫下的滿文書信中，只有在這一處提及耶穌會士「安多」這兩個字，顯示出傳教士們報告皇帝醉心於西洋天文學，熱衷於觀測工作之事，並非誇張渲染之詞，同時，從皇帝就連遠征塞外也會帶上觀測儀器和西洋顧問之事，也成為佐證。

【注釋】

① 首次出處為《歷史與地理》三一二，山川出版社，一九八一年八月，第三一—三三頁。

陸、開元城新考[1]

金末，曾經一時稱霸東滿洲的東真國天王蒲鮮萬奴領地內，有「開元」之地名，這也是元代咸平府管轄下開元路之名的起源。到了明朝初年，咸平被改稱為開原的原因，箭內亙、池內宏、和田清等人的研究已經有所言明[2]，就不需我一一地說明。不過，關於最初萬奴的開元，究竟是在何處？箭內先生認為是在三姓（Ilan Hala）附近的一城，池內先生雖然大致同意這項說法，但表示最初是將萬奴的都城南京（局子街）附近稱之為開元。

先不論南京的問題，開元城就是三姓的說法為何難以成立，和田先生的論述已經十分詳盡，幾乎沒有追加補充的餘地。那麼，開元城實際上究竟是在何處呢？和田最初是根據《遼東志》上「納丹府東北陸路」中「舊開原」與「毛憐」的位置關係，認為是在今日的穆稜（Muren）方面，後來又近一步地推估至綏芬（Suifun）河畔的東寧附近，這是從《永樂大典》中所引用的《經世大典》和《析津志》裡，看到元代在這方面的站道（驛站），以及根據《新增東國輿地勝覽》中收錄「巨陽城，別名開陽城」的位置所推論而致，實為條理清晰，讀來深感贊同，故此我對開元城即為東寧的說法，也曾經深信不疑。不過，近來在清初的地圖上探尋元代這方面的站道之時，我開始萌生疑問，心想或許和田先生其實有所誤認，實際上開元可能是在今日的寧古塔（Ningguta）附近。故此，帶著冒犯恩師的失禮覺悟，我謹在此公開陳述自己的意見，還望各方學友不吝指正、賜教。

首先，我懷疑的第一個地方，是有關此處地名的發音。和田先生已指出，現今鐵嶺北方的開原（K'ai-yüan），似乎是明代時女真（女直）對開陽（K'ai-yang）的語音轉訛；在自建州女真崛起的滿洲人所留下的記錄《滿文老檔》中，此處的地名經常是以「Keyen」出現[3]。和田先生閱讀近乎康熙《皇輿全覽圖》原本的《滿漢合璧清內府一統輿地秘圖》，發現在Hurha Bira（牡丹江）的左岸與Hailan Bira（海林河）的合流處南方，寫有Keyen Hoton之地名；接著他又在被認定為乾隆時期《皇輿全圖》的《清乾隆內府輿地圖》中，發現此地被音譯為「克音和屯」。[4]順帶一提，和屯（hoton）在滿文中的意思就是「城」。

這個克音城，在乾隆元年（一七三六年）的《盛京通志》卷十五，城池志的「寧古塔城池」條目中，可以看見「刻印城，位於（寧古塔）城的東北五十里，虎兒哈（Hürha）河以南，海闌（Hailan）河以北。周圍三里。西有一門」；從這裡來看，文中的「刻印城」應該就是克音城無誤。

然而，在朝鮮的《新增東國輿地勝覽》卷五十，「慶源都護府的古蹟」條目中，可以看見巨陽城，又名為開陽城；換言之，蒲鮮萬奴的開元城，就是明代的舊開原．東開原，也就是和田先生所發現之處。倘若西方的開原，與東方的開元，都同樣被稱為開陽的話，那麼開元也和開原一樣，都可以說是Keyen的訛傳。

本來，在滿文以及其祖語女真語（女直語）中，子音-ng放在語尾是屬於例外的狀況，其證據就是，翻開包含乙．丙兩種《華夷譯語》的《女直館譯語》一書，可以看見以-ng結尾的漢語借用語，大部分都是採用-n結尾的漢字。⑤因此，「開陽」不是K'ai-yang，而是被認同以Kai-yan的字音表達，假如轉成Keyan的字音，就是「巨陽」的原音，那麼清初滿語的地名Keyen，應該就是在「巨陽」的基礎上，加上母音調和作用所致。

那麼，將牡丹江畔的克音城視為開元城，究竟是否可以從元、明、朝鮮的記錄中所出現關於開元的記錄，做出不互相矛盾的解釋呢？以下就讓我們來探究這個議題。首先，第一個問題是，朝鮮史料中可以看見的巨陽城位置。《勝覽》文字的原引出處是《世宗實錄地理志》，當中有關「咸吉道慶源都護府」的條目文字如下：

> 從東林城往北方約五里處，是所多老營的遺跡。其北方三十里有會叱家灘，也就是豆滿江的下游。越過江十里，在曠野中有大城，也就是縣城。內有六口井。其北九十里，山上有古老的石城，名為於羅孫站。往北三十里有虛乙孫站。往北六十里有留善站。其東北七十里有土城基，亦

即巨陽城。內有兩根石柱，懸有古鐘。鐘高三尺，圓徑四尺多。過去曾有慶源人庾誠來到這座城，毀碎古鐘，用九匹馬馱運，但最後只運出了十分之一。從者三十多人皆死。其遺鐵置於草莽之中，人不敢收。城原是高麗大將尹瓘所築。位於巨陽以西六十里的先春峴，就是尹瓘立碑之處。其碑四面有書，但被胡人剝去文字，後來有人掘其根，有「高麗之境」四字。從先春峴越過愁濱江，有古城基。

東林城、所多老營、會叱家灘皆是豆滿江南的地名，便越過不談，越過江後十里的縣城，是現今琿春以西的高麗城子，也不需多說。從縣城往北行，經過於羅孫、虛乙孫、留善三站後，就會抵達巨陽城。

和田先生因為是從琿春附近北上，直接進入山地，所以認為這裡所謂「北」的方位，應該是東北，也就是上溯琿春河，再沿著烏蛇溝一路而下的途徑上，得到距離琿春約二百五十鮮里之處即為東寧附近的結果。另外，根據《勝覽》，因為愁濱江，也就是綏芬河，似乎流經巨陽城下，也成為巨陽位於東寧地方的佐證之一。

然而，假如從縣城不往東北，而往西北方向前去，狀況又會是如何呢？琿春西北二百五十里之地，幾乎就是今日的寧古塔。這樣一來，與綏芬河的位置關係又是如何呢？根據《實錄地理志》，巨陽城西方六十里有先春峴，從先春峴可以越過愁濱江，因此巨陽不是牡丹江流域，而明顯地是綏芬河以東的地帶。但是，仔細地看遍關於愁濱江的文章之後，也還是無法斷定這項說法的正確無誤。

和田先生引用《勝覽》的文章中，有「愁濱江，源頭位於白頭山，北流而為蘇下江。又稱為速平江。經公嶮鎮、先春嶺而至巨陽，東流一百二十里，至阿敏入海」，如同和田先生所言，「文章記錄多少帶有曖昧不明之處」。然而，如果觀看原本的《世宗實錄地理志》，則是完全不同的記錄。其文如下：

> 愁濱江，位於豆滿江以北。源頭於白頭山下，北流而為蘇下江，經公嶮鎮、先春嶺、巨陽城，東流一百二十里，而為愁濱江，至阿敏入海。

換句話說，根據上文，愁濱江之名，始於巨陽城以東一百二十里的地點，至阿敏（Amin Bira）入海為止；至於發源於白頭山下、向北流經巨陽城下的則是蘇下江。假如將綏芬河並非發源於長白山麓一事，視為不言而喻的基本知識，那麼先前引用巨陽城的文章中看到，位於城西六十里的先春峴下的愁濱江，應該是要被稱為蘇下江吧。

關於蘇下江，在《實錄地理志》中，持續先前所引用的文章，後續的內容如下。

自所多老向北三十里，有於豆下峴，其北六十里，有童巾里。其北約三里之處，越過豆滿江灘，向北九十里，有吾童沙吾里站。其北六十里，有河伊豆隱。向北一百里，有英哥沙吾里站。向北蘇下江邊有公嶮鎮。也就是尹瓘所置之處。鎮的南方接隣具州、探州，北接堅州。自英哥沙吾里以西六十里，有白頭山。山約三層，山頂有大澤。東流為豆滿江，北流為蘇下江，南流為鴨綠江，西流為黑龍江。山上禽獸，皆為白色。山腰以上，皆為水泡石。

從今日鍾城以北的潼關附近的童巾里越過豆滿江，經吾童沙吾里站、河伊豆隱、英哥沙吾里站的路線，必定就是溯布爾哈圖（Burhatu）河，越過英額（Yengge）山，至敦化的路線；因為沒有第二條路線，所以在這之前的公嶮鎮屬於牡丹江畔之地，應該無誤。

如此一來，所謂「蘇下江」指的便是牡丹江，這點也可以從接下來白頭山的記述中獲得確認。從白頭山向四處奔流的河川之中，東流的豆滿江和南流的鴨綠江並無問題，西流的黑龍江當然就是今日的松花江和黑龍江下游的合稱，剩下往北流的大河，就只剩下牡丹江，根據《世宗實錄地理志》，可以說是完全明顯地顯示出，蘇下江即為牡丹江。

然而，蘇下江在巨陽城東方一百二十里之處成為愁濱江一說，應該可以看作是自牡丹江畔寧古塔附近東行，有進入綏芬河流域的交通路線之誤解。由此看來，巨陽城，也就是開元城，並非是在綏芬河上的東寧，而是應該在牡丹江上加以探尋。

下一個問題，是元、明的東滿洲交通路線。根據《析津志》、《經世大典》所流傳下來的內容，從今日的吉林方面往東南方前行至敦化附近，路徑分為兩路，東為尼柯爾斯基（Nikolskoye），南為通往咸興方面的驛道；關於這點，和田先生已有詳細的論述，從論述中所列舉出的站名內，可以看見開元站。如今，我們引用《析津志》，以農安北方六十里，哈拉海城子附近的西祥州為起點，可見記述如下：

正南。（八十。）特甫。建州。（東南、一百。）石敦。（一百。）散迭。（正東、一百。）阿忽。（一百。）禪春。（一百。）阿母。（一百二十。）阿剌。（一百二十。）唆吉。（至此分二路。一路正東微北至永明城。一路正東南至合懶丹。）唆吉。（正東微北，百二十里。）石迪。（正東北五十。）甫丹。（百一十。）東洋州。（百二十。）土羅火。（百三十。）希田。（百二十。）開元。（正東。）孛迷。樑母。孛吾。阿失吉。舍站。永明城。（其東為海。）

和田氏認為，建州為今日的吉林，因此應該將「建州」二字移動到「石敦」的下方，也就是「散迭」的上方，如此一來，迄今為止從東南而來的道路，便首次轉為正東，符合吉林的形勢，然而，仔細思考的話，會發現建州絕不是吉林。在《滿文老檔》中敘述，萬曆四十年（一六一二年）努爾哈赤（清太祖）征伐烏拉國：「自Ula的大城西門起二里，於河岸設Ginjeo城，停止。」⑥在漢文的《滿洲實錄》等中，將Ginjeo城音譯為「金州城」，但實際上卻是「建州城」的訛傳，換句話說，清代的金球鄂佛羅（Ginju Oforo）站之地，是位於今日烏拉街的附近。由此看來，不如將《析津志》的文章，解釋為「特甫。（東南、一百）建州石敦」的倒置較為合理。建州石敦站的下一站散迭站，也是位於今日吉林以東的位置。禪春則是如同和田先生所言，無疑是後面會提到的《遼東志》的善出，也就是張廣才嶺上的色出窩集（Seci Weji）。

不過，在先前所引用的《世宗實錄地理志》中，位於巨陽以西六十里處，與公嶮鎮相同，有蘇下江流經的先春峴、先春嶺，應該也是在禪春站的附近，相當於色出窩集之地吧！從公嶮鎮似乎是敦化方面的知識來看，與之並稱的先春嶺為禪春、善出的可能性也很高。

在此，引用《遼東志》的文章，於其卷九題為「納丹府東北陸路」之文，記述如下：

那木剌站　善出　阿速納合　潭州　古州（北接斡朵里）　舊開原　毛憐（舊開原以南）

此處需要注意的是，先前引用的《地理志》中提到「（公嶮）鎮南鄰具州（古州）、探州（潭州），北接堅州（建州）」，西方經善出（先春嶺）達建州，東方經古州、潭州而到的阿速納合，幾乎就是《地理志》的公嶮鎮。《析津志》中阿速納合的位置是在阿母，《經世大典》中作韓（斡）木火站，也就是清代的俄莫賀索落（Omoho Soro）站，為今日的額穆之地，換句話說，公嶮鎮應該就是這一帶。順道一提，索落（soro），亦即朝鮮的《太祖實錄》卷一中提到的「沙吾里、女真言，為站」中的沙吾里（saori）。《地理志》中的吾童沙吾里站、英哥沙吾里站亦同。

從阿母，到被說是敦化附近的唆吉，與往南方合懶府（咸興）方面的路線告別，朝東方開元、永明城的方向前進，從方向和距離推知，正如和田先生所指出的，這條路線是沿鏡泊湖的南側前進，應該是妥當的推論。從唆吉經兩站抵達的東洋（祥）州，和田先生認為是位在渤海的故都東京城附近。從東祥州再過兩站，就會抵達開元。基於這段距離，和田先生認為開元在東寧附近，但是如果按照地圖，比起敦化．東京城間三站的距離，東京城和東寧之間，即便同樣是三站，在距離上卻稍顯遙遠。故此將開元視為在寧古塔東北五十里，今日牡丹江站南方的克音城，應該是非常合理的推論。

必須提出的另一點是，從唆吉往東北前行的道路，在開元轉為正東，如果將之視為是寧古塔附近的話，雖然與實際的地勢符合，作為東寧的解釋卻無法成立。開元過後的孛迷、樑、孛吾三站，和田氏以在《經世大典》中並未看見為緣由加以刪減，懷疑是東寧—琿春之間的站道有所誤植。的確，若是將開元視為東寧，便會距離終點（被認為是在）尼柯爾斯基的永明城太近，因為其間並沒有餘裕可以容納三個站。但是，如果開元是牡丹江畔的克音城的話，距離約四站遠的永明城，正好是在尼柯爾斯基附近，十分符合推論。

接著，在《大元大一統志》中，可以獲得更進一步的佐證。現在就根據《遼東志》卷一「元志」的引文，記述如下：

開元城西南曰寧遠縣。又西南曰南京。又南曰合蘭府。又南曰雙城。直抵高麗王都。正西曰谷州。正北曰上京。即金之會寧府。

從開元城往西南至南京（局子街）之間的寧遠縣，不就是今日寧古塔一帶嗎！今日的寧古塔雖在牡丹江畔，但這是在康熙五年（一六六六年）從海林河上的舊址所遷移過去的位置，開元城正西的谷州（古州、具州）必定就是這座寧古塔舊城。更重要的是，西北方的「金之上京會寧府」，存在於通往今日阿城的路線上，也就是現今濱綏鐵路通過之處。假如開元城是東寧的話，位於谷州正西的上京，其實是位於西北的說法，未免太過牽強。之所以會有這樣的解釋，大概是因為從東寧往上京的方向，途中會經過谷州的緣故吧！

以上反覆進行了冗長的推論和驗證，簡而言之，我想說的是，金、元時代，東滿洲的要地之一——開元城，並非是位於綏芬河上的東寧等地，而是在今日牡丹江上的要衝——寧古塔的北方，牡丹江站的南方之處；建州不是今日的吉林，而是其北方烏拉街一帶。對於恩師有眾多失禮之處，身在異域，就連《朝鮮歷史地理》、《滿鮮地理歷史研究報告》也未能徵引參考，並無暇揭舉前輩先進們的研究成果，在此致上深深的歉意。

（一九六〇年夏天，書於華盛頓大學遠東亞洲研究所）

【注釋】

① 首次出處為《和田博士古稀紀念東洋史論叢》講談社，一九六一年，第二四七—二五四頁。由於原文使用的日文為艱難的文體，由著者改寫過後而成。

② 箭內亙〈於滿洲的元代疆域〉（満洲に於ける元の疆域）（《滿洲歷史地理》二，一九一三年五

月）。

池內宏〈元代的地名開元之沿革〉（〈元代の地名開元の沿革〉）（《東洋學報》一二之三，一九二二年九月，後收錄於《滿鮮史研究 中世第一冊》吉川弘文館，一九三三年十月）。

池內宏〈閱讀箭內博士的《元代的地名開元之沿革》〉（〈箭內博士の『元代の地名開元の沿革』を讀む〉）（《東洋學報》一三之一，一九二三年四月）。

和田清〈關於元代的開元路〉（〈元代の開元路に就いて〉）（《東洋學報》一七之三，一九二八年十二月，後收錄於《東亞史研究（滿洲篇）》東洋文庫，一九五五年十二月）。

③和田清〈開元．古州及毛憐〉（〈開元．古州及び毛憐〉）（《北亞細亞學報》三，一九四四年十月，後收錄於《東亞史研究（滿洲篇）》東洋文庫，一九五五年十二月）。

④《皇輿全覽圖》，關於《皇輿全圖》，可參考和田清〈關於盛京吉林黑龍江等處標注戰跡輿圖〉（一九三五年七月，複製圖附錄解說，後收錄於《東亞史論叢》生活社，一九四二年十二月）。

⑤關於《華夷譯語》諸本以及〈女真語彙〉，可參考石田幹之助〈女真語研究的新資料〉（〈女真語研究の新資料〉）（《桑原博士還曆紀念東洋史論叢》弘文堂，一九三一年一月，後收錄於《東亞文化史叢考》東洋文庫，一九七三年三月）。

⑥《滿文老檔(I)，太祖(1)》，第一八頁。

增譯史料

（二〇一三年版）

壹、多倫・諾爾會盟

——《親征平定朔漠方略》第十卷

（康熙三十年）五月朔丙戌日（一六九一年五月二十八日），皇帝下旨給理藩院，要他們決定喀爾喀人的座位順序。理藩院上奏：「遵旨，在對喀爾喀人的座位分門別類之時，若是按照賞賜的等級編排的話，每一等級的人數多寡不一，是故我們想要如下安排：哲布尊丹巴・呼圖克圖、土謝圖汗、札薩克圖汗之弟策旺扎卜、車臣汗坐在第一等。扎薩克的墨爾根・濟農・顧祿什希等十四人坐在第二等。扎薩克的衛徵・諾顏・阿玉什等三十六人坐在第三等。扎薩克的台吉・西地西里的兒子丹準・多爾濟等七十九人坐在第四等。札薩克的色稜・阿海族弟都默・伊爾登・台吉等一百四十人皆坐在五等。土謝圖汗一族的台吉・尼爾喀等一百四十人坐在六等。車臣汗的察哈爾・台吉・莽吉代等一百四十人坐在七等。並讓寨桑、護衛皆坐在後方。」康熙皇帝准奏。接著又允許喀爾喀人的奏請，讓他們與（南蒙古的）四十九旗同列。

接著議定喀爾喀等人參謁皇帝，以及酒宴相關的典禮儀式。於是理藩院上奏：「遵旨，我們想在五月初二（一六九一年五月二十九日）召見喀爾喀人；等他們行過三跪九叩之禮後，舉辦大型酒宴。內外（八旗與南蒙古）的王、貝勒、貝子、公、台吉等人，都坐在左側，喀爾喀人則坐在右側。初三（一六九一年五月三十日）頒發賞賜，並對他們下詔。當日，希望與會者都穿著蟒袍、冠帶齊全，並奏音樂。」於是，皇帝又向行在（譯注：皇帝駐蹕之處）的禮部下旨表示：「與領侍衛內大臣一同開會商議，討論接見蒙古人員之際，該讓蒙古人員站立、行進、坐下的場所。」會議後，眾人上奏表示：「上午帶喀爾喀人來前鋒營前方集合。整列隊伍，讓他們徒步前進，站在儀仗末端。等我們引導喀爾喀相繼人列後，上奏報告，接著再請皇上登場。坐在前方的大臣，就照平常的方式讓他們入席；由於場所狹窄，坐在後方的大臣應停下腳步。」皇上表示：「在前鋒營前方下馬徒步前來之際，若是有老人們無法步行者，應由各自子弟攙扶協助。」

另一方面，總管內務府等衙門也上奏：「初二為喀爾喀人設置酒宴之時，將皇上的帳篷搭設在網城南門前，安置御座，在四方各搭設兩個武備院準備的帳篷。前方搭設大帳、擺好高桌，排列各項金屬器具，儀仗照常排列。皇上出入時奏樂。桌子的序列，都按照各人的座位席次預先設置好。桌子準備結束後，集結眾人，向上報告。於是皇上入場，騎馬至搭設帳篷的場所；等皇上登御座之後，由理藩院和鴻臚寺的大臣、官員引導眾人列隊，配合鳴贊官的號令，行三跪九叩之禮。行禮之際奏樂。結束後，理藩院大臣、官員會作出指示，使各自在座位處叩首後入座。捧來皇上桌子之際奏樂。眾人一同起立。獻上桌子後，結束奏樂。接著，奉茶。皇上送茶入口之時，讓喀爾喀眾人一同叩頭。茶喝完後，撤去桌子。接著上燒酒、瓶、杯和小盤。獲賜飲酒的大臣們一同跪下，奏樂。賜酒結束後，停止奏樂。接著眾人起身，獲賜飲酒的大臣們一同在各自的座位處跪下，齊身叩頭。侍從們將酒倒入金色的大酒杯中，站著將酒遞給這些獲得賜酒的大臣；大臣叩首飲用之際，眾人不叩頭。結束後，眾人一同起身在各自的位置上叩頭後坐下。皇上以酒就口後，陸續展開演劇奏樂，同時按照皇上的旨意，端進恩賜給眾人飲酒的小高桌。喀爾喀眾人行禮、抬頭、飲酒之際，皆奏鑾儀衛的細樂。樂隊列隊在宴會帳篷前的兩側。酒宴結束、收拾皇上的桌子後，作為謝恩禮，由理藩院大臣、鴻臚寺官員引導，讓我們方藩王以下、台吉、塔布囊以上，以及喀爾喀眾人，不需鳴贊官發號施令，行一跪三叩首。叩頭後，眾人按翼排列而立；禮部大臣上奏『酒宴結束』後，皇上便移駕行宮，眾人解散。」對此，皇上下旨：「我出入之際、以及蒙古眾人行禮之際，奏鑾儀衛的音樂。捧桌、獻酒之際，奏內監樂。其他則如同上奏進行。」

接著，禮部表示：「大大賞賜喀爾喀眾人、下詔宣諭之後，令鴻臚寺的鳴贊官傳令喀爾喀眾人，在網城南門前行三跪九叩之禮。皇上不必現身。召集喀爾喀眾人集合列隊的場所，交由理藩院與鴻臚寺負責。」皇上回答：「就這樣辦。」

翌日（五月二日，一六九一年五月二十九日），當土謝圖汗、札薩克圖汗之弟策旺扎卜、車臣汗、哲布尊丹巴・呼圖克圖，以及眾多的諾顏、台吉、寨桑等人奉旨聚集之際，皇帝從行宮南邊高掛的黃色帷幕當中現身，坐上御座之後，讓喀爾喀的汗、諾顏、台吉率眾前進，行三跪九叩禮，按席入座，奏樂，使歌者歌唱、表演餘興，大行酒宴。喀爾喀的汗、諾顏、大台吉等人被帶到御座旁，由皇帝親自賜酒，讓眾人飲用。其他台吉等人，則由侍衛送酒至座位上飲用。

丁亥日（五月二日，一六九一年五月二十九日），赦免土謝圖汗之罪。

向喀爾喀眾人宣布，冊封札薩克圖汗之弟。

皇帝想要「妥善平息兩翼喀爾喀的糾紛」，於是事先派遣內大臣索額圖、一等侍衛吳達禪至哲布尊丹巴・呼圖克圖以及土謝圖汗之處，傳旨曉諭：「在這場會盟中，我會親自召集蒙古諸王、貝勒、貝子、公、七旗喀爾喀眾人前來，你們可以將殺害得克得黑・墨爾根・阿海之事，以及在喀爾喀之地胡作非為之事，在我抵達以前，自行上奏請罪。如果你們不事先請罪，等得克得黑・墨爾根・阿海之子以及眾喀爾喀人陳訴你們的罪狀，我為天下之盟主，要怎麼赦免你們的罪行呢！」哲布尊丹巴・呼圖克圖、土謝圖汗等人表示：「聖主為統御天下之盟主，願憐憫臣等，赦免罪行；我等當謹遵御旨而行。」隨即上奏請罪。上奏文書中寫道：「我們聽聞『札薩克圖汗、得克得黑・墨爾根・阿海兩人要與大多數喀爾喀人分道揚鑣，前去投靠噶爾丹，侵略土地』，於是率兵出征，捕捉兩人加以殺害，結果引發戰亂，擾害生民，這全是我們的罪過。如今親自上奏認罪。懇請聖主明鑑，可否慈悲恩宥我們的罪過呢？」

於是，皇上在會盟之地向車臣汗等人表示：「你們七旗喀爾喀皆為兄弟，卻不和睦相處，而是相互奪取屬民、彼此仇視、毫不善罷干休，這樣的狀況我非常清楚，因此特別派遣大臣讓你們召開會盟，誓言歸還奪取來的屬民。結果土謝圖汗卻違背誓言，以『征討厄魯特』為由舉兵，捕殺札薩克圖汗與得克得黑．墨爾根．阿海。至此，喀爾喀遂人心四分五裂，國破家亡。不過，縱使喀爾喀人已然困窮至極，還能憶起我舊日的恩惠，前來歸順，因此我都一視同仁，對他們加以恩養照顧。如今，土謝圖汗等人上奏，承認所有的重大罪狀。在這場盛大的會盟上，如果要立即處以重罰，我於心不忍，而你們七旗眾人也會名譽掃地、面目無光。但，如果要輕罰的話，如今大家都失去了生活的處所，由我恩養，所以也沒什麼好罰的了。因此，我在這裡譴責他們重大的罪過後，希望能在情理上多所斟酌。札薩克圖汗多年來持續納貢之禮，卻無緣無故受到土謝圖汗的侵害，實為可憐。巴郎．額爾克．阿海要是還在人世，將立即冊封。現在，札薩克圖汗的胞弟前來會盟，應該立刻冊封，以示慈悲。你們眾人怎麼想？」喀爾喀的汗、諾顏、眾大小台吉等人皆奏言：「土謝圖汗自己知錯認罪，蒙聖主明鑑，此事自當就此告一段落。倘若真的治罪，不僅聖主不忍，我等眾人也同感羞愧。另外，札薩克圖汗的屬民離散，想要讓其後裔策旺扎卜承襲受封之舉，實為聖明，我們眾人哪會有什麼意見呢！只能喜不自勝，仰天祝頌罷了！」

依臣等（編注：《方略》的編者）謹見，孔子曾說「知幾其神」，又說「事豫則立」。在事前能夠洞察機先，早一步準備，不是至聖、至明的人，是無法做到的。七旗喀爾喀雖為兄弟，關係的不睦卻也不是一朝一夕之事。後來，土謝圖汗舉兵，殺害札薩克圖汗，加深仇恨，彼此之間的恨意變得更難以化解。皇上之仁無所不覆，光輝無所不及，熟知喀爾喀內部反目成仇的原委始末，是非對錯；倘若沒有事先處理，在會盟之後必定會引起紛爭，若是起了紛爭，則難以顧全雙方。因此，皇上才特地派遣大臣降旨，試圖讓哲布尊丹巴．呼圖克圖以及土謝圖汗領悟，使之認錯，上奏坦承罪過。接著舉辦大型會盟，公開下旨，寬大處理罪過，不追究罪責，赦免土謝圖汗之罪，興滅繼絕，冊封策旺扎卜，於是右翼喀爾喀族人莫不欣喜稱慶，左翼喀爾喀族人則感激涕零。能夠掌握最佳時機，以和平的方式收場，皇上的至聖至明，實在是超越古今啊！

戊子日（五月三日，一六九一年五月三十日），皇帝在多倫．諾爾之地舉辦大型會盟，重賞喀爾喀人稱號與爵位。

這一日，皇帝親自號令八旗滿洲將兵、漢軍火器營將兵，以及總兵蔡元轄下的綠營將兵，排好砲、鳥槍（火繩槍），皇帝本人則是穿著盔甲，盛大檢閱軍隊。結束後，皇帝坐在專屬的黃色帷幕中，賜茶給諸王、大臣及喀爾喀人。皇帝讓侍衛們射箭，力士表演蒙古相撲（搏克）。砲、鳥槍的聲響震撼山谷，眾將士的一進一退，莫不威風凜凜，隊伍的編組和排列整齊劃一，十分壯觀，令眾多喀爾喀族人敬畏驚嘆，讚賞不已。

接著，皇帝又向喀爾喀的汗、濟農、台吉、諾顏等人下詔表示：「我奉承天命，治理萬國，希望治下所有的民眾，都能擁有安居樂業的場所，而且從來沒有內外之別，對所有人都一視同仁。先前你們七旗喀爾喀雖為兄弟，卻互相侵擾，奪取屬民，關係不睦，因此我才特地派遣大臣策劃會盟，讓你們講和。土謝圖汗違背誓言，不遵守會盟中的議決事項，舉兵而戰，結果敗給厄魯特的噶爾丹，國破家亡；汗、諾顏、台吉無法收容保護自己的屬民。屬民們無法保護各自的妻子，紛紛奔逃，進入邊境投靠於我。在你們如此困頓窘迫之際，如果我命令轄下眾多札薩克們各自收容的話，你們喀爾喀族早就滅亡了。然而我心存好生之德，不忍坐視你們滅亡，因此提供你們居住場所，並屢次賜予家畜、米糧，以供生活。保留原本汗、諾顏、台吉的地位，並讓車臣汗襲位。因你們相互偷盜、搶奪，所以增設札薩克，以便管理。因你們向來沒有法典，所以制定律例、公布施行。自古以來，沒有像我這樣保護、培育你們的人。我既然救活了你們，就懷著『更進一步養育你們、讓你們得以恢復』的心情，親自下旨大大賞賜，並出於恩澤所及，親自出席會盟。

在這裡，我看見你們感激之心極為真誠，因此決定將你們和四十九旗視為地位等同，名號也按照四十九旗，以示我一視同仁之心。土謝圖汗與車臣汗的汗名，皆保留原狀。札薩克圖汗受害之事，實屬冤枉，其屬民離散受苦，實為可憐。因此封其胞弟策旺扎卜為和碩親王。札薩克墨爾根．濟農．顧祿什希、札薩克昆都倫．博碩克圖．滾布、札薩克信順．額爾克．戴青．諾顏．善巴、札薩克台吉．色稜．阿海、札薩克額爾德尼．濟農．岔楚克．喇卜灘伊等原本屬於札薩克的首長，各自廢除濟農、諾顏等名號，皆授為多羅郡王。台吉噶爾旦為土謝圖汗的長子，在枯倫．白爾齊爾會盟之後，不時請安，因此授為多羅郡王。車臣汗的叔父札薩克額爾德尼．濟農．納木札爾雖是新札薩克，但因其勸車臣汗率領十萬人前來歸順，並率先奏請『想與四十九旗同列』，值得嘉獎；因此，依照舊札薩克之例，改濟農名號，授為多羅郡王。車臣汗的族叔札薩克額爾克．台吉．車卜登，在與厄魯特的戰事之中奮戰，並在探取情報之時，不吝捐出自己的馬匹，讓事態不至於延遲，因此授為多羅貝勒。台吉西地西里為土謝圖汗的胞弟，屬民頗多，並與土謝圖汗一同前來歸順，授此人為多羅貝勒。車臣汗的叔祖（祖父之弟）車臣．濟農．車卜登．達賴．濟濃阿南達、額爾德尼．濟農．布達扎卜．伊爾登．諾顏．達里、車臣汗的叔父伊爾登．濟農．岔楚克等人，為車臣汗的叔祖及叔父，過去都奉旨擔任濟農，此次也改掉濟農名號，授為固山貝子。白蘇特的察罕．巴爾．諾顏．博貝．布札，雖是新札薩克，不過在喀爾喀之地時便預先上奏表示：『喀爾喀基業不保，日後必定會崩壞。若喀爾喀崩壞，我一定會來歸順皇上。』日後，當喀爾喀基業崩壞之際，他果然實踐其言，前來歸降，值得嘉獎，因此也授為固山貝子。洪俄爾．

戴青旗分協理旗務台吉韓都，率先帶領眾人前來歸順，奮鬥後負傷，授為鎮國公。土謝圖汗族中台吉蘇泰．伊爾登、額爾克．戴青．諾顏．善巴族中台吉托多．額爾德尼等人，誠心來歸順，並為兵事盡心竭力，授兩位為鎮國公。土謝圖汗的札薩克台吉．車木楚克．納木札爾、札薩克台吉班珠兒．多爾濟、札薩克達爾漢．台吉．巴郎、車臣汗的札薩克．額爾德尼．阿海．車稜達什、札薩克台吉．額爾克．色稜達什、札薩克台吉．顧祿札卜、額爾克．戴青．諾顏．善巴的札薩克衛徵．諾顏．阿玉什、札薩克台吉．丹津．額爾德尼、額爾濟根底下的札薩克台吉吳爾占、札薩克墨爾根．濟農．索諾木．伊思扎卜等人，皆授為一等台吉。至於其他有功的台吉、以及應授予位階的台籍，則下詔該部，命其逐一詳查，務使所有人都得到應有的位置。今後，你們要感恩我的慈愛與養育，各自遵守法度，敬順而行。如此一來，你們的生活會漸漸地富足豐饒，福延子孫，代代蒙受恩惠。若是違法作亂，將會敗壞你們的生計，且國有法令，一切按照律法處之。將這些內容公告給各自所屬的人們知道，使其通曉。」

緊接著，皇帝賞賜土謝圖汗、哲布尊丹巴．呼圖克圖、札薩克圖汗之弟策旺扎卜、車臣汗銀各一千兩、以及銀器、蟒緞、綵緞、布疋、袍、帽等物。至於濟農、台吉、寨桑等人，也依照品級，大大賞賜銀、綵緞等物，並按照這些人的品秩，授予其子弟台吉之位。內（蒙古）四十九旗的王、貝勒、貝子、公、台吉等人，也依照位階賞賜帽、袍、銀兩等物。下旨恩賜親王策旺扎卜

「坐車臣汗的上位」。

當時，皇帝賞賜策旺扎卜四匹駱駝、十匹馬、五十隻羊，念「策旺扎卜年幼，且其屬民皆已離散，恐怕會流離失所」，於是委託歸化城都統、副都統「懇切地保護並撫育之」；又下旨給尚書班第等人說：「策旺扎卜雖授為親王，但是他的祖父、父親都是有功之人，因此讓策旺扎卜坐在車臣汗的上位。」

己丑日（五月四日，一六九一年五月三十一日），科爾沁土謝圖親王沙津等人率領四十九旗的王、貝勒、貝子、公、台吉、塔布囊，奏請獻上尊號。

沙津等人上奏表示：「自從太祖、太宗開創政事以來，臣等蒙受隆恩，躋身顯貴。如今因聖主赫赫聲威，身處太平，人民也得以各自獲得安樂生活的場所。如今，就連自古以來一直身處化外的七旗喀爾喀，其領袖土謝圖汗、車臣汗等人，也因仰望皇上的聲威與強大力量，親自前來叩首歸順，實在是令人驚嘆。厄魯特的噶爾丹不自量力，竟敢來犯天兵（清軍），結果在皇上聖威下，大破噶爾丹兵，斬殺多人，噶爾丹潰亂，恐懼之下立誓而逃。由此看來，噶爾丹總有一日，必然會像喀爾喀一般，除前來歸降之外，再無他路可走。又，俄羅斯國的察罕・汗（俄羅斯皇帝）也會一道同軌，謹遵聖旨。愈是思考這些值得令人驚嘆之事，愈是讓我們感到愉悅，因而誠惶誠恐地奏請獻上『德威廣被率土賓服道法光明不可思議上治至聖皇帝（眾人遵從德化之威信，道法如太陽一般閃耀，至高無上的上治聖汗）』之尊號，願內外皆安樂祥和。懇請睿鑑，望皇上能收下我們眾人的心意。」皇帝表示：「平定吳三桂之後，便有許多王及大臣們奏請，要為我獻上尊號，但我均未允許。這是我身為上位者該做的事。既然以前沒有接受尊號，那麼現在也沒有理由接受。將這些話傳達給各王知曉。」

【講解】

這份史料，是從清朝對噶爾丹戰役的官方戰記《親征平定朔漠方略》（一七〇八年）滿文本中翻譯而成，內容是有關多倫・諾爾會盟（本書一一〇—一一三頁）的記錄。《親征平定朔漠方略》雖有漢文本及滿文本，不過當時清朝的內亞政策，是以滿文文件形式進行交流，所以較為完整保留原始文件內容的資料，應為滿文版本。

首先，在會盟展開之前，從康熙皇帝與理藩院、總管內務府等相關機構詳細討論歸順的喀爾喀首領們之座位安排、會盟的流程等內容，務求事前準備周全的情境，可以感受到康熙皇帝的用心與在意。

接著，文中記錄了皇帝針對造成喀爾喀兩翼對立、並導致喀爾喀被噶爾丹趕出蒙古高原，逃至南蒙古的直接原因——札薩克圖汗被殺一事，要土謝圖汗認罪的經過。康熙皇帝事先派遣使者到土謝圖汗以及哲布尊丹巴．呼圖克圖之處，要求他們自己主動出面認錯，皇帝會接受土謝圖．汗等人的認罪，赦免罪過，並在會盟上斡旋，協助他們與喀爾喀其他首領進行和解。這是康熙皇帝召開多倫．諾爾會盟的最大目的。在記錄中，例外的記下編者按，稱讚康熙皇帝的「至聖至明」，以周全的計畫成功和解喀爾喀各首長的關係。

不只如此，在會盟當天（康熙三十年五月三日），皇帝也發表了對喀爾喀首領們的封賞，將全員與八旗首領及南蒙古首領等齊，封賜清朝的爵位。不過，皇帝仍然破例繼續保留了土謝圖汗與車臣汗的汗號，爵位在親王之上；被殺害的札薩克圖汗之弟策旺扎卜雖被封為親王，不過也被允許與土謝圖汗與車臣汗享受同樣等級的待遇。如此一來，喀爾喀人成為清朝的臣民，康熙皇帝便有正當的理由，為喀爾喀人從噶爾丹手中奪回北蒙古。

（楠木賢道）

貳、皇太子廢位上諭

——《清內閣蒙古堂檔》十七冊，四一二—四二八頁

奉天承運，皇帝詔曰：我受天命，繼承祖先偉業已近四十八年，不分晝夜，勵精圖治，不求安樂，只求尊敬上天、心繫百姓。我認為天生眾民並立君主的理由，就是要君主慈悲養育百姓，不讓人民流離失所。為此，我盡心地詳細視察天下百姓生計，徹底探問，不曾遺漏任何細微末節。只要能拯救人民的困苦，我便不惜國庫錢糧，支出數千萬兩，廣施恩惠。不只如此，我每年減刑、赦免死罪的人數，也不少於成千上百。如此克盡君主之道，慈愛百姓的行為，是王業得以恆久的真正綱領；故此，我恪遵祖先所遺留下來的家訓，並希望將這種典範遺留至後世，讓後人都能效法。

立胤礽為太子之後，我總是教他領悟這些道理，並任命有名望的大臣，為太子講授性理之學，就這樣過了相當長的一段歲月。然而，太子的個性違背常理，更不合我的心意，全然與我的教誨背道而馳，所犯下的罪過也愈來愈嚴重。即便如此，我在內心還是期盼他可以真心悔改，因

此屢次帶著胤礽一起，到南方的江南、浙江、西方的山西、陝西出巡，希望他能認識各地的風俗，理解民眾的困苦。沒想到，他居然從總督、巡撫、各官員手上取得銀兩、財物，他手下的奸惡黨羽也為所欲為的勒索、搶奪。這片土地上所生所長的財物，全都是民脂民膏。我再三叮囑胤礽應該儉約，但是他卻反而追求奢侈，隨心所欲的行動，完全不改惡行；他不只向地方官勒索錢財，還奪取外藩賓客貢納的馬匹等物品，甚至還屢次擅自取用內外府庫的錢糧。讓官民受苦至極。如今，他的暴虐、淫亂、惡行日益加劇，甚至連許多王、大臣、官員都受到侮辱，無人不感到痛苦。先前，我察覺他和索額圖、長泰一同密談，策劃計謀，於是殺死索額圖，結果胤礽因此心存怨恨；最近，他甚至懷抱著不軌的念頭，偷窺我的營帳。觀察胤礽的種種行徑，我推斷大概是被什麼鬼怪附體，發狂成病所導致。在《書經》中有言：「天視自我民視，天聽自我民聽」。人心有惡，天也必惡。祖廟、社稷之事關係如此重大，我又怎能將祭祀委託給這樣的人呢？

我反覆思量，已無計可施，只能在康熙四十七年九月十八日奉皇太后懿旨，向天地、太廟、社稷焚香奉告，廢太子之位，並將之逮捕監禁。如此作為，是上為安定祖業，下為安樂官民。如今關於廢位之事已逐漸明朗，因而詔告天下，讓內外知悟。因為胤礽狂妄的收取賄賂，暴虐無道，受苦受害者甚多，我內心非常地憐憫與同情。是故，在此我重申，施政當以寬仁為本，顯示廣被恩澤之意，以養天下，從而光耀國之根本，行萬年悠長之道。為求雨露均恩，我從宮中發下寬大的聖旨，將此廣詔天下。康熙四十七年九月二十四日。

康熙四十七年九月二十四日，為了將詔書送給蒙古札薩克首領，由理藩院上奏請旨時，皇帝下令「與大學士們一同商議後上奏」；於是理藩院謹遵旨意，同日由大學士馬齊、溫達、（理藩院）尚書公爵阿靈阿、侍郎滿篤、薦良等人一同口頭上奏：「過去有將詔書送至外藩蒙古的例子，也有不送的例子。因為蒙古有貢納的義務，這次想刪除詔書上（有關恩養）的條目後送出。」皇帝下旨：「那就刪除條目後送出。」於是理藩院遵旨，交付侍讀學士諾姆奇岱（音譯，nomuchidai）、主事貝謝歐（音譯，besheo）等人「進行翻譯」；他們隨即與党項文（藏文）學司業阿爾畢特胡一同將之翻譯為蒙古語，於十月朔日（初一）交給禮部儀祭司員外郎白善（音譯，Byshan）。同月十六日，理藩院再度請旨：「請禁止送詔書去的官員們收取札薩克獻上的禮物。」皇帝下旨：「青海、哈密地區因為還沒有進行旗、佐領的編制，因此應當中止遞送詔書。至於別的地方則中止『下詔』，轉以『降旨』遞送。」理藩院遵旨，於同月初七日，由侍讀學士諾姆奇岱、主事貝謝歐、福瓦相（音譯，Fuwashan）等人，將收到的「滿蒙詔」字樣，改為「降旨」，讓大學士馬齊、溫達等人過目後，隨即委託給禮部的堂主事和順（音譯，Hoshun）。

【講解】

這是一份用來向蒙古首領宣達康熙四十七年九月二十四日廢太子聖旨的史料。正如後段有關文件處理流程的記錄所示，這是由接受康熙皇帝指示的理藩院長官（尚書）、副長官（侍郎）以及內閣大學士一同修整滿文文案，接著讓負責翻譯的侍讀學士等譯為蒙古文。此外，康熙皇帝指示，對於即使已經表示歸順之意，但尚未編整為旗、佐領的青海和碩特和哈密穆斯林王公們，不送達這份文件，至於送達其他地區王公手上的文書，則不以「詔」的體裁，而是用「旨」的形式，於十月七日由侍讀學士們改寫後，經過大學士的確認，透過禮部送達。換句話說，按照康熙皇帝明確的意志，這份皇太子廢位之詔，其下詔對象並不只是隨著皇帝一同前往圈獵的諸王、大臣、侍衛、文武百官等，也必須傳達給當時已編制為旗、佐領的南北蒙古首領們。當時，儘管包含喀爾喀諸部在內的蒙古勢力，因與噶爾丹戰役為契機而前來歸順，但清朝周遭的內亞局勢仍然不穩；在這種狀況下，康熙皇帝為了將他們與清朝緊密地連結在一起，有必要展現決心，發下公告，告知皇太子的圖謀不軌，以及廢位的決定。

又，在皇太子廢位之旨的本文中，記載著當皇帝難以決定有關皇太子的處分之際，是遵從皇太后的指示，痛下決斷。這裡的皇太后，是出身科爾沁左翼中旗的孝惠章皇太后，她代替康熙皇帝早逝的生母——孝康章皇太后，撫養康熙皇帝長大。就像在本書中屢次寫到，康熙皇帝即使在為了與噶爾丹決戰而出征的途中，也屢屢透過皇太子向皇太后請安，而皇太后也相當關心康熙皇帝的安危。在這份史料中雖然沒有具體的表現，但是應該可以想像得到，關於皇太子的問題，康熙皇帝也會向皇太后傾訴苦惱與煩憂的狀況。

（楠木賢道）

參、皇太子復位之旨

——《清內閣蒙古堂檔》十七冊，四九二—五二二頁

奉天承運，皇帝詔曰：我認為之所以立嫡子，是為了繼承、守護祖先的祭祀，同時也攸關國之根本；故此，這件事應當視為極大的喜慶，且必須要嫡子能夠修身、行德、專心勵學，在宮中顯露頭角，贏得官民一致好評，才能讓他執掌祭器，並舉行這樣的盛典。皇太子胤礽久居東宮，名聲向來良好，盡孝至誠，恭敬克己，沒想到竟罹患瘋癲狂病；我因為考慮到祖宗遺留下來的偉業，以及萬邦民眾的生計，事關重大，深思熟慮之下，不得已作出將他廢位的決定。其後，經過觀察，當國家遭逢此等大事之際，生性奸惡之徒紛紛以此為藉口，率領朋黨滋事挑釁，我認為日後必定會起亂事，因而追究始末，調查詳情，得知胤礽患病全是因妖術所致，持續努力治療之後，他的病況也改善了許多。這幾個月以來，我因為這些事情鬱憤煩心，精神耗損衰弱之時，胤礽不分晝夜地隨侍在旁，擔心苦惱的情緒都展現在臉上，親自細心調配藥劑，照顧寢居飲食，十分誠實、恭順，絲毫沒有懈怠，日益顯現他的良善德性，足以繼承鴻業。這全都是蒙受上天恩

惠、祖宗福德，默默協助，讓我們的國家得以永久。今日，我特地祭告天地、祖先、社稷，令人詳細調查典禮，於康熙四十八年三月十日，授與冊、璽，再次將胤礽立為皇太子，正位東宮，以團結四海之人心，弘大萬年之偉業。成就這項值得慶祝的大事，應廣被宏恩。以下記錄應行之事：

○一件，派遣官員至五嶽、四瀆、長白山等祭祀地點，舉辦祭典。調查過往例子後執行。

○一件，派遣官員至歷代帝王之陵墓、先師孔子之陵墓，舉辦祭典。按例實行。

○一件，歷代帝王之陵墓若有荒廢之處，讓管轄區內的總督、巡撫等人調查後上奏，進行修整。

○一件，人民的生計，與大臣、官僚的清廉公正密切相關，因此鼓勵清廉，也就是救濟百姓。今後，部院、總督和巡撫要經常上奏報告轄下著名的清廉官僚。我必定會試用，若為真，也會獎勵上奏者仔細辨別之功。是故，關於此事，切不可妄圖欺瞞、或是隨意上奏，舉薦一些自己認識不夠清楚的人。

○一件，現今天下太平，各省兵力無用武之地。不過，為了取得西土（西藏）和策妄阿拉布坦方面的情報，我們仍需頻繁地派遣大臣、章京、筆帖式、領催，並利用西寧、肅州總兵轄下的軍營和兵馬。將兵們為了報答我平日的撫育，絲毫沒有吐露一句怨言，但在我心中則是深深的憐憫他們。讓轄區內的總督、巡撫與提督、總兵一同商議，看是要恩惠兵員，或是要準備其他東西賞賜貧窮的兵員們，盡快決定後上奏。

〇一件，沿海的將兵們，選定日期，潛伏在大洋之中捕捉盜賊，總是吃了許多苦。出動的船隻、將兵的人數、出海幾次、是否抓到盜賊，或是是否負傷等事，每每出動之際，都要上奏報告。在這當中，有該獎勵功勞、或是該賞恩之處，我都會深切理解，然後下旨處理。

〇一件，總督、巡撫，是身為地方之長的官員，他們所聽聞的地方好壞消息，必定是正確的。故此，若地方上有熟知各種錢糧計算、節省支出，以及有利兵民好事的人物，督撫在把握實情後，便應逐一上奏報告。若是真的實行後，能夠得到明顯成果，我必將馬上破例拔擢重用這些人。

〇一件，調查受災害所苦的地區，免除公稅，若是管轄百姓的官員未能遵行此事，反而強加榨取，豁免地方豪強，讓真正貧苦百姓無法獲得恩惠的話，一旦察覺罪狀，絕不饒恕。

〇一件，天下的驛站狀況艱苦。如果有官員隨意利用驛站，讓驛站飽受痛苦的話，管轄內的總督、巡撫應立即彈劾上奏。若有所隱蔽，連帶處分。

〇一件，有七十歲以上的兵民，免除一壯丁，使之養護照料，免除全部雜役。若有八十歲以上的人，賜予布匹一匹、棉一斤、米一石、肉十斤。若有九十歲以上的人，賞賜兩倍。若有百歲以上的人，明白上奏報告，賞賜立牌坊的費用。

〇一件，有關孝子、順孫、義夫、烈女，轄區內的地方官應詳細調查實情後上奏，彰顯其德。

〇一件，各地若有德性良好，隱遁山林的賢者，各省的總督、巡撫要詳細調查實情後明白上奏。我將起用。

〇一件，官吏、兵民叛逃、子孫殺害祖父母或父母、族內通姦、妻妾殺害或告發丈夫、奴婢殺害主人、殺害未犯死罪的一家人中的三人、吃食嬰兒、割下吃食女性乳房、計畫或是故意殺人、以妖術或毒藥殺人、謊稱強盜，除了這十種正式死罪不予赦免之外，建造宮、殿、陵墓卻不堅固並謊報錢糧、製造軍船、武器等物品卻不能使用，空費（國家）錢糧、軍事之罪、貪官貪汙衙役之財的罪行、監守自盜之罪、詐取公庫銀兩之罪、虧欠錢糧、漕糧之罪、為難驛站、間諜或是無賴誣告人反叛、放火通姦而殺人、以及與朝鮮人參之事相關之罪，也全部不予以赦免。其他死罪皆減一等。鬥毆、殺人者，按照往例，督促犯罪者交出四十兩銀，給死者家屬。康熙四十八年三月十一日之前，無論是否告發或審理結束，皆全赦免。

〇一件，各地的盜賊，其實都是因事所逼、陷入飢寒交迫的地步、或是被貪官追討錢財的行為逼到走投無路的人，實為可憐；因此，只要他們願意痛改前非歸順，就赦免其罪。

〇一件，河道、漕糧相關之事十分重要；故此與河道、漕糧有關的各種罪行，不准赦免。

〇一件，與反叛、殺人、強盜等有關的罪行，為了查證口供而延後審理，可能會讓無罪的囚人冤枉死去。故此，有關部院、直隸及各省的總督巡撫，要查明事實審理，對照口供。若無證據，或是情有可原、值得懷疑之事，應立即上奏加以釋放。

正逢春陽之際，和氣滿溢宮廷，宛如海水浸潤，令人驚嘆的恩惠廣及天下。公告內外，使眾人聞知。

康熙四十八年三月十一日

康熙四十八年三月二十一日，理藩院為了將詔書翻譯成能向蒙古札薩克首領公告的版本，送來了一份蓋印的文件。侍讀學士諾姆奇岱、主事貝謝歐收下文件後，隨即與党項文（藏文）學司業阿爾畢特胡一同翻譯，並於同月二十五日，將滿文版本、以及翻譯完成的蒙文版本，於同月二十五日交給禮部主事和順。

【講解】

這是一份將康熙四十八年三月十一日皇太子復位的聖旨，傳達給蒙古首領們的史料。正如後段有關文件處理的記錄所言，三月二十一日，內閣侍讀學士等人從理藩院手上收到滿文聖旨，將之翻譯為蒙古文，並將滿文聖旨、蒙古聖旨各一份於二十五日交給禮部。

這個時候向蒙古首領宣佈的蒙文聖旨文件，有一份被收藏在內蒙古大學蒙古學學院中；據說這是在二〇〇五年春天，一位從蒙古國前來的旅人所帶來的。這份文件上方長三百五十公分、下方長三百五十五公分、左九十九公分、右九十七公分，呈長方形，紙質事木版印刷的染黃紙，共四張橫貼而成，三個接合處和最後的日期部分，蓋有漢文「皇帝之寶」和滿文「han-i boobai」的印章（以上，齊木德道爾吉〈關於康熙四十八年蒙古文復立皇太子詔〉*QUAESTIONES MONGOLORUM DISPUTATAE* VIII，二〇一二年，一一九—一四七頁）。由此可見，這份文案在康熙四十八年三月二十五日委交給禮部後，便被製成木版印刷的文件，送至各個蒙古首領之處。從使用木版印刷這件事，可以想見皇太子復位之旨，必定印刷了非常多的數量送出。正如廢位之旨，是在圍繞著清朝的內亞局勢仍不安穩的狀況下，為了將包含喀爾喀的蒙古勢力與清朝緊密連結在一起而廣發出去，那麼皇太子復位的理由，當然也有必要向蒙古社會公告，以贏得信賴。

故此，它與前引的〈皇太子廢位之旨〉同樣，是在委託給禮部之後，製成木版加以印刷，再送至各蒙古首領之處。

（楠木賢道）

肆、康熙皇帝密旨步軍統領托合齊，監視大阿哥胤禔行動之上諭

——館藏於中國第一歷史檔案館，宮中檔滿文硃批奏摺，六九—五〇八—四—九二，托合齊、內政（職官）、康熙一八件、七一—七三條目（《康熙朝滿文硃批奏摺全譯》四一〇六、無年月〔一六五三頁〕）

向步軍統領托合齊下旨。儘管所有大事已經塵埃落定，但是大阿哥的行為，實在是極為過份。然而其黨羽仍有疑懼，為顧及性命，恐怕將鋌而走險，故我心中的疑慮，實在難以止息。這些骯髒之徒，究竟要做到何種地步才夠呢！非得把人牽連下水、獲判死罪才行嗎！近來聽到風聲，大阿哥屬下的惡黨揚言：「只要我們的阿哥寫張紙條給托合齊，他絕不敢晚上不開（北京城的）大門啦！」大阿哥原本就厭惡你。我很清楚的知道，他曾說「必定要殺掉你」。除了他以外，其他也有很多人說過想殺掉你。你自己應該也心知肚明。馬齊父子、我的包衣牛彔、渾托豁的佛保等人，皆是已與皇太子反目之人。他們大多是謀求自身利益，認為要是迎合大阿哥，或許會得到些好處。你要多加留心，不時在私底下打探消息向我報告。這些事情，你絕對不能輕視，

畢竟這可是攸關你全家的性命。就算是你的妻子，也不能洩漏消息。因此，以機密手諭下達。

【講解】

這份滿文諭旨的書寫日期雖然不詳，不過從內容來判斷，是康熙四十七年遭廢位的皇太子（二阿哥胤礽），於翌年三月復位之後不久的事，故此可以推測應該是在康熙四十八年四月（十四日？）書寫而成。內容是關於在廢皇太子前後期間，於檯面下動作頻頻的康熙皇帝長子——大阿哥胤禔（鑲藍旗直郡王，四十七年十一月革爵）的現狀，顯示出康熙皇帝的警戒之心（請參照本書二九二—二九三頁）。

接受滿文諭旨的步軍統領托合齊為滿洲正藍旗人，負責掌管京師的警察權以及各城門開閉的重要職務，且是皇太子朋黨中十分有勢力的成員。當時的康熙皇帝認為皇太子諸多惡行的原因，是來自於大阿哥胤禔等人的詛咒，內心還是期待皇太子的恢復和改過。因此，康熙皇帝嫌惡的矛頭便轉向大阿哥胤禔，可以清楚的從諭旨內容中看見這份情緒。

另外，在諭旨中述及的馬齊（原任武英殿大學士，四十八年正月革職），原為滿洲鑲黃旗人，在八阿哥胤禩以多羅貝勒的身分被封賜到正藍旗之際，以正藍旗人的身分移轉至胤禩的旗下。八阿哥胤禩在康熙四十七年十月曾一度被革爵（翌年復爵為貝勒），在當下的時間點，馬齊有可能要回到鑲黃旗之下。不管如何，馬齊與皇太子反目的關係，讓康熙皇帝擔心馬齊等人可能會傾向加入大阿哥的陣營（馬齊的旗主八阿哥胤禩，是由大阿哥胤禔生母——惠妃葉赫那喇氏撫養長大，關係親密）。

在諭旨中，皇太子的名字，以及廢皇太子後，集宮廷內擁立呼聲於一身的八阿哥胤禩的名字皆未出現，但是他們之下有權勢的朋黨之名在諭旨中登場，在思考皇位繼承候選人之間的關係方面，是相當有趣的史料。

（鈴木真）

伍、第巴（桑結嘉措）上奏報告達賴喇嘛五世之死

——《清內閣蒙古堂檔》十四冊，二九四－三一三頁

第巴上奏文。憑藉深廣福德之力一統天下萬民，宛若純淨無瑕蓮花的文殊師利皇帝陛下，謹在您跟前恭敬合掌上奏。您那即便是世世代代再怎麼努力也無法報答，令人驚嘆的寬大舉動，就像是天威一般庇佑著我們。您那掌握一切的偉大姿態，就像是從聚集眾生福祿的海洋中浮現、照耀大地的日月之光，讓人看再多都不覺滿足，又有如光輝燦爛的月亮一樣，將天下眾生帶領到太平盛地。員外郎（主事）保柱、薩哈連兩人帶來慈愛扶持的詔書以及賞賜的六足緞布，前來（與我）會面並賜予物品。聖旨非常的慈愛寬厚。我們也會謹遵達賴喇嘛六世的指示，如同過往一樣行事。關於隱藏達賴喇嘛圓寂消息之事，布達拉宮方面就連達賴汗也沒有告知；就算是在我們身邊隨侍的人們，除了減少每年聚集祭祀之事以外，也沒有告訴他們。故此，未能向偉大的皇帝陛下以及眾人上奏，實在是不得已，實在是因為要遵守偉大的達賴喇嘛五世所啊！關於達賴喇嘛遺言的事，我已經派遣尼麻唐・呼圖克圖和卓爾磨隆・堪布等人前往上奏。

至於譴責博碩克圖的事情（青海和碩特的博碩克圖・濟農與噶爾丹結為姻親之事），感謝聖主明鑑，讓我的心胸放寬不少；畢竟，之前策妄阿拉布坦上奏批評此事之時，陛下下達了嚴厲的聖旨，讓我內心非常愁苦。隱瞞偉大的達賴喇嘛五世（圓寂）之事，正如同先前上奏的內容一般，實在是萬不得已之舉，對班禪・額爾德尼，我也感到相當抱歉；關於這點，相信聖主應該也能睿智明察才對。有關達賴喇嘛六世降生一事，自偉大的班禪和根敦朱巴（達賴喇嘛一世）以來，歷代達賴喇嘛的轉世，以及班禪・額爾德尼的轉世等，這些高貴偉大的喇嘛們在轉世方面，從來都不需要別的喇嘛過問，或是加以認可。除此之外的事情，先前都已經上奏。偉大的達賴喇嘛六世「珠璣玉言，充溢人心」的歷史十分明確；因為這就像是昭昭天日，無法用手掌掩蓋一樣，所以迄今為止，我們並沒有讓其他喇嘛（對達賴喇嘛）進行認證。即便是偉大的班禪・額爾德尼，縱使他身為班禪五世，但也是在現今的肉體誕生之後，才根據前世的種種思維，開始為我們獻上虔誠的祈禱與祝福。另外，黃帽教義下的集合祭祀，是比任何其他事都來的有益的事，故我非常盼望能夠持續舉行。儘管策妄阿拉布坦先前上奏批評過我們，但睿智的皇帝陛下應當能深深明瞭西藏的一切狀況，所以我就沒有再重新上奏爭辯了。又，關於偉大的班禪・額爾德尼（前往北京）之事，是因為他沒有得過疱瘡，有點擔心，所以才遲遲不動身，並不是我們希望他留在這裡啊！自從先前內齊・陀音邀請（班禪至北京）以來，我就竭盡全力地遊說「應該前往」，從未阻止。尼麻唐・呼圖克圖、卓爾磨隆・堪布等和尚，都很明確了解這點；對於我的盡心竭力，三寶可鑑。如今，班禪・額爾德尼也已經將自己的理由清楚地上奏了。

不只如此，我還屢次派遣使者、遞送文件到班禪之處，表示「考慮到皇上心意，應該馬上在今年前行」，而班禪方面也在十月二十三日告知，「將在辰年（康熙三十九年，一七〇〇年）前往」；我想是因為已經接近年底，不方便前行的緣故吧！至於卯年（康熙三十八年，一六九九年）是班禪出生之年，相信皇上明察，知道在漢地、蒙古和西藏都應該齋戒之事。總之，無論再如何催促，班禪現在就是無法動身，但動身時刻不會晚於辰年三月，在那之前，能否請您不要再派遣使者過來呢？另外，在身為一切勝者的偉大神聖宗喀巴等尊貴聖人和歷代達賴喇嘛的轉世記錄，以及達賴喇嘛五世的編著中，都有明記：「要閱讀受眾人深深仰賴的聖者所撰之高貴經典、將它們教導給眾人，並為了西藏的平安讀經。」加上達賴喇嘛五世又有遺言：「要和我在世時後一樣不斷供奉。」所以我們只能持續盡力供奉，絲毫不敢懈怠。達賴喇嘛六世也會努力仿效前世的行跡，絕不會做出有辱前世之事。

喇嘛們入法門之時，相當看重剃髮的儀式；例如，達賴喇嘛四世雲丹・嘉措的頭髮，就是讓先前的班禪剃下。這點雖然並沒有明確規定，但是現今的班禪・額爾德尼為達賴喇嘛六世剃髮，尤為眾人所知。故此，六世不只是身為黃帽教主的大喇嘛，還是遵照陛下意旨而行的人。「今後也當恪遵陛下旨意，屆時還請再派使者前來」；我們還來不及將這句話說出口，結果又有人（策妄）上奏誹謗我們，故此我們十分苦惱，擔心陛下或許會有所責備；在此能否懇請陛下明鑑，察知我們向來未懷二心呢！除此之外，我們從未行明知故犯之事，但（策妄）卻肆行挑撥、在上奏中對我們大加批判，此事也請陛下務必明鑑！先前，達賴喇嘛六世也（向班禪）送上「應該接受邀請前行」的信件。兩位員外郎抵達後，我們也再次向班禪鄭重表示「應該前行」，但札什倫布寺方面還是作出「無法前去」的決定；這番回覆與對我們多所非難的聖旨一同到來，所以我們又派人送去「希望能夠遵從陛下的旨意」的信件，然後明白上奏，表示我們已經盡了全力。如果真的是不得已之事，陛下想必也不會責難吧！

後來，我們終於從班禪那裡獲得了「辰年三月前行」這個正面回應，班禪自己應該也向陛下上奏了吧。雖然算不上全然符合陛下的心意，但為了恭敬謹慎起見，我們也只能尊重般禪的意志，不再派人過去叨擾他了。在這方面，我們也是把它當成好像自己的事一樣在盡力促成啊！我們之所以派遣尼麻唐・呼圖克圖前來您這裡，就是因為在聖主您的嚴厲旨意下，要清楚表達達賴喇嘛六世心中的誓願，對此感到深切重視之故啊！在這方面，我們也會盡可能地竭盡心力，把話全都說得清楚明白。能夠讓無可比擬的聖者——宗喀巴和達賴喇嘛的教誨再次從東方興起的大施主，除了皇帝陛下之外別無他人；故此，希望在辰年，我們還能不斷收到給班禪・額爾德尼溫厚的詔書、給達賴喇嘛六世鄭重冊封的詔書、以及給我們慈愛慰勉的詔書。從達賴喇嘛五世造訪北京開始，至今為止，佛教政治始終團結一致；辰年班禪前往之後，希望您能夠像達賴喇嘛五世一般，仿照先例，特別慈愛看待達賴喇嘛六世。期盼以偉大的達賴喇嘛六世為首，繼續賜予我們特別的慈愛、憐惜、恩惠的旨意。與記載作為供品的寶珠、毛織品的清單一起，於十一月第一個吉日，從覺阿（jor，即拉薩城）上奏。

【講解】

這份史料，是達賴喇嘛五世的攝政桑結嘉措於康熙三十七年十一月，在拉薩寫下的上奏文滿文譯本。從《清內閣蒙古堂檔》第十四冊、三二四—三二五頁的文件處理記錄中，判斷是在康熙三十八年二月五日送達康熙皇帝手上。

這份奏書的原文，被認為是以藏文書寫而成，在西藏自治區檔案館中，館藏有類似內容的藏文檔案稿件（《元以來西藏地方與中央政府關係檔案史料彙編》第二冊，三〇四—三〇六頁）。不過，根據文件處理記錄顯示，康熙皇帝派往西藏的員外郎保柱和薩哈連帶回的是蒙古文奏書，應該是桑結嘉措令人翻譯為蒙古文後，再交到兩人的手上。康熙三十八年二月五日，出門狩獵的康熙皇帝收到這份奏書後，依照皇帝的指示，由內閣將之翻譯為滿文，再次上呈給康熙皇帝閱覽（這份譯文就是基於康熙皇帝實際上過目的滿文奏書翻譯而成）。

在這份史料內容中，詳細記錄下當時在清朝與西藏之間造成問題的各種事件，清楚顯示出在本書中的「攝政王桑結嘉措」與「達賴喇嘛五世死訊的公諸於世」兩節之後，桑結嘉措與康熙皇帝之間如何進行交涉的過程。奏文雖然較長，不過關於隱匿達賴喇嘛五世死訊之事，以及班禪喇嘛訪問北京這兩點，桑結嘉措則是不厭其煩地細細說明與解釋。因為他在說明自己一直以來的行動和判斷依據時，混雜了各式各樣的歷史事實和文件內容，所以是份非常難讀的文件。

有趣的是關於隱匿達賴喇嘛五世死訊之事。在這篇史料中，桑結嘉措說，自己並未向達賴汗洩漏這項秘密，但是在本書所引用、首次公開達賴喇嘛五世死訊的訊息中，他則表示根據護法神乃崇的指示，已經向達賴汗報告。事實上，桑結嘉措很早就向達賴汗告知達賴喇嘛五世的死訊，面對康熙皇帝的質問，則是多次更改說詞，展開交涉。另外，康熙皇帝因為不信任達賴喇嘛六世和桑結嘉措，認為應該和班禪喇嘛構築信任關係，所以打算邀請班禪喇嘛前往北京；但是就連和班禪喇嘛的交涉，桑結嘉措也介入其中，因此就如這篇史料中可以看見的，邀請喇嘛到北京之事的交涉，也是毫無進展。因為和桑結嘉措的交涉如此艱難，可以推測康熙皇帝在內心當中，對桑結嘉措的懷疑必然更深一層。

此外，在本文前半部，桑結嘉措曾提及有關策妄阿拉布坦之事；在清朝與西藏之間，在這之後也是一面意識著準噶爾的存在，一面進行交涉事宜。誠如本篇史料所示，因為與噶爾丹之間的關係，讓西藏的重要性大增；故此，對康熙皇帝而言，西藏情勢因為牽扯到懸而未決的準噶爾問題，所以不能不特別慎重以對。也正因此，就算是在噶爾丹死後，皇帝還是一面意識著策妄阿拉布坦的存在，一面面對如此難讀的文件，慎重且有耐性地繼續與桑結嘉措進行交涉。

（岩田啟介）

後記

作為藤原書店「清朝史叢書」的第一冊，我在三十三年前的著作《康熙皇帝的書信》（中譯）經過增補與改訂後，順利發行出版；這一切全都得歸功於叢書研究會成員（裡頭甚至包含已經可以當我孫兒一輩的成員）團結一致、同心協力的幫忙。

一九七九年發行的中公新書版《康熙皇帝的書信》中，完全沒有注解。關於這點，這次在康熙皇帝書信本文的日譯中，則是根據其原本的滿文資料影印版，也就是台灣發行的《宮中檔康熙朝奏摺》中的第幾頁，進行出處注腳，並在引文的最後以（）表示。這一部分是由楠木賢道先生所負責。

本書的歷史背景、同時也是事件的開端，是清朝第四代皇帝——康熙皇帝未能成功調停北蒙古喀爾喀部，與西蒙古瓦剌（厄魯特）諸部之一的準噶爾部之間的紛爭，導致準噶爾部的君主噶爾丹入侵喀爾喀，迫使喀爾喀部流亡至清朝。於是，為了征討席捲北亞的準噶爾部噶爾丹，皇帝三次親征蒙古高原；這段期間中，他以滿文書寫信件給留守在北京的皇太子；這些書信的日語翻譯，正是本書的重點，也是研究的核心。

然而，康熙皇帝遠征的原因，也就是十七世紀滿洲與蒙古、西藏的歷史，則是日本教科書幾乎不會碰觸到的範圍；就算在概說部份，也只是出現一堆日本人不熟悉的名字。因此這一次，以杉山清彥先生為中心，在專有名詞的左側加上旁注加以解說。蒙古方面是由我的妻子宮脇淳子、藏傳佛教方面由池尻陽子女士協助。在康熙皇帝書信中登場，關於蒙古草原的稀有植物名稱和藥品的注釋，則是必須感謝渡邊純成先生的熱心協助。

地圖和世系圖，除了使用原版收錄的全部內容之外，還由宮脇淳子加上萬里長城，以及全新的蒙古諸部分布圖和瓦剌的世系圖。清朝皇族的世系圖，是由杉山清彥先生所製。

在本書中，刊載了許多舊版中沒有刊出的圖版和照片。光是康熙皇帝的肖像畫，從青年至老年，就有四幅非常好的圖版，還放進許多中國內地的照片，是我一直以來想去卻無法如願的地方。衷心感謝杉山先生、楠木先生等人，為本書挑選這些圖版，並提供康熙皇帝的遠征地、戰場和萬里長城等照片（指日文版）。

另外，趁著這個機會表白，在「初版後記」（本書頁三〇一）的最後寫上「獲得其他眾多師友的建議」，其中的「師友」，其實是指妻子宮脇淳子。一九七八年夏天，台北召開了國際清史檔案研討會，當時為大阪大學研究所碩二學生的她，因為指導老師山田信夫先生的推薦而參加研討會。原本她是以旁聽者（觀察員）的身分參加，但是因為主辦單位的失誤，讓她成為報告人。她來找作為日本代表的我商量，我要她花一個晚上寫下日文講稿，隔天早上由我翻譯成英文，總算是趕上在會上報告的任務。這份講稿，就是在京都大學提出畢業論文以來，她的研究題目「十七世紀的喀爾喀蒙古」。

她的研究內容，推翻了過往的定論，可以說是具有劃時代性直的研究成果。翌年（一九七九年），我向《東洋學報》推薦宮脇在大阪大學的碩士論文，除此之外，剛進入博士課程的她，也被東京外國語大學亞非語言文化研究所招募為共同研究員，並在暑假的兩個月期間，在我的研究室內，針對蒙古編年史講讀和東洋史進行講課。

在這段期間，宮脇向我條理分明地說明，準噶爾的噶爾丹為何會進攻喀爾喀部的理由；我引用她的研究成果，大幅改寫舊版第一章〈中國的名君和草原的英雄〉。然而，由於她尚未成名，加上作為實證的處女論文〈十七世紀歸屬清朝時的喀爾喀蒙古〉已經決定刊登在《東洋學報》

上，會在《康熙皇帝的書信》之前出版，所以在「初版後記」中並未提及她的姓名。孰料，《東洋學報》因為其他學者延後提出論文的關係，大幅延遲出版的日程，反倒是商業出版的《康熙皇帝的書信》較早付梓刊行，最後導致侵害到研究成果發表優先權的結果。儘管為時已晚，還是想在此向宮脇致歉。

我向來是懷抱著孤獨的覺悟，在進行自己的研究工作，但是看見三十三年前出版的《康熙皇帝的書信》，對學界後進的研究者們造成刺激與影響，培育出優秀的人才，實在是感慨萬千。故此，除了衷心向曾助己一臂之力的研究者們，表達內心的謝意之外，也要向一肩扛起清朝史叢書企劃，不斷勇往直前的藤原良雄社長、以及優秀的編輯山崎優子致謝。可以預見清朝史叢書續刊的充實度，作為監修者，非常開心。

二〇一二年十二月

岡田英弘

皇帝的家書

康熙的私人情感與滿洲帝國的治理實相

大清帝国隆盛期の実像　第四代康熙帝の手紙から1661-1722

作者：岡田英弘（おかだ ひでひろ）｜譯者：廖怡錚｜校訂：鄭天恩｜主編：洪源鴻｜責任編輯：涂育誠、穆通安｜企劃：蔡慧華｜封面設計：許紘維｜內頁排版：宸遠彩藝｜社長：郭重興｜發行人兼出版總監：曾大福｜出版／發行：八旗文化／遠足文化事業股份有限公司｜地址：231新北市新店區民權路108-2號9樓｜電話：02-2218-1417｜傳真：02-2218-8057｜客服專線：0800-221-029｜E-mail：gusa0601@gmail.com｜Blog: gusapublishing.blogspot.com｜法律顧問：華洋法律事務所／蘇文生律師｜印刷：通南印刷股份有限公司｜ISBN：9789860763379（平裝）、9789860763386（EPUB）、9789860763362（PDF）｜出版日期：2021年9月初版一刷／2021年10月初版二刷｜定價：560元

國家圖書館出版品預行編目(CIP)資料

皇帝的家書：
康熙的私人情感與滿洲帝國的治理實相
岡田英弘著／廖怡錚譯／初版／新北市／八旗
文化出版／遠足文化發行／二〇二一年九月
譯自：大清帝国隆盛期の実像　第四代康熙帝
　　の手紙から1661-1722
ISBN 978-986-0763-37-9(平裝)

1. 清聖祖　2. 傳記　3. 清史

627.2　　110013211